"十三五"国家重点出版物出版规划项目
中国经济治略丛书

资产扶贫与实践：农户资产分布及其对减贫的作用

Poverty Alleviation through Asset Returns: Theory and Practice

杨国涛 李 佳 姜 涛 著

中国财经出版传媒集团
经济科学出版社
Economic Science Press

图书在版编目（CIP）数据

资产扶贫与实践：农户资产分布及其对减贫的作用/杨国涛，李佳，姜涛著.—北京：经济科学出版社，2021.1

（中国经济治略丛书）

ISBN 978-7-5218-2312-7

Ⅰ.①资… Ⅱ.①杨…②李…③姜… Ⅲ.①农户-资产-分布-中国②农户-扶贫-研究-中国 Ⅳ.①F323.8

中国版本图书馆 CIP 数据核字（2021）第 013779 号

责任编辑：陈赫男
责任校对：刘　昕
责任印制：范　艳　张佳裕

资产扶贫与实践：农户资产分布及其对减贫的作用
杨国涛　李　佳　姜　涛　著
经济科学出版社出版、发行　新华书店经销
社址：北京市海淀区阜成路甲 28 号　邮编：100142
总编部电话：010-88191217　发行部电话：010-88191522
网址：www.esp.com.cn
电子邮箱：esp@esp.com.cn
天猫网店：经济科学出版社旗舰店
网址：http://jjkxcbs.tmall.com
北京季蜂印刷有限公司印装
710×1000　16 开　14 印张　240000 字
2021 年 4 月第 1 版　2021 年 4 月第 1 次印刷
ISBN 978-7-5218-2312-7　定价：55.00 元
（图书出现印装问题，本社负责调换。电话：010-88191510）
（版权所有　侵权必究　打击盗版　举报热线：010-88191661
QQ：2242791300　　营销中心电话：010-88191537
电子邮箱：dbts@esp.com.cn）

本书受以下项目资助：

国家自然科学基金项目"农户资产分布及其对减贫的作用——以六盘山区为例"（71763022）

宁夏高等学校一流建设学科项目"理论经济学"（NXYLKX2017B04）

开放战略与区域经济宁夏高等学校人文社科重点研究基地

序

  2017年5月，经宁夏回族自治区教育厅、财政厅批准，理论经济学获批宁夏回族自治区一流学科建设项目，成为自治区立项建设的18个一流学科之一。理论经济学一流学科设计了4个学科发展方向：开放经济理论与政策、财政金融理论与政策、人口资源环境与可持续发展、消费者行为理论与政策。学科发展方向适应当前及未来国家与地方经济建设和社会发展需求，在人才培养、科学研究和社会服务等方面形成鲜明特色。

  理论经济学一流学科建设目标是：根据中国特色社会主义经济建设的现实需求，坚持马克思主义为指导，借鉴现代经济学发展的成果服务于中国实践。通过五年建设，一是基本达到理论经济学一级学科博士学位授权点申请基本条件，二是在第五轮学科评估中，理论经济学教育部学科排名显著上升。为实现该建设目标，主要采取如下措施：第一，创造良好的工作环境和学术环境，积极引进人才，培育研究团队成长，积极申报人才和创新团队项目；第二，紧密围绕学科发展方向，瞄准对学科发展具有前瞻性、长远战略性的重大理论及现实问题开展研究；第三，建立跨学科、跨部门的开放型科研组织形式，营造既能有效促进协同攻关，又能充分发挥个人积极性的科研氛围，形成团队合作与自由探索相结合的管理机制；第四，开展国际国内合作研究和学术交流活动，形成有影响的学术高地。

  理论经济学一流学科自获批以来，凝聚了一支结构合理、素质良好、勤奋敬业的研究团队，凝练了精准的研究方向，正在开展较为系统、深入的研究，拟形成一批高质量系列研究成果。经理论经济学一流学科编委会的精心组织、认真甄别与仔细遴选，确定了《中国区域经济增长效率集聚与地区差距研究》《村级互助资金与扶贫贴息贷款的减贫机制与效应比较研究》《资产扶贫理论与实践》等12本著作，作为理论经济学一流建设学科首批系列学术专著。

系列丛书遴选与出版过程中，宁夏大学经济管理学院成立了"宁夏回族自治区西部一流建设学科理论经济学文库编委会"，编委会成员以高度负责的态度对此工作给予了大力支持，在此表示感谢（编委会名单附后）。

系列丛书的出版，凝结了宁夏大学经济学人的心血和汗水。尽管存在诸多不足，但"良好的开端就是成功的一半"，相信只要学者们持之以恒，不断耕耘，必能结出更加丰硕的成果。

系列丛书的出版，仰赖经济科学出版社的鼎力支持，承蒙经济科学出版社王娟女士的精心策划。现系列学术著作将陆续面世，衷心感谢他们的真诚关心和辛勤付出！

系列丛书的出版，希望求教于专家、同行，以使学科团队的研究更加规范。真诚欢迎专家、同行和广大读者批评指正。我们将努力提升理论和政策研究水平，引领社会和服务人民。

宁夏回族自治区西部一流建设学科理论经济学文库编委会
顾　　问：陈志钢　史清华　范子英
主　　任：杨国涛
副 主 任：高桂英　黄立军　张会萍
委　　员：（以姓氏笔画为序）
马晓云　马艳艳　仇娟东　王雅俊　东　梅　冯　蛟
石　荣　朱丽娅　陈军梅　陈清华　杨彩玲　杨韶艳

杨国涛

2017年12月于宁夏大学

目录

第1章 导论 / 1

 1.1 概述 / 1
 1.2 研究背景与意义 / 2
 1.3 研究目标 / 3
 1.4 研究内容 / 4
 1.5 数据来源与技术路线 / 7
 1.6 本书的特色与可能创新之处 / 9

第2章 相关概念及文献综述 / 11

 2.1 资产及相关研究 / 12
 2.2 资产贫困及相关研究 / 17
 2.3 资产分布及相关研究 / 24

第3章 农户资产分布计量研究的理论和方法 / 32

 3.1 农户资产分布差距的度量方法 / 32
 3.2 农户资产增值开发能力的评估方法 / 36
 3.3 农户资产分布对收入分配影响研究方法 / 39
 3.4 移民区农户资产贫困影响因素及政策的研究方法 / 42

第4章 农户资产分布及差距研究 / 46

 4.1 农户资产分布的统计分析 / 46
 4.2 农户资产决定因素分析 / 61
 4.3 安置区农户资产分布及动态变化 / 73

第 5 章　农户资产分布与资产增值开发能力研究 / 82

　　5.1　农户资产增值开发能力指标体系构建 / 82

　　5.2　基于结构方程模型的农户资产增值开发能力分析 / 96

第 6 章　农户资产分布及对收入分配的影响 / 107

　　6.1　数据的特征及描述性统计 / 107

　　6.2　模型估计结果与分析 / 124

第 7 章　移民区农户资产贫困研究 / 132

　　7.1　移民区农户资产贫困分析 / 132

　　7.2　移民区农户资产贫困影响因素分析 / 144

　　7.3　移民政策对农户资产贫困影响分析 / 159

第 8 章　资产扶贫案例分析 / 168

　　8.1　"政融保"金融扶贫 / 168

　　8.2　"农机合作社"精准扶贫 / 176

　　8.3　自然资源扶贫 / 183

第 9 章　主要结论和政策建议 / 193

　　9.1　主要结论 / 193

　　9.2　政策建议 / 198

参考文献 / 206
后记 / 214

第1章

导 论

1.1 概 述

2012年8月,国务院扶贫开发领导小组、国家发展和改革委员会在《六盘山片区区域发展与扶贫攻坚计划(2011-2020年)》中提出,应积极探索增加农民财产性收入的新形式。财产性收入的来源是农户资产增值,本书旨在寻找农户资产分布如何缓解贫困的理论解释,提供资产扶贫构想的有效证据,为新时期的扶贫开发工作建言献策。

主要研究内容是在构建理论分析框架基础上,按照资产分布—资产增值—收入分配—资产贫困的思路,首先使用六盘山片区农户调查数据,将样本分为安置区和迁出区来研究农户资产分布的动态变化,采用变异系数和扭曲系数对农户各项资产的分布差距进行简单描述,采用基尼系数和洛伦兹曲线反映农户资产存在差距的程度。其次利用六盘山片区548户农户资产调查数据,基于能力贫困理论构建农户资产增值开发能力的指标体系,采用结构方程模型定量分析农户资产增值开发能力及其影响因素的相互作用机制。接下来对农户资产分布和收入分配的不均等情况进行统计描述,进而采用分位数回归模型分析农户家庭资产分布不均对收入分配的影响。移民搬迁使贫困人口实现了生计空间的再造和家庭资产的重塑,采用倾向得分匹配法,研究了移民户与非移民户的家庭资产变化情况。最后,应用典型案例分析法对几个资产收益扶贫模式典型案例进行统一的抽象和归纳,与经过模型验证的理论假设进行比较分析,得出更具有普遍意义的理论。本书新见解:2020年绝对贫困人口全部脱贫,农村贫困进入相对贫困的新阶段，以资产贫困为标准进行资产扶贫政策干预是一种可行的选择。

1.2 研究背景与意义

1.2.1 研究背景

2016年7月20日，习近平在东西部扶贫协作座谈会上指出：扶贫开发到了攻克最后堡垒的阶段。新形势下，扶贫工作已经到了攻坚拔寨的冲刺阶段，时间紧、任务重，扶贫开发工作亟待新思路、新方法，以加快实现贫困群众脱贫致富，确保贫困人口到2020年如期脱贫，在贫困地区全面建成小康社会。[1]

2007年以来，以资产收益为主的财产性收入越来越受到重视。党的十七大报告中首次提出"创造条件让更多群众拥有财产性收入"以后，财产性收入问题开始引起广泛关注。2012年，党的十八大报告提出"多渠道增加居民财产性收入"。从动产的角度来分析，居民财产性收入主要来源是银行存款利息和投资股票、证券带来的收益；从不动产的角度来分析，居民出租房产或者其他固定资产所带来的租金收入为财产性收入。目前，中国家庭资产的主要构成部分仍然是住房资产，居民财产性收入的主要来源是出租房产或者其他固定资产所带来的租金收入。

2012年，《六盘山片区区域发展与扶贫攻坚计划（2011 – 2020年）》中提出，积极探索增加农民财产性收入的新形式。有数据显示，2012~2014年，我国城乡间、地区间极富家庭和贫困家庭之间的财产差距仍然在持续扩大。农村贫困家庭往往收入水平低下，如果他们拥有了可以保障自身生产、生活的资产，具备了创造财富的能力和渠道，就有机会获得资产增值收益，增加财产性收入，缩小与富裕家庭之间的财富差距。

---

[1] 习近平在东西部扶贫协作座谈会上强调 认清形势聚焦精准深化帮扶确保实效 切实做好新形势下东西部扶贫协作工作 [EB/QL]. 新华网. http://www.xinhuanet.com/politics/2016-07/21/c_1119259129.htm.

1.2.2 研究意义

汪三贵（2013）认为，拥有足够的资产存量及主要资产的累积轨迹，是家庭能否脱离贫困的重要因素，而资产损失可能使家庭陷入贫困。农户从贫困状态转变为非贫困状态主要是由于他们拥有了更多的生产性资产，积累了更多的金融资本和社会资本等结构性原因（万广华、刘飞、章元，2014）。2016年，"十三五"规划纲要"全力实施脱贫攻坚"一篇中，明确提出"探索资产收益扶持制度，通过土地托管、扶持资金折股量化、农村土地经营权入股等方式，让贫困人口分享更多资产收益"的全新帮扶措施，为今后缓解农村贫困、全面脱贫攻坚指引了方向。

精准扶贫的对象是人均年纯收入低于2300元现行扶贫标准的贫困人口，但贫困并非仅仅是收入的缺乏，更重要的是贫困人口缺乏积累家庭资产的制度机会。收入是一种流动性的资源，而资产可被视为一种稳定性的财富聚合，可以缓冲收入波动的风险，也能产生更长期的经济效应与社会福利效应。因此，如果使用资产水平的贫困标准，其稳定性较好，甚至当人们陷入收入贫困时，还可以将资产转化为收入，从而达到缓解贫困的目的，这是以资产水平作为度量标准的多维贫困的优点。资产是农民脱贫的基础和后盾，农民如果有了一定资产，拥有了长期稳定的资产收益，就没有了发展的后顾之忧。因此，扶贫工作应多关注贫困农户资产的积累，提供资产干预政策，提高贫困农户的资产总量及其收益。

1.3 研究目标

总体目标：为农户资产分布影响贫困减少提供必要的理论解释，为资产扶贫的有效性提供必要的证据。通过对资产扶贫相关案例的研究，尝试提出适合农户未来发展的资产扶贫模式，为新时期的扶贫开发工作提供切实可行的政策建议。具体目标有以下几点。

（1）探索连片特困地区农户资产分布特征及其动态变化规律。基于地理区位（易地扶贫搬迁导致的地理条件和生活工作环境发生了显著变化）的变化描述农户资产分布特征，有助于找到易地扶贫搬迁工程多大程度影响了农户的资产分布和收入结构；基于时间的变化描述农户资产在不同收入阶层之间的分布特征，有助于找到农户收入变化过程中资产如何变化的规律性解释。

（2）通过结构方程模型模拟农户资产分布和资产增值开发能力的相互作用机制。基于结构方程模型的模拟分析，研究农户资产规模及其不同组合对资产增值开发能力的影响，以及资产增值开发能力对资产分布状况的影响，据此，分析在资产分布与资产增值相互作用机制中农户收入分配的变化情况。

（3）探索连片特困地区农户家庭资产分布特征及收入分配特征。如果资产流动性较弱，表示某一收入群体资产向上或向下流动存在门槛效应，加剧资产分布差距，从而体现在收入方面，导致资产分布的收入分配效应；低收入群体的资产积累如果突破了门槛，就能达到缓解贫困的目的。通过分析农户家庭资产分布对收入分配的影响，为增加农户资产、调节农户收入分配提出切实可行的建议，为减缓农村内部收入差距的具体措施提供借鉴和参考。

（4）与收入贫困相比，测量资产贫困可以更加全面准确地反映贫困家庭的经济状况。目前，政府已经将家庭资产纳入低保家庭的考核范围，但却没有建立针对资产的扶贫政策，"资产扶贫"概念也较少体现在国家的扶贫战略中。现有文献多数集中于"多维贫困"的测算与估计，弱化了资产的重要性，同时将资产贫困与移民相联系的研究非常缺乏。本研究提出的资产扶贫模式也将为政府制定新一轮的扶贫开发战略提供新的思路和借鉴。

1.4 研究内容

1.4.1 构建理论分析框架

在构建理论分析框架时需要对资产及资产分布、财产性收入、财产、资产贫困等概念加以界定。本书将农户总资产分为金融资产、非金融资产（生产性固定资产和非生产性固定资产）和自然资源三大类。虽然作为自然资源的土地资源是公共资源，我们仍然把它划分到个人资产的范畴，因为土地是农户财产性收入的主要来源渠道之一。农户资产主要是在收入累积的基础上形成的，收入差距形成了资产差距，资产差距又通过财产性收入可能再扩大收入差距。那么，资产分布对减贫有怎样的作用机制？按照资产分布—资产增值—收入分配—贫困缓解的关系（这种影响往往是双向的关系），我们重点构建资产分布如何影响贫困缓解的逻辑框架。现有的理论和文献研究了资产对收入扩大的影响，我们认为，对于二者的作用机制而言，中间还有一个重要变量——资产增值开发能力值得研究，那就是，资产分布影响资产增值开发能力，导致了资产增值，提高了收入，缓解了贫困。另外，由于财产性收入是农户收入差距扩大的因素，如果增加贫困群体的资产及财产性收入，那么可以缩小收入差距，贫困缓解效果更为明显。反过来，如果低收入群体资产增值收入提高，则更有利于资产积累和资产流动性提高。本书拟从数理模型上证明农户资产分布、资产增值、收入分配与贫困缓解之间的相互作用及其影响机制，从理论上分析相互作用过程中哪些因子可能起决定性作用。在此基础上构建农户资产分布与贫困缓解的理论分析框架。

1.4.2 农户资产分布、动态变化及其差距的测度

基于工作团队在六盘山连片特困地区的农户调查数据和现有大样本调查数据，从户主特征、地理区位两个方面统计性描述农户总资产分布情况，通过数据的比较研究重点刻画贫困地区农户资产分布特征，利用工作团队2013年和2015年的农户调查数据及项目设计的未来几年的调查数据，研究农户资产分布的动态变化。户主特征方面，把户主特征分为自然特征和社会特征对农户总资产及资产分配的比例结构进行分析。户主自然特征主要是指户主的家庭人口构成、年龄及是否党员等信息，户主社会特征主要指户主工作行业职业特征等信息。地理区位方面，通过迁出区和移民安置区农户资产水平及其构成变化的比较分析，初步判断，生态移民使农户从不适宜人居住的山区迁到生活条件相对较好的地区，农户财产构成

发生了较大的变化，研究农户迁移前后资产分布的变化情况及迁移后的移民安置区农户资产的动态变化，可以有针对性地为易地扶贫搬迁工程提供政策信息。从户主特征、地理区位两个方面描述农户总资产分布的同时，比较资产贫困与收入贫困的差异性，并进行资产差距和收入差距的量化及其分解研究。

1.4.3　农户资产分布及其收入分配效应

经济增长过程中增加资产的流动性，在低收入群体和高收入群体之间的流动渠道畅通，促进资产积累少的家庭资产较快增长，不仅可以形成降低收入差距扩大的趋势，而且通过财产性收入增加有效缓解低收入群体的贫困，这是农户资产分布的收入分配效应。将农户按照收入高低分组讨论资产分布状况，初步分析资产总量构成与农户收入水平的相关性，如果低收入群体资产积累水平低，那么，其与高收入组比较存在哪些方面的差距？考虑时间因素，可以观察资产在不同收入群体之间的流动性。描述农户资产在不同收入阶层之间的分布特征，找到农户收入变化过程中资产如何流动的规律性解释。本书拟使用两阶段门限模型验证农户资产积累对收入影响的门槛效应，即低收入群体由于资产总量小，资产难以增值，当资产达到一定量以后，资产增值效果明显。除了资产总量的影响，还可以根据两阶段门限模型参数的变化轨迹验证资产配置结构的门槛效应，回答连片特困地区农户资产配置的差异是否对农户收入分配产生了重要影响。

1.4.4　农户资产分布与资产增值开发能力相互作用机制及其决定因素

研究农户资产分布与资产增值开发能力的相互作用机制及其路径。讨论农户资产规模及其不同组合对资产增值开发能力的影响，通过农户资产增值开发能力变化分析，探讨其对农户资产总量和组合方式的影响。除此之外，结构方程模型可以了解潜在变量与各个具体测量指标之间的相关关系，分析哪些指标具有直接的关系，哪些指标没有直接的关系。为此，我们初步设计了结构方程假设模型,将资产分布和农户资产增值开发能力作为潜变量,农户资产分布包含3个初阶变量、农户资产增值开发能力3个初阶变量,以及结构方程模型共30个二阶测量变量。关于农户资产分布与增值开发能力的研究较少,关于二者的作用机制尚没有定论,在建立结构方程模型时将二者的相互关系用虚线表示,即假设二者相互影响,有待验证。

1.4.5 连片特困地区资产扶贫模式分析

本书选择了几个资产收益扶贫模式的典型案例,主要包括土地资产量化入股、自然资源量化入股和生产性固定资产量化入股等模式。通过典型案例分析,探讨资产分布—资产增值—收入分配—贫困缓解的逻辑关系,提供资产扶贫政策可行性的证据。案例研究最大的质疑就是单个案例不足以提供可复制、可推广的一般化理论,本书使用多案例嵌套的方法,多案例研究包括了两个阶段——案例内分析和交叉案例分析。第一个阶段是把每一个案例看成独立的整体进行全面的分析,第二个阶段是模式匹配,遵从复制法则对几个案例进行统一的抽象和归纳,得出更具有普遍意义的理论。

1.5 数据来源与技术路线

1.5.1 研究区域

本书调查的典型区域是六盘山连片特困地区,研究范围包括了六盘山片区中的迁出区和移民安置区共1124户。其中迁出区包括7个县,分别为同心县、原州区、西吉县、隆德县、泾源县、彭阳县和海原县;移民安置区包括宁夏银川市西夏区镇北堡阳新村,金凤区良田镇和顺新村,永宁县胜利乡,永宁县闽宁镇原隆村南区、北区等。

根据《中国农村扶贫开发纲要（2011－2020年）》，国家在全国共划分了11个集中连片特殊困难地区，加上已明确实施特殊扶持政策的西藏和青海、四川、甘肃、云南四省藏区以及新疆南疆三地州，共14个片区、680个县。六盘山连片特困地区包括了4个省61个县，具体陕西7个、甘肃40个、青海7个、宁夏7个。针对这一地区的研究，主要采取实地调研、实证分析的形式。根据研究需要，采用随机抽样方法（可根据随机抽样确定），随机抽取调查村、村抽农户，同时获取县、乡、村的相关资料。本书对调研问卷进行了设计，其具体内容包括农户的个人信息、社会资本、借贷能力、农户发展意识、社会公共空间等反映农户资产分布的各项信息。

1.5.2 数据来源

本书使用的数据一部分来源于贫困地区农户发展能力课题组2012年和2015年对宁夏生态移民农户的实地调研，2012年共调查了273户，调研的安置区包括银川市永宁县胜利乡杨显村15户、银川市闽宁镇原隆村87户、银川市兴庆区月牙湖滨河村60户、银川市金凤区良田镇和顺村64户、银川市西夏区镇北堡镇同阳新村47户。2015年获得有效问卷300份，包括西夏区镇北堡镇同阳新村49份、闽宁镇原隆村北村68份、南村75份、金凤区良田镇和顺新村68份、永宁县胜利乡杨显村39份。

本书还将样本分为迁出区和移民安置区，使用的数据主要来源于实地调研，调研问卷考察了农户的家庭基本信息、资产状况、收入水平、社会环境等方面的情况，并于2017年进行了问卷调研。调研共获得有效数据548份，包括海原县129份、西吉县111份、隆德县68份、永宁县闽宁镇原隆村34份、西夏区镇北堡镇同阳新村67份、金凤区良田镇和顺新村82份、永宁县胜利乡杨显村57份。

1.5.3 技术路线图

本书的技术路线见图1－1。

图 1-1 技术路线

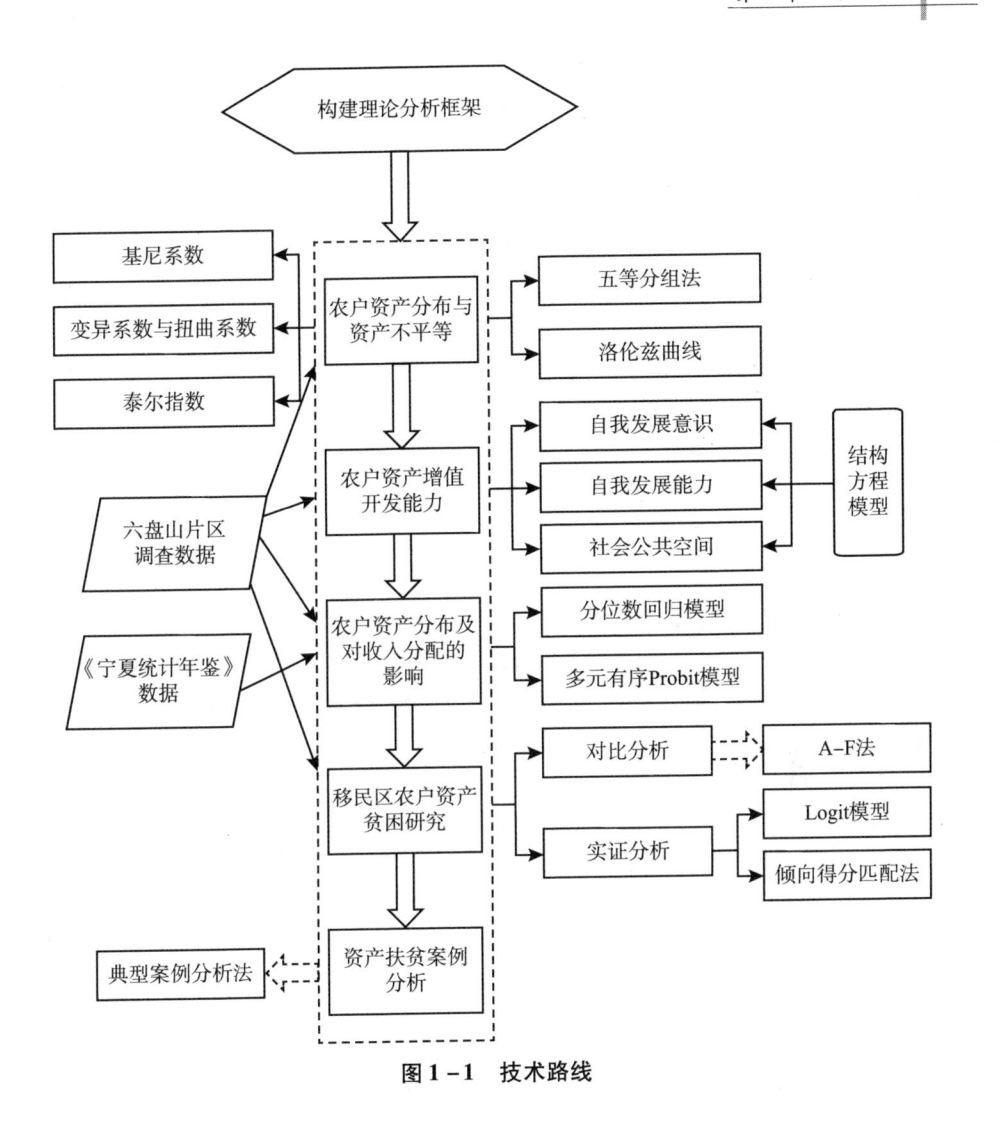

1.6 本书的特色与可能创新之处

1.6.1 研究视角

2020年以后，绝对贫困人口在统计上的消失，并不意味着农村贫困的终结,而是进入到一个新的扶贫阶段,基于资产扶贫视角的研究具有一定的前瞻性。另外,现有文献研究了农户资产水平及其影响因素,把资产分布与资产贫困联系起来研究的文献不多见,本书是按照资产分布—资产增值—收入分配—资产贫困的逻辑关系进行而设计的。

1.6.2 研究内容

本书利用2012年、2015年和2017年三期数据分析农户资产动态变化,从资产积累角度考察安置区农户可持续生计问题。现有文献对贫困地区农户资产分布差距及其连续变化问题研究较少。本书定义了资产增值开发能力,从农户自我发展能力、自我发展意识、社会公共空间三个方面,研究资产分布与资产增值开发能力的相互作用,由此找到了农户资产分布对收入分配效应的中间变量,使得路径依赖和逻辑关系更加清楚。本书将资产分为金融资产、非金融资产和自然资源使对农户资产维度的测度更加具体、细化。最后,利用农户的微观调研数据,采用定量分析的方法测算了移民区农户资产贫困状况、移民区农户资产贫困的影响因素及移民政策的资产贫困净效应。

1.6.3 研究方法

定性分析与定量研究和案例研究相结合。构建理论分析框架,设计理论假说,从数理模型上定量分析农户资产分布、资产增值、收入分配与资产贫困之间的相互作用及其影响机制,并基于数据模型进行验证,然后运用A-F方法测量农户多维资产贫困,以测度农户资产贫困的深度和广度,将结构方程、A-F方法等研究方法应用于资产扶贫研究,在相关领域进行尝试性的拓展。

第 2 章

相关概念及文献综述

改革开放以来,农户可支配收入不断增加,农户家庭收入用于金融和非金融资产投资的比例也是逐年升高,农户家庭资产的总量不断增加,资产结构不断优化,农户的生活水平不断提高,农户家庭资产类型也日趋多样,农户家庭资产收益也越来越受重视。

2015年10月,党的十八届五中全会的公报中明确提出"探索对贫困人口实行资产收益扶持制度",公报中强调:要强化监督管理,明确资产运营方对财政资金形成资产的保值增值责任,建立健全收益分配机制,确保资产收益及时回馈持股贫困户;同年11月,《中共中央国务院关于打赢脱贫攻坚战的决定》中提出"探索资产收益扶贫,在不改变用途的情况下,将财政专项扶贫资金和其他涉农资金投入设施农业、养殖、光伏、水电、乡村旅游等项目形成的资产,具备条件的可折股量化给贫困村和贫困户,尤其是丧失劳动能力的贫困户";2016年3月,"十三五"规划纲要"全力实施脱贫攻坚"一篇中指出,"探索资产收益扶持制度,通过土地托管、扶持资金折股量化、农村土地经营权入股等方式,让贫困人口分享更多资产收益"的全新帮扶措施;为了更好地贯彻落实资产收益扶贫的相关规定,2017年5月,财政部、农业部、国务院扶贫办联合印发了《关于做好财政支农资金支持资产收益扶贫工作的通知》(以下称《通知》),专门研究部署进一步做好资产收益扶贫工作,《通知》中指出"财政、农业、扶贫部门要切实承担起资产收益扶贫工作的职责,协调相关部门加大对资产收益扶贫工作的支持,及时研究制定相关制度和支持政策",随后全国各省份相继出台了有关"资产收益"的扶贫模式。由此可见,资产收益扶贫已经成为创新精准扶贫的国家战略,深入了解农户资产状况已成为政府和学者的要务。2012年西南财经大学中国家庭金融调查与研究中心发布的全国首份《中国家庭金融调查报告》显示，截至 2011 年 8 月，中国家庭资产平均为 121.69 万元。其中，农村家庭资产平均为 37.7 万元，城市家庭资产平均为 247.6 万元。家庭资产持有状况在人们生活中扮演着越来越重要的角色，对人们生活水平的改善和提高都具有基础性的作用，因此对家庭资产持有状况的研究有待深入，相关问题亟待解决。

资源的有限性在任何时候都是个难以解决的问题，不管是一个社会还是一个家庭都无法逃避。如何分配有限的家庭资源，对于一个农户家庭的发展来讲就显得尤为重要。研究农户资产持有现状，可以更好地了解农户进行资产分配的状况，但这不足以解决农户家庭发展问题。我们认为，从农户家庭资产角度出发，农户家庭存在这样一个循环的传导机制：有限的家庭资源—农户资产增值开发能力—农户家庭资产增值—更多的有限的家庭资源。在这一循环中，尤为关键的一环是农户资产增值开发能力到农户家庭资产增值的过程，因为有限的家庭资源是一个家庭发展的基础性物件，更多的有限的家庭资源是一个循环传导机制的结果也是另一个循环传导机制的开始。清楚了农户资产增值开发能力如何影响农户家庭资产增值，或者说清楚了农户家庭资产增值的影响因素，不仅对农户个体家庭资产持有水平提高具有促进作用，对于中国整个农村家庭资产持有水平的提升也具有非凡的意义。

2.1 资产及相关研究

2.1.1 资产、财产与财富

从广义的角度来说，任何具有明确所有权的能够产生潜在正收益的经济资源都可以是资产。按照不同的划分标准，资产形成不同的分类：根据资产是否具有实物形态，可以分为有形资产和无形资产；根据资产周转时间长短，可以分为流动资产和固定资产；根据资产本身的性质，可以分为资源性资产和经营性资产；根据资产所有权主体性质，可分为公有资产、集体所有资产、私有资产。一些学者定义的资产大致包括私人持有的生产力和财富，以及社会地位、地理位置和市场准入带来的经济优势，并认为在高低福利水平之间存在"Micawber 阈值"（Zimmerman & Carter, 2003；

Adato et al., 2004)。"Micawber 阈值"可以将预期持续贫困的家庭与未来生活水平更变的贫困家庭区分开。阿达托（Adato）等以四个主要资产为基础探讨了南非贫困陷阱问题，包括人力资本、自然资本、生产资本（土地、牲畜、机械设备等）和养老补助等转让收入。李涛和陈斌开（2014）在研究家庭不同类型固定资产对消费影响的差异时，将家庭固定资产分为生产性固定资产和非生产性住房资产。

在中国家庭金融调查（CHFS）中，家庭总资产包括非金融资产和金融资产两部分。家庭非金融资产包括农业、工商业等生产经营资产、房产与土地资产、车辆，以及家庭耐用品等资产。家庭金融资产包括活期存款、定期存款、股票、债券、基金、衍生品、金融理财产品、非人民币资产、黄金、借出款等资产（甘犁等，2013）。美国统计署公布的家庭资产中除了房产、金融资产等外，还包括生产性资产，类似处理的还有经合组织（OECD）等国际机构通用的家庭资产定义。此外，费恩和麦克唐纳（Feeny & Mcdonald, 2016）在测量贫困脆弱性时，在调查中不仅收集了贫困人口的生产性资产，还收集了这些贫困人口的社会资产。

按照国际惯例，财产的定义为总资产与总负债之差，即净财产，国内现有研究对财产的定义大多也是采用净财产的概念，但对总资产和总负债的范围划分有所不同。梁运文等（2010）在研究中将资产分为金融性资产、住房估计价值、家庭耐用消费品估值、生产性资产及其他五大类，负债包括大宗消费品借贷及其他两大类。巫锡伟（2011）研究中国城镇家庭户收入和财产差距问题时，也是采用家庭户财产净值或净财产的概念，用总资产减去总负债。其中，资产部分包括所调查年份年底的金融资产总额、耐久消费品的估计市场价值、自有生产性固定资产的市场价值、自有房屋的市场价值以及其他固定资产估计价值；债务部分则询问了相应年份年底全家共欠债务总额，具体包括建房、买房贷款或借款，经营性贷款或借款，购买耐用消费品的借款或贷款，因家庭成员治病所欠债务以及因其他家庭生活困难所欠的债务等。刘湘勤和闫恺媛（2012）将居民财产划分为投资型财产和非投资型财产，其中，投资型财产可以划分为储蓄、股票、债券、保险等金融财产、用于出租和买卖的房屋、用于买卖的金融珠宝等实物财产，以及商标权、版权和专利权等知识产权。非投资型财产主要包括居民日常耐用消费品、汽车以及用于资助的房屋、用于消费的金银珠宝等。

威廉·配第（William Petty, 1978）指出："土地是财富之母，劳动是财富之父"。财富一般指物质财富,它是由使用价值构成的物质实体,是社会存在和发展的物质基础。除物质财富外,人们还把文化知识、科学技术、管理经验等称作精神财富(易小明,2014)。王柏杰等(2011)在研究房地产价格、财富与居民消费效应时,将财富划分为房地产财富和非房地产财富。梁爽等(2014)将财富定义为除耕地以外的其他家庭资产,包括房屋、耐用消费品及禽畜等。而吉索和佩埃拉(Guiso & Paiella,2008)认为,广义的财富还应包括人力资本。参考吉索和佩埃拉的研究,张琳琬和吴卫星(2016)在研究风险态度与居民财富时,在现期财富的基础上加上了当期收入作为人力资本代表。

  本书中提到的资产,主要是和财产性收入相对应的资产,包括住户或住户成员所拥有的金融资产、非金融资产和自然资源。资产分布是指农户不同资产组合和资产总量在不同农户之间的分配。财产性收入:根据国家统计局编的《2016 国家统计调查制度》的解释,财产性收入通常指财产净收入,是住户或住户成员将其所拥有的金融资产、住房等非金融资产和自然资源交由其他机构单位、住户或个人支配而获得的回报并扣除相关的费用之后得到的净收入,包括利息净收入、红利收入、储蓄性保险净收益、转让承包土地经营权租金净收入、出租房屋净收入、出租其他资产净收入和自有住房折算净租金等。财产:部分有关家庭资产(财产)的研究文献中,混淆了资产和财产的概念,本书将财产定义为农户资产增值获得的收益。例如,百度百科中对财产的定义是指拥有的金钱、物资、房屋、土地等物质财富,本书认为,土地作为农户资产,流转到种粮大户获得土地租金,统计为财产性收入,因而土地租金是财产。资产贫困:运用多维贫困的理论和测量方法,从金融资产、生产性固定资产等非金融资产和自然资源等多个维度估计农户资产贫困。本书把 n 个维度中的任意 $n-2$ 及以上个维度的贫困作为总的资产贫困标准,即可估计农户单一维度的资产贫困,又可估计农户总的资产贫困。

  本书将农户总资产分为金融资产、非金融资产和自然资源三大类。农户持有的金融资产(finasset)是指那些相对安全的金融资产,主要包括银行存款(活期存款、定期存款)和借出款。非金融资产分为生产性固定资产、生活消费性资产和房产。其中调研区域内的农户生产性固定资产(fixasset)主要包括农户饲养的牛、羊、其他家禽家畜(均为存栏量,并以当年的市场价格进行估算)、三轮车、铡草机、拖拉机、生产用房(温棚、牛棚、羊棚)、烘干机;生活消费性资产(goodasset)主要是家庭耐用消费品，包括冰箱、洗衣机、电视机、热水器、摩托车、电动车、汽车；房产（housing）：净房产等于房产现值减去房产负债，房产现值根据建设年限进行平均折旧处理。调研区域包括迁出区和移民安置区，根据《自治区人民政府关于印发宁夏"十三五"易地扶贫搬迁规划的通知》：移民住房建设资金实行按人补助和农户自筹的方式，其中人均建房自筹 0.3 万元，劳务移民住房（含征地、水、暖、电、路、气、围墙、绿化等基础设施配套）人均补助投资 4.7 万元，计算出移民安置区房产原值，再进行折旧得出房产现值；迁出区房产为自建，可直接根据建设年限对建房费用（包括人工、建材等）进行折旧。参考冉光和、田庆刚（2015）的折旧方法，对农户住房、生产用房、交通运输工具、生产设施设备、家用电器，分别根据其建设年限或购买年限进行平均折旧处理，折旧年限的选择结合国家规定的折旧年限范围以及笔者实地调查过程中对农村的了解来确定，确定后的具体折旧年限分别为 40 年、15 年、10 年，超出折旧年限的资产则将现值视为 0。自然资源主要包括农民用于生产经营的耕地、果树、林地。虽然作为自然资源的土地资源是公共资源，我们仍然把它划分到个人资产的范畴，因为土地是农户财产性收入的主要来源渠道之一。

2.1.2 资产组合

马科维茨（Markowitz）最早在 1952 年对资产组合理论进行了系统性的阐述，并首次通过数理模型将量化的方法引入家庭资产研究领域，使关于家庭资产的文献摆脱了纯粹描述性的研究和单凭经验操作的方式。20 世纪 90 年代以前，国内外关于家庭资产研究的文献多集中于两个方面，一个方面是分析家庭资产分布状况，通过对家庭资产的组合方式研究，试图解释家庭资产增值的原因。已有研究已经证实人口统计学和经济方面的信息，比如性别、教育水平、收入水平、年龄结构等都可能影响到个人家庭的资产状况。另一方面集中于利用宏观数据考察低水平国家或国家间生活差异，或采取微观经济研究视角，采用家庭层面数据研究资产持有量是否存在临界阈值。即存在某一资产持有值，高于此值时可能发生资产积累，低于此值时，则倾向于是一个资产持有低水平家庭，而这些家庭很有可能陷入家庭资产贫困。随后，国外学者的研究方向开始转向"能力"对于家庭资产的影响，研究内容也开始从注重个人收入转变为鼓励或增加个人能力以及改善当地社区的生活状态，以此来达到资产增值的效果

(Mathie & Cunnigham, 2003; Kretzmann & Mcknight, 1993)。

2.1.3 资产与"能力"

将资产开发与"能力"方面相结合的研究主要源于20世纪90年代后期。发展理论以及实践方式的改变奠定了基于资产开发为主的减贫方法。谢拉德（Sherraden, 1991）将资产开发定义为经济资源有限和选择机会有限的人通过努力获得和积累长期的生产性资产，这些资产包括货币、金融储蓄、房屋所有权等，即可以产生其他资产的资产。人们的行为和态度会受到资产的影响，即使是很小的资产也会受到影响，而资产反过来又会影响他们做出的选择和自我能力发展的自由，这统称为人力资本。德韦鲁（Devereux, 2001）指出，阿马蒂亚·森（Amartya Sen, 1991）的方法未能将个人或家庭视为社区和州的成员而嵌入社会之中，同时指出森并没有认识到饥荒其实是超越经济冲击和自然灾害的政治危机。但是，即使对森的方法产生了许多批评，仍有许多研究人员遵循他的理论来调查资产、权利对家庭易受贫困的影响。此后，施赖纳和谢拉德（Schreiner & Sherraden, 2007）将资产所有权带来的收益称为"资产效应"，这一概念补充了森的能力集中发展的概念。巴巴通德（Babatunde, 2008）指出，许多减贫家庭失败的原因是因为决策者忽视了家庭资产组合的异质性作用。也有学者研究表明，如果一个家庭生活在贫困易发地区，并且他们所处的地区没有发达的市场，那么资产和应享权利可能不足以消除贫困。研究表明随意使用某些资源不会增加家庭的福利，除非这些资源被有规划地使用，如果这些资源被利用得不合理，那么家庭在应对不确定因素时将处于不利的地位（Hanjra, 2009; Acosta - Michlik & Espaldon, 2008）。

很多研究结论表明，家庭资产的持有和农户资产增值开发能力发展之间的影响是双向的。一方面，个人、家庭以及社区等因素对于资产持有和积累具有显著影响。李凤等（2016）从户主个体特征、家庭特征以及区域特征等角度分析讨论了影响中国家庭资产积累和增长的决定因素；解垩（2014）分析了家庭和社区特征、地理资本对家庭资产变动的影响，他认为家庭特征等变量对农户资产变动有显著影响，并且可以吸收冲击来临时的负向效应；阿达托等的研究结果表明，无效的社会资本会阻碍家庭资产的积累，而家庭积极的社会资本会在短期内促进资产的积累；还有学者的研究结果表明，认知能力或金融知识对于家庭金融资产的持有具有显著影响（Dimitris，2010；吴雨等，2016）；有研究表明户主特征对家庭资产的影响也较为突出（尹向飞、尹碧波，2017；易行健，2016）；对于资产贫困的地区，重点可以放在培育农户的自我发展能力，为农户提供就业机会，组织培训提高务工技能，提升穷人运用资产的能力，这样才可能使农户最终远离贫困（汪三贵、殷浩东，2013）。另一方面，资产状况对个人、家庭和社区也会有显著影响，邹薇和屈广玉（2017）认为资产就是衡量家庭未来发展的能力。

综上所述，国内外学者关于资产的研究主要分为三大部分，其中两个部分，即资产与贫困、家庭资产分布与影响因素的研究成果更为丰富；相对而言，将家庭资产与能力相结合的研究就比较少。另外，与国外关于资产研究的丰富度、深入度相比，国内关于家庭资产的研究还较为单薄，多数研究方法和思路沿袭于国外，研究深度停留于表面，并没有创新。同时，由于欧美等发达国家已经经历了长期的经济积累，金融市场、法律法规和社会保障能力等相对较强，因此家庭资产分布较为多样化，尤其是金融产品的投资更为繁多，因此金融资产相关研究成果也更多。此外，资产扶贫战略在工业化国家以及中等收入国家已经获得了很多关注，因此国外关于家庭资产方面的研究已经日渐成熟，而国内关于家庭资产的研究还处于探索阶段（游士兵、张颖莉，2017），相关研究成果并不丰富。这种扶贫方式在国内仅得到较少的关注。从国内来看，由于受到宏观经济结构失衡的影响，家庭资产分布尤其是农户家庭资产分布不够合理，存在改进的空间，研究农户家庭资产的成果相对就较多。

2.2 资产贫困及相关研究

2.2.1 资产贫困

资产的概念在近几年越来越受到贫困研究者的重视。伴随着人们对贫困研究更深入的探索，对贫困和资产的关系也获得了新的认知。贫困不仅是收入的缺乏，更重要的是穷人缺乏家庭资产积累的能力和机会。谢拉德（Sherraden M.，1991）指出：穷人通过对其所在家庭进行资产建设，不仅可以帮助其抵御风险，也可以促进其稳定脱贫。与资产建设的理念相关，研究者进一步提出了"资产贫困"的概念，即家庭的资产积累可以促进发展需要而非仅仅消费需要上的匮乏。以资产作为测量指标可以避免贫困家庭的收入波动偏差，少量资产的积累也可在其面对困难时表现出很强的边际效用，具有不可估量的重要影响。20 世纪 90 年代，美国社会政策专家在《黑人财富、白人财富：种族不平等的一个新视角》（Oliver & Shapiro，1995）一书中首次提出"资产贫困"（asset poverty）这一说法以来，国际学术界特别是经济学界越来越多地从资产角度测量贫困，并且对基于资产积累的减贫政策进行了大量的深入研究。目前，对于资产贫困概念的理解主要分为两大类：一是从多维资产贫困角度进行理解，以莫瑟（Moser）为代表；二是从净资产贫困角度理解，以哈夫曼和沃尔夫（Haveman & Wolff）为代表。

净资产贫困。奥利弗和夏皮罗（Oliver & Shapiro，1995）在早期定义家庭资产贫困时仅使用了金融资产这一个指标。他们认为金融资产可以缓冲家庭收入的波动，因而将金融资产净值当作衡量资产贫困的标准（金融资产净值 = 家庭金融资产 - 家庭负债），其中零金融资产或负金融资产家庭被界定为资产贫困家庭。

随着研究的不断深入进行，资产贫困的概念得到了进一步的扩展，哈夫曼和沃尔夫（2001）认为如果一个家庭没有充足的资产以满足其在一段时期的最低基本生活需要，那么就应该被视为资产贫困。为了能够准确地测量资产贫困，在这里必须要先明确三个基本概念：（1）"基本需要"：美国国家研究委员会（The National Research Council）对"基本需要"的概念进行了界定，即一定数量的食物、衣着、家庭设施、住房、个人照料以及与非工作相关的交通支出等日常需要。随后哈夫曼和沃尔夫（2001）基于此概念，将参照标准定为一对夫妻和两个孩子组成的标准家庭，对于其他的不同规模和不同结构家庭的基本需要可根据以上标准进行等价转换（Citro & Michael，1995）。（2）资产用于满足"基本需要"的时间。哈夫曼和沃尔夫（2001）建议，在没有其他资源辅助的情况下，资产应该能够满足一个家庭 3 个月的基本需要。（3）"资产"的形式。以哈夫曼和沃尔夫为代表提出"资产贫困"概念中的资产指的是净资产，根据其变现的难易程度，将其划分为三种类型：一是家庭净资产（所有资产现值 - 所有负债现值）；二是排除住房价值的净资产（净资产 - 房产价值）；三是流动资产，即家庭所持有的全部现金以及容易变现的资产。

哈夫曼和沃尔夫（2005）在 2001 年的基础上进一步提出了资产贫困

的概念，该概念与收入贫困相独立，即资产贫困家庭是"在特定时期家中拥有的资产不足以支撑家庭成员的基本需求"。其中资产贫困标准是在三个月没有家庭收入的情况下，由于缺少足够资产，而使生活水平不能保持在国家贫困线以上。美国国家科学研究委员会（NRC）提议在官方测算贫困率时，如果是在一个会计年度内，那么就不要将资产的价值作为家庭资源。奇特罗和迈克尔（Citro & Michael）则建议：在计算金融资产时应该将由资产带来的收益也计算在内。

多维资产贫困。莫瑟（Moser，2007）建议资产贫困应从多维的视角来定义。他将资产分为物质资产、自然资产、人力资产、金融资产和社会资产。他认为资产是金融、物质、人力和社会资源的集合，可以被人们获得、发展并进行代际传递。这些资产不但可以创造收入和消费，还可以衍生出其他资产。多维资产角度侧重考察资源禀赋，这一概念与能力紧密相连。因此，资产不仅可以用来衡量人们的生活及福利水平，还可以提升家庭摆脱贫困、应对冲击的能力，提高贫困家庭经济、心理、社会地位（Sen & Sherraden，1991）。

世界银行在《2000 – 2001 年世界发展报告》中采纳了莫瑟对于资产的部分分类，进一步地将资产分为个人资产、公共资产、社会资产、人力资产、物质资产和自然资产。其中如果穷人丧失个人资产、公共资产和社会资产，那么将可能造成健康状况不佳、技能不足、无法获得基础服务，进而被社会排斥在外。

关于家庭资产持有和贫困陷阱的文献也出现了两个不同的研究方向：第一个方向，从微观角度出发，艾吉斯和鲍奇（Agens & Baulch，2013）研究了孟加拉国农村是否存在动态的资产贫困陷阱，将非参数和参数方法应用于一个独特的纵向数据集，研究发现，虽然存在（单一的）低水平均衡或贫困陷阱，但是以前文献中存在多重均衡和资产轨迹分叉的证据是有限的。非参数分析表明，土地和非土地资产的资产边界是线性的或凹的，有单一的均衡。接近原点的高密度点意味着孟加拉国农村存在大量无地的家庭。参数回归分析表明，虽然某些冲击对资产积累有着复杂的，有时甚至是相反的直观效应，但积极事件（如嫁妆收入，继承和汇款）的影响普遍增加了资产积累。在非土地资产回归中，土地的初始价值也是后续资产增长的重要决定因素。卡特（Carter，2007）等利用纵向资产数据研究了两次自然灾害冲击对资产造成的长期影响，即 20 世纪 90 年代末埃塞俄比亚的三年干旱和 1998 年洪都拉斯的米奇飓风。洪都拉斯数据分析显示，冲击的中期影响因初始家庭财富而异。震荡之后的三年中，相对富裕的家庭能够重建部分失去的资产。相比之下，对于最低财富群体而言，飓风对资产的影响持续时间更长，更为敏感。为了确定这些现象是否可以证明贫困陷阱的存在，使那些在飓风中丧失资产的贫困家庭永远无法恢复，他们还估计了一个贫困陷阱的阈值模型。虽然估计的可靠性取决于几个强有力的假设，但估计确实表明贫困陷阱是存在的，并使那些低于 250 美元资产门槛的家庭会倾向于低水平的均衡。对埃塞俄比亚来说，笔者研究了两个截然不同的时间范围的资产变化，一个是干旱和应对时期，另一个是复苏时期。对这些数据的分析表明，最低财富家庭的资产较为平滑，这意味着即使在农业生产严重亏损的时期，收入和消费的范围缩小，但底层家庭仍然试图抓住少数资产。这种行为与面对贫困陷阱时的预期是一致的。在干旱之后，低收入家庭比非贫困家庭能够更快地积累资产。但与洪都拉斯的情况类似，这一门槛估计再次表明，这些贫困家庭稳定下来并停止增长的情况存在较低的均衡。尽管需要做更多的工作来提高门槛估计的可靠性，但冲击对贫困家庭有不同的、更持久的影响的可能性似乎已经确立，这是确定贫困家庭较低均衡的基础。

第二个方向，学者采用宏观经济和系统动力学观点，利用宏观数据，考察资产持有低水平国家或国家间生活水平的差异，以及其关联程度，例如斯瓦特·杜塔（Swati Dutta，2015）利用 1993 年和 2005 年的印度人口发展情况调查，使用 Epanechnikov 核权重的局部多项式回归来检验资产贫困动态中多重或单一均衡的存在，文章还运用部分线性混合模型来检验文盲陷阱和营养不足对资产动态过程的影响。结果表明，在所有国家，只存在农村家庭的单一动态资产均衡，资产动态的性质因国而异。在大多数国家，资产积累并没有发生，农村地区的福利状况很差。此外，研究还发现营养不足陷阱会影响大多数国家的资产积累，而文盲陷阱会影响收入和不同地区的资产水平，最贫穷的国家与富裕国家相比拥有多重贫困陷阱。这样的结果意味着，政府和决策者应该根据穷人是否被困、陷阱的类型、家庭的资产动态长期变化来确定采取何种方式制定有针对性的政策和方案；马格纳斯（Magnus，2013）收集了奥里萨邦 800 户农户家庭的历史样本，根据当期和祖父时代的家庭资产情况，分析了随着时间的推移，初始土地与社会认同在资产变化过程中的作用。研究结果表明，近 50% 的家庭有三代人均被困在社会底层，尤其是表列部落更有可能陷入贫困。研究发现，有一半低收入家庭的特征是户主的爷爷是贫民。这些家庭很容易陷入贫困陷阱，这可能是由于初始资产较少所导致的结果。研究还发现，在特别贫困的家庭中，表列部落的占比较高。这可能反映了印度一些社会福利项目中会优先考虑达利特人，而通常居住在偏远村庄的表列部落并没有受益太多，也可能是因为在偏远地区很难找到非农工作。回归分析揭示了最初的土地所有权和种姓之间的相互作用，对于所有广泛的种姓类别，他们发现现在的土地功能与祖父时代的土地功能基本上没有变化，但对达利特人来说，初始土地拥有量相对较大的少数家庭所拥有的资产比其他家庭更多。

当然，跟国外关于资产研究走势相似，国内一些学者发现从资产的角度更能全面客观地阐述家庭福利状况，而且资产在贫困动态中起到了核心的作用，因此越来越多的学者将家庭资产与贫困问题结合起来分析。邓锁（2016）基于2013年民政部全国城镇困难家庭调查数据，研究发现城镇困难家庭同时处于收入贫困和资产贫困的比例较高，资产的福利效应难以在贫困家庭中发挥出来。汪三贵和梁晓敏（2017）认为资产收益扶贫可以给农户带来直接和间接两部分收益，而间接收益部分对于农户能力的建设十分重要，同时资产建设还可以改变穷人的思维方式。

2.2.2 资产贫困的影响因素

已有研究对于资产贫困影响因素的讨论多集中在健康冲击以及气候变化方面。其中，在气候变化方面，吉斯贝尔（Giesbert，2012）等研究资产贫困时，发现在莫桑比克农村地区，干旱对家庭资产积累的负向影响显著，通过非农就业可以减缓短期内由干旱所造成的影响。周力和孙杰（2016）则发现极端天气会显著负向影响农户的资产积累，而气温升高对于农户生产性资产与固定资产的积累具有正向作用。

在健康冲击方面，莜（You，2014）利用中国健康与营养调查（CHNS）数据验证了收入的冲击会引发中国农村地区动态的资产贫困，同时使具有较高盈利性的农业资产投资不足，从而造成长期性贫困。解垩（2014）基于中国健康与养老追踪调查（CHARLS）数据发现健康所造成的冲击会对家庭资产的积累产生显著负向影响，而社区环境、金融贷款可及性及社会资本可以减缓健康冲击所带来的负面影响。边恕等（2018）基于中国家庭追踪调查（CFPS）样本数据对中国农村家庭资产贫困的水平与影响因素进行分析后，得出结论：健康冲击和政府补助会对农村家庭资产积累具有显著负向影响。

高翔和王三秀（2018）基于中国社会状况综合调查数据，采用 A－F 法，从家庭住房资产、金融资产、实物资产三个方面对农户资产贫困的致因进行了分析，研究表明：农村居民户主个人特征、家庭基本特征以及区域特征三方面均可以对农村居民家庭资产贫困产生显著的影响。

虽然已有大量学者对生态移民、资产贫困等问题进行了研究，得出了一些具有理论和实践价值的结论，但仍存在一些不足。首先，学者对于农户家庭资产贫困的测度所选取的指标不够丰富和细化，农户的金融资产等并未纳入农户多维资产贫困的计算之内；其次，对于农户资产贫困的测算，采用多维贫困的 A－F 法将农户资产贫困的深度与广度进行量化的研究较少；再次，缺乏对农户家庭资产贫困影响因素的探讨，这点非常重要，因为这是缓解农户资产贫困状况、促使农户进行资产建设与积累、实现农户长久稳定发展的基础性条件；最后，现有文献将移民与资产贫困问题相结合进行研究，并且系统测算移民政策对农户资产贫困影响的文献严重缺乏。

2.2.3　生态移民政策

美国著名社会政策学家谢拉德曾指出：将收入作为扶贫政策的主要判断标准是欠妥的，因为收入贫困只捕获了"基本需要"这一层面，但忽视了一个重要方面——"经济资源"。事实上，收入贫困所反映出的信息缺乏可持续性和有效性，是一种短期的流量概念。而一个家庭所拥有的资产，可具体体现出其长期积累的财富，是一个存量概念。相对收入贫困而言，用资产贫困作为测量贫困的角度具有更强的政策含义，对于贫困者的救助也应当更多地依靠家庭的结余资产来建构。因此，通过对我国过去的农村扶贫经验进行反思，探索一个新型农村扶贫模式就显得极为迫切，也具有极为重要的现实意义。生态移民作为农村扶贫开发新模式，体现了资产贫困视角所倡导的全新反贫困理念的诸多特征，成为当前关于农村扶贫理论研究与扶贫政策实践相契合的一个发展方向。

所谓生态移民是指由于生态环境恶化困扰或者为了缓解、改善和保护脆弱地区的生态环境所发生、开展的群落迁移活动。该政策是涉及生态、资源、环境、人口、社会、经济等问题的复杂系统，体现的是一个综合的、发展的、长期性的双赢模式。生态移民特别是因为当地环境恶劣、不具备就地扶贫条件的移民，最好的选择即易地扶贫。从资产视角分析，适宜的农业生产条件和必要的基础设施建设是农村居民进行生产活动的基础资本，而处于恶劣自然环境下的农村贫困人员，生计资本存量和积累水平低，资产的投资和运用受制于资产和劳动力市场的缺失，对家庭资产配置与转换上的有限性和不可及性成为长期制约贫困农户实现有效脱贫的因素。生态移民政策的实施，为搬迁农户带来了资产建设的机会，使家庭生产生活的资源禀赋条件发生了非边际变化，促使他们重新配置家庭劳动时间、转变生产行为、调整其在生产中的生产资料投入水平和投入结构。农户的家庭资产作为一种稳定性的财富聚合，不仅可以缓冲收入波动所带来的风险，也能产生更长期有效的经济效应与社会福利效应，甚至当人们陷入收入贫困时，还可以将资产转化为收入，从而达到缓解贫困的目的。

目前关于生态移民的探究，国内外学者主要聚焦在移民搬迁的动因、模式以及生态移民政策对农户的收入影响等方面。生态移民主要是因为外在的生活环境遭到破坏，已经不再适宜人类生存居住或者是为保护当地生态环境而进行的搬迁，包括自愿移民和非自愿移民。国外的众多研究者认为，生态环境的破坏与人口贫困有关，农户家庭生计资本低下是造成生态环境问题的主要原因，比格斯滕（Bigsten，1996）和哈恩（Haan，1999）认为人口通过迁移能够有效打破这种恶性循环，比尔斯堡和奥根多（Bilsborrow & Ogendo，1992）提出土地被过度利用而造成土地退化之后，人口外迁可能是一个改善环境、缓解贫困的方式，移民能够改善农户家庭生计资本，增加农户可持续生计能力。而国内学者也主要从生态保护、经济发展与反贫困来研究生态移民搬迁动因。李培林（2013）等认为西部地区自然环境条件恶劣，资源分布不平衡，导致区域发展不平衡，一些地区水资源短缺，农业广种薄收，由于长期的放牧、耕作中水土流失严重导致生态环境逐渐恶化。20 世纪 80 年代宁夏回族自治区政府开始实施的移民开发，使得迁出地区生态得以恢复，农民生产生活发生根本改变，收入明显提高，获得了更好的公共服务。色音（2014）等应用环境社会的视角，分析了甘肃、宁夏、内蒙古、江西等地区的生态移民状况，指出生态问题和贫困问题之间相互影响、相互制约，生态移民是国家消除区域性贫困和改善生态环境的战略行动。

生态移民政策对农户资产有什么样的影响？针对这个问题，国内外学者也进行了一些初步的探索，其主要是基于可持续生计框架理论。一种观点认为移民搬迁对农户资产具有正面影响。其中汪磊和汪霞（2016）发现农户搬迁后的生计资本增量较搬迁前有所提升，结构也变得更加均衡。金梅和申云（2017）采用双重差分（DID）模型，基于云南省贫困农户易地扶贫搬迁数据，发现易地扶贫搬迁总体上有利于提升农户生计资本。李聪等人（2014）利用陕南山区的1400户调研数据分析移民搬迁农户的影响因素及生计资本现状时发现：搬迁农户的家庭生计资本在总体上优于非搬迁农户，其中金融资本、物质资本、社会资本和人力资本较搬迁前得到一定程度的改善，而自然资本因搬迁受到了损失。

也有一些学者并不认同这样的观点，徐锡广和申鹏（2018）认为：安置区农户收入较搬迁前虽有所提高，但仍处于较低水平，且农户人力资本水平较低，自身发展能力不足。辛瑞萍（2016）也指出移民搬迁使农户的生计资本减少，移民家庭的生计脆弱性变得十分突出，并且会形成一个贫困过渡期，这就需要从可持续生计的角度来解决这种现象，否则会成为当地社会经济发展的一个"瓶颈"（葛根高娃等，2003）。杰克逊和斯莱（Jackson & Sleigh，2000）指出，要更好地改善贫困人口的生活环境，增加他们的生计资本，应对移民进行一个合理的补偿，包括货币补偿及实物补偿以增加其可持续生计能力。

2.3 资产分布及相关研究

2.3.1 资产分布

关于资产分布的相关文献主要集中在资产分布的影响因素分析中。布乔尔和米纳茨（Bucciol & Minaci，2005）利用1998~2010年美国消费者财务状况调查数据（US Survey of Consumer Finances）研究了风险对于家庭资产组合的影响，研究表明财富越多的家庭越偏好于风险大的资产组合，此外，金融资产投资会伴随风险的下降而变得更多。布乔尔和米纳茨（Bucciol & Minaci，2011）利用美国家庭对风险承受能力的调查数据进一步研究发现风险承受能力会随着年龄的增长而增长，并且财富也会随之增加，而其他变量例如教育、性别、种族和家庭的大小对风险的影响没有显著关系。坎贝尔（Campbell，2006）研究发现家庭对于不同的金融资产投资比例会根据家庭现有财富的多少而决定。一般情况下，财富水平较低的家庭甚少选择风险性较高的金融资产，往往对于稳健型金融产品的投资较多，而财富水平较高的家庭投资者会选择风险性的金融资产，且占比较高。国内现有文献大多研究家庭资产选择或资产配置的影响因素。综合来看，研究成果主要证实了地理区域、家庭规模、家庭结构、年龄、职业、教育水平、资产价格波动、自然灾害、长辈遗赠等因素都会影响家庭资产分布。史代敏和宋艳（2005）从微观角度分析了收入、年龄、财富规模、户主受教育程度、家庭资产规模、居住地等变量对家庭金融资产配置的影响，结果发现：居民对一部分具有年龄针对性的金融产品的认知度较低，这导致了各年龄阶段居民持有的金融资产结构相近；家庭购买保险的数量没有随户主教育背景的不同而呈现显著的差异；财富水平越高的家庭金融资产占财富比重越大，其中高收益的风险性金融资产占比越大。徐展峰和贾健（2010）以江西为例，运用比较分析、实证分析等方法对农民金融资产选择行为特征及影响因素进行研究，结果表明：农民金融资产在农民财产中占有一定的地位，而且呈现逐渐上升趋势；农民金融资产的选择行为具有较强的储蓄偏好性、持有的现金较为多样，对于资产选择也逐渐趋于多元化；收入是影响农户金融资产投资最主要的因素，收入状况很大程度上决定着金融资产水平。周力和孙杰（2016）基于农村固定观察点的样本数据，实证分析了1986～2009年气候变化对中国农户资产动态的影响，研究结果表明：极端天气（或降雨）增加导致其减少各类资产投资，而气温上升则促使其增加生产及固定型资产投资，但对消费型资产投资不产生影响。

  随着资产分布相关研究的深入，很多学者开始讨论，资产分布的方式对家庭财富增长具有怎样的影响。汉斯·阿丁·冯·高德克（Hans-artin Von Gaudecker，2015）采用互联网收集的荷兰农户调查数据（Center Panel），定量分析了农户资产组合选择与收入之间的关系，研究表明，家庭资产分布对家庭收入产生显著影响。安佐拉托斯·安杰洛斯和托马斯·克里斯（Antzoulatos Angelos A. & Tsoumas Chris，2010）研究了西班牙、英国和美国三个国家资产分布状况，使用了这三个国家20年的相关金融数据，研究结果表明，长期来看，对于家庭的资产增值影响最主要的因素是资产的分布情况；短期来看，对于家庭资产改变的最主要驱动因素是股票的回报率。赵相宇（Cho. Sang-Wook，2010）构造了一个定量的生命周期模型，研究了韩国家庭资产分布与韩国家庭储蓄的关系，他在模型中不仅提出了新的资产分布影响因素：贷款抵押、物流来源以及潜在资本收益与损失，还在现有的韩国通用的财富模型中添加了一些独特的制度因素，被其称为"Rental System"和"The Lack of a Mortgage System",当用该模型去校准韩国经济时,几个关键数据都可以被更好地解释。托比亚斯兄弟(Broer. Tobias, 2017)研究了美国家庭资产分布中,国外股票所占的份额对家庭金融资产和非金融资产的影响,结果表明富裕的家庭更倾向于购买国外的股票,这是因为购买国外的股票更容易使投资者的家庭金融资产增加。除了从宏观角度研究资产分布对资产增值具有影响以外,还有学者从微观角度分析家庭资产分布对财富的影响。杰西卡·A. 韦希特尔和本乡代吾(Jessica A. Wachter & Motohiro Yogo, 2009)实地调研了1500户富裕家庭和1500户贫困家庭,研究了家庭资产分布对财富增长是否具有直接影响,研究结果表明即使是在控制股票和教育水平的情况下,家庭资产分布对家庭财富增长仍具有直接影响。王文涛和谢家智(2017)运用无条件分位数回归等估计技术,采用中国综合社会调查(CGSS)数据,实证检验了预期社会化影响资产选择行为和财产性收入的研究假设,研究结果表明,预期化促进了家庭金融投资行为,加快了财产性收入的增长。吴卫星等(2015)利用赫克曼(Heckman)两步修正模型研究家庭资产投资组合优化程度的标准,研究发现财富和收入水平高的家庭投资组合更为有效;房产对家庭其他流动性风险资产的投资产生挤出效应,持有房产的家庭能够配置更有效的投资组合,研究还发现影响居民家庭参与风险资产市场的变量也显著地影响了家庭投资组合的有效性,而且方向基本一致。雷晓燕和周月刚(2010)利用中国健康与养老与追踪调查数据研究发现,资产的分布对于资产增值的贡献是不同的,而且金融资产增值是远大于非金融资产增值的。林霞和姜洋(2010)基于消费者跨期最优选择模型,利用京、津、沪、渝四个直辖市的城镇居民面板数据,研究资产分布的财富效应,研究结果表明中国股市增值和房价上涨引致的财富效应并不明显。

2.3.2 资产分布的影响因素

户主的家庭特征和自身特征。李实(2000)基于1995年城镇居民财产调查数据,利用被估计的财富函数对中国城镇居民财产分布的影响因素进行分析,将户主年龄、人力资本、居民收入作为被解释变量,家庭规模、省份变量、户主工作单位性质以及政治面貌作为控制变量进行模型估计,结论中重点分析了户主年龄、教育水平和职业类型对财产分配的影响。孟(Meng, 2007)对中国城镇居民的财产积累和分布做了研究,结果发现：高收入和户主的党员身份更能促进财产的积累。梁运文（2010）利用奥尔多中心 2005 年和 2007 年的数据考察了户主个体特征对居民财产水平的影响。对财产做反双曲正弦转换，以转化后的财产为被解释变量，以个人特征的虚拟变量为被解释变量估算财产函数，结果认为：城镇与农村呈现了不一样的结果，城镇居民财产与年龄的分布符合生命周期理论，人力资本投资与财产有正相关关系，而农村居民的财产与人力资本投资并无关系。肖争艳（2012）将户主的主观行为特征纳入家庭财产水平的影响因素中去，与家庭内、外部环境以及户主客观特征一起作为解释变量估计财产函数，结果发现户主的投资参与度和风险偏好态度会对财产积累产生积极作用。严琼芳（2013）基于调查组 2012 年农村居民家庭财产实地调查数据，通过估计农村居民家庭财产函数对影响财产分布差距的原因进行分析，由于农村地区的特殊性，文章将人均耕地面积纳入财产函数，结果显示土地带来的收入相对有限，财产还是需要依靠外出打工等活动积累。

此外，一些学者在研究中还考虑其他因素对于资产分布的影响。例如，门奇克（Menchik，1980）认为后代继承财产的顺序和种族都会对财产分布产生影响。克里沃和考夫曼（Krivo & Kaufman，2004）发现白人与黑人之间存在着财富差距，即种族影响财富分布。王修华（2011）实证分析结果显示农村金融规模的扩大在一定程度上拉大了城乡贫富差距，而农村金融效率的提高有助于缩小城乡贫富差距。王征、鲁钊阳（2011）研究发现农村金融的发展扩大了城乡贫富差距。保永文（2016）利用基尼系数及其分解公式探讨引起城乡间人均财产分布差距扩大的原因，结果表明，总房产价值的上升以及农村土地价值的下降，引起了城乡财产分布不均程度的扩大。

影响资产分布的因素众多，对于这些因素的认识是一个逐渐成熟的过程，并且对家庭金融或资产的调查数据比较难得，因此很少有文献可以对家庭资产分布进行系统的建模分析。我国对资产分布差距的研究仍旧集中于收入差距，对单纯的资产差距研究还是较少，随着资产贫困以及资产收益扶贫概念的提出，相信学界对资产分布极其差距的关注会逐渐升温。

2.3.3 资产分布与差距

帕累托（Pareto，1895）最早提出用统计分布方法研究差距，提出了帕累托分布函数，借用统计工具对收入分布进行分析研究。之后洛伦兹

(Lorenz，1905）在对 Pareto 的对数曲线进行纠正的基础上，提出了著名的洛伦兹曲线。万广华（2008）指出，在比较不同地区或不同年份的收入差距时，最好比较与之对应的洛伦兹曲线，来判断差距变化趋势。基尼（Gini，1914）提出了著名的基尼系数，刚提出时遭到了各方面的质疑，但最终被人们接受，与洛伦兹曲线一同成为国内外经典的度量差距方法。基尼系数获得广泛应用之后，度量收入差距的新指标相继出现。如由泰尔（Theil，1967）提出并发展的广义熵（generalized entropy，GE）指数，阿特金森（Atkinson，1970）根据社会福利函数建立的差距指标——著名的 Atkinson 指标，还有变异系数和扭曲系数等。

目前使用最广泛的是基尼系数。我国最早对基尼系数有所研究是从杨小凯（1982）在武汉大学学报发表的一篇论文开始的，之后国内学者便从不同角度运用不同算法和公式对基尼系数进行计算。胡祖光（2004）利用我国最富和最穷的 20% 人口的收入比重作为特征值，推导出基尼系数的简易计算公式，不仅解决了城乡合一基尼系数的计算难题，而且使政府在比较短的时间里就能测度出某一时期的收入分配走势。段景辉和陈建宝（2010）将分布函数引入中国和各地区居民家庭收入数据中，得到了较好的基尼系数，并在此基础上进行了相关的经验分析。陈家鼎和陈奇志（2011）基于洛伦兹曲线的最一般定义，在没有任何附加限制条件下，论证了基于样本数据所得到的洛伦兹曲线通常估计量具有强相合性，还导出了基尼系数估计量的渐进分布，在渐进分布的基础上给出了大样本情况下基尼系数的置信区间。杨耀武和杨澄宇（2015）通过构建基尼系数置信区间，来排除可能是抽样误差带来的基尼系数点估计差异，并对 2008~2013 年的基尼系数进行重新测算。

人们也用变异系数和扭曲系数来反映收入差距，变异系数是样本标准差与均值的比率，变异系数越大表明中产阶级越少、资产分布越不均衡。也就是说变异系数考察的是子群的平均收入与整体平均收入的差异，它的缺点在于没有考虑组内差异。杨天宇（2012）以变异系数来衡量全社会居民总体收入差距程度，研究表明，当存在户籍制度和城市正规部门非制度性进入障碍的情况下，差距程度将单调增加。郭斌（2015）采用变异系数测度了 2003~2012 年农村居民和 1995~2011 年城镇居民的财产性收入不均等程度，得出机会不均等是决定财产性收入差距的根本原因。扭曲系数是用样本均值除以中位数得到的，扭曲系数值越大，说明收入差距越大。梁运文等（2010）通过计算基尼系数、变异系数和扭曲系数等指标反映我国城乡居民财产总体差距程度。

阿特金森（Atkinson，1997）证明了资产分布与收入分布之间存在相关性，资产分布会通过不断扩大的财产性收入对收入分布造成明显影响，成为影响居民收入扩大的关键因素。李实等（2000）利用调查数据，通过制作城镇居民财产与收入的散点图，说明了财产分配与收入分配间的正相关性，还分别计算了1995年城镇居民总财产的集中率为0.331，收入分配的基尼系数为0.281，证明了高收入家庭会向高财产靠拢，收入分布的差距会导致资产分布的差距。赵人伟（2007）将收入与财产十等分组后作图，得出不同收入分布会对财产分布产生不同影响，低收入组和高收入组的收入分布差距会降低财产分布差距，中等收入组的收入分布差距会拉大财产分布差距。罗楚亮（2011）通过计算基尼系数，比较得出全国财产分布不均等程度高于收入不均等程度，并且农村地区随着收入不均等程度的增加，使财产的分布差距逐渐扩大。

2.3.4 资产分布与收入分配

我们在做资产分布或者收入分配研究时，通常将财富、财产、资产等不同的词汇当作同义词来使用，这仅仅是由于习惯不同而在不同场合使用不同表述而已（赵人伟等，2005）。从已有的文献来看，研究大多探讨了财产分布与收入分配之间的关系。

收入方面最大的不平等来源于所继承、所获得的财富的差别（萨缪尔森，1948）。有学者指出，财富的分配通常比收入分配更不平等，居民之间的财产分配将会更加明显地影响到收入分配，成为收入差距扩大的一个主导因素（李实，1999）。迈克尔（Michael，2000）认为，如果财富在分配过程中变化不大，收入分配很可能也会变得更少或者根本没有变化。李实等（2000）估计了1995年的城镇居民的财产分布状况，并分析了财产分布与收入分布之间的关系，研究发现中国城镇居民的财产分配差距超过了收入分配差距，而且从长期趋势上可能会出现加速扩大的势头。赵人伟等（2005）估计了2002年全国、城镇和农村居民的财产分布状态，讨论了城乡财产分布和收入分配不平等的状况，研究发现，中国农村从收入分配差距转化为财产分布差距，房产无论是在城市还是在农村的财产分布不均中都起着举足轻重的作用。随后，赵人伟（2007）在研究中提出贫富差距是否过大并不在于是否承认有财产性收入，而在于财产分布的差距和收入分配的差距是否过大本身。

程丽香（2009）通过研究发现东南沿海县域居民家庭资产分布严重不均等，居民家庭年总收入与家庭总资产、家庭人均年收入与家庭人均资产均呈正相关。一些研究发现，财产分布的不平等成为收入分配不平等的一个重要因素。财产分配及收入分配之间具有"马太效应"，容易导致富者越富，穷者越穷，财产分布不均等造成的差距还可以代际相传，加剧收入分配不平等（财政部财政科学研究所课题组，2012）。也有研究对中国城乡居民财产结构、分布差距及其动态变化进行分解分析，发现城乡之间财产分布基尼系数的变化主要是由各项财产在总财产净值中所占比例的变化引起的，净房产价值的快速上升和农村土地价值的持续下降，扩大了城乡居民的人均财产分布差距（保永文、熊捍宏，2016）。一般而言，居民财产占有和分布不均衡，拥有财产越多、投入越多，财产性收入也越多。所以，财产量的悬殊既是贫富差距大的表现，同时也是导致贫富差距的重要原因（孙从海，2014）。

从收入结构角度出发，居民家庭资产增值部分属于财产性收入。有研究认为居民在股票等方面的财产性收入较低，可能是因为银行存款和现金等具有更低收益率的无风险金融资产更受中国家庭青睐，而股票、基金、银行理财产品等较高风险资产的投资激励却不足（骆祚炎、刘朝晖，2004）。我国在农村改革进程中，在集体资产改革方面做了大量有益尝试，包括农民住房确权登记改革、农村集体资产"三资"清理及确权登记、农村集体资产量化确权改革、农村集体资产股份化改革、农村经营性建设用地改革、"三权"抵押改革等重要改革措施。田代贵和马云辉（2015）就从集体资产的角度分析了导致农民财产性收入较低的原因，研究认为农民财产性收入低的直接原因是农村集体资产及经营性资产缺乏，要增加中西部欠发达地区农村居民财产性收入，最主要的是解决经营性资产从无到有、从小到大，即财产性收入的来源及其保值增值问题。

世界银行（1982）曾指出，中国居民除了储蓄存款的利息以外，没有私有财产项下的收入（股金、股利及利润），这也是当时中国收入分配较为均等化的一个重要原因，在改革开放的过程中，这种状态逐渐被改变。刘绩棵（2013）利用中国家庭营养与健康调查数据库（CHNS）中9个省1989~2004年的面板数据，对家庭收入基尼系数进行了分解，发现20世纪90年代资产性收入对收入差异的贡献一直保持在2%左右，但是2000年后资产性收入对收入差距的解释份额增加到了13.5%，资产性收入对收入差距的解释越来越强。钱水土和许嘉扬（2011）也得出财产性收入会导致城乡收入差距扩大的结论。

2.3.5 资产分布与通货膨胀

通货膨胀会使财产再分配在经济个体间发生，从而引起财产不平等问题，关于通货膨胀对财产分布的影响，实际是考察通货膨胀再分配效应对家庭财产实际值变化的影响。多普克和施耐德（Doepke & Schneider, 2006）讨论了通货膨胀在美国的再分配效应，结果发现通胀使青年、中等收入阶层和政府获益，而对富人、老年人以及债券持有者有一定程度的损害。梅和寺岛（Meh & Terajima, 2011）在研究加拿大的通胀对财产再分效应中也得到了同样的结论。肖争艳（2011）利用城镇家庭资产负债表，将名义头寸再定价之后研究计算了通货膨胀对中美家庭财产分布的影响，从结果来看，通货膨胀对中国城镇家庭财产分布不平等具有消极意义，使其财产分布差距扩大，财产不平等程度增加；通货膨胀却使美国家庭获益，降低了美国家庭财富分布不平等程度。陈彦斌（2013）构建了贝利（Bewley）模型来研究通货膨胀对财产不平等的影响，结果发现：通胀水平越高，财产不平等程度越高；结构性通货膨胀会抑制财产积累，使财产分布不平等程度恶化。张莉兴（2015）利用门限回归模型分析通胀对我国城乡居民财产的再分配效应，并且分地区讨论了通胀冲击对财产分配的差异，实证研究后发现通货膨胀大于 0.0667 小于 0.1542 时，会加速城镇居民财产的缩水，对农村来说，通胀对西部农民的财产再分配效应比较小。

第 3 章

农户资产分布计量研究的理论和方法

3.1 农户资产分布差距的度量方法

3.1.1 农户资产分布差距的分组

学界通常采用十等分组法对收入不平等进行度量，具体做法是：首先将收入的样本数据按照从小到大的顺序排列，然后将样本数据按照数量等间隔分为十份，分别计算每一份样本数据的统计指标，取收入最高组（排名前10%）的中位数与收入最低组的中位数（排名后10%）的比值作为衡量收入差距的指标，该比值越大说明收入差距越大，反之越小。十等分组法具有简单明了的特性，而且还可以考察不同因素对收入分配差距的影响。李颖（2004）使用十等分法来测度辽宁和内蒙古农村居民的纯收入差距情况，并且对影响收入差距的税费支出、社会性负担、家庭财产、区域性因素、家庭因素和劳动力文化程度进行了十等分组法分析。与衡量收入不平等的方法相同，衡量资产分布不均程度的方法是取最富有家庭资产与最贫困家庭资产的比值。由于农户资产分布相对不均衡，因此本书采用与十等分组法原理相同的五等分组法对农户总资产的差距进行更进一步的测量。

3.1.2 农户资产差距的测算

3.1.2.1 基尼系数与洛伦兹曲线

基尼系数是指国际上通用的、用以衡量一个国家或地区居民收入差距的常用指标。它的经济含义是在全部居民收入中,用于进行不平均分配的那部分收入所占的比例。基尼系数最大为"1",最小等于"0"。前者表示居民之间的收入分配绝对不平均,即100%的收入被一个单位的人全部占有了;而后者则表示居民之间的收入分配绝对平均,即人与人之间收入完全平等,没有任何差异。但这两种情况只是在理论上的绝对化形式,在实际生活中一般不会出现。因此,基尼系数的实际数值只能介于0~1之间,基尼系数越小收入分配越平均,基尼系数越大收入分配越不平均。国际上通常把0.4作为贫富差距的警戒线,大于这一数值容易出现社会动荡。

洛伦兹曲线是为了研究国民收入在国民之间的分配问题,是一个总体国家或地区内,以"最贫穷的人口计算起一直到最富有人口"的人口百分比对应各个人口百分比的收入百分比的点组成的曲线。洛伦兹曲线直观地表示出了一个国家或地区收入分配平等或不平等的状况。

图3-1对角线为绝对公平线,表示收入分配绝对平等,弯曲的虚线即为洛伦兹曲线,表示实际的收入分配状况。洛伦兹曲线的弯曲程度反映

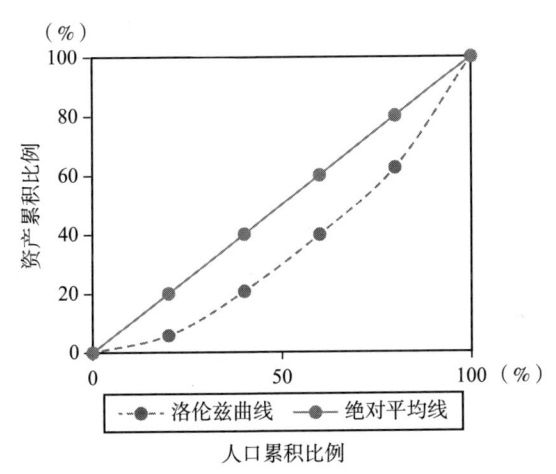

图3-1 农户总资产分布的洛伦兹曲线

了收入分配的不平等程度，弯曲程度越大，代表收入分配越不平等，反之，收入分配越平等。

基尼系数可以由洛伦兹曲线推导出来，我们称绝对公平线与洛伦兹曲线之间的面积为"不平等面积"，绝对公平线与横、纵轴之间的面积为"完全不平等面积"，则基尼系数就等于不平等面积与完全不平等面积之比。洛伦兹曲线的弯曲程度越大，基尼系数就越大，其值越接近于1，代表收入分配不平等程度越高；反之，洛伦兹曲线的弯曲程度越小，基尼系数越小，其值越接近于0，代表收入分配不平等程度越低。

3.1.2.2 基尼系数的计算与分解

从资产的来源和构成看，总资产是由各分项资产构成，将总资产的基尼系数分解到各分项资产，可以得到各分项资产的集中率和对总不平等的贡献率，进而有利于研究结构性资产不平等对总资产不平等的影响。对于基尼系数的计算及结构分解，其公式为：

$$G = \sum_k \frac{\mu_k}{\mu} G_k = \sum_k \theta_k G_k \tag{3.1}$$

其中 μ_k 与 μ 是第 k 分项资产和总资产的均值，θ_k 为第 k 类分项收入占总收入的百分比，G_k 为第 k 类分项收入的基尼系数，G 为总收入的基尼系数，因此第 k 类分项收入对总收入的贡献率 λ_k 为：

$$\lambda_k = \frac{\theta_k G_k}{G} \tag{3.2}$$

λ_k 越大，代表该分项收入对总收入不平等的贡献程度越高；G_k 又称为伪基尼系数或集中率，当某一单项收入集中率大于总收入的基尼系数时，该项收入具有扩大差距效应，而当其集中率的数值小于总收入的基尼系数时，该项收入具有缩小差距效应。

3.1.2.3 变异系数与扭曲系数

变异系数是样本标准差与均值的比率，变异系数越大表明中产阶级越少、资产分布越不均衡。也就是说变异系数考察的是子群的平均收入与整体平均收入的差异，反映的是收入水平偏离平均水平的相对差距。数值越大，表明不平等程度越高。变异系数分为简单变异系数和加权变异系数。

简单变异系数表示为：

$$CV = \frac{1}{\bar{Y}} \sqrt{\frac{\sum_{i=1}^{n}(Y_i - \bar{Y})^2}{n}} \qquad (3.3)$$

加权变异系数表示为:

$$CV = \frac{1}{\bar{Y}} \sqrt{\frac{\sum_{i=1}^{n}(Y_i - \bar{Y})^2 F_i}{n}} \qquad (3.4)$$

其中, n 为样本容量, Y_i 代表样本中第 i 个家庭的收入, $\bar{Y}$ 为样本的平均收入, F_i 为第 i 个家庭人口数占样本总人口数的比重。

扭曲系数是用样本均值除以中位数得到的,扭曲系数值越大,说明收入差距越大。

3.1.2.4 泰尔指数法

泰尔指数来源于香农(C. E. Shannon, 1948)提出的信息熵概念。在信息理论中熵被称为平均信息量,离散的广义熵指数被定义为:

$$GE_\theta = \frac{1}{\theta^2 - \theta}\left[\frac{1}{n}\sum_{i=1}^{n}\left(\frac{y_i}{\bar{y}}\right)^\theta - 1\right] \qquad (3.5)$$

其中, θ 是常数,其值代表厌恶不平等的程度。θ 越小,厌恶不平等的程度越大。当 $\theta \to 1$ 时(取极限),广义熵指数便转化为泰尔指数,又称泰尔第一指数,即泰尔 - T 指数:

$$T = GE_1 = \frac{1}{n}\sum_{i=1}^{n}\frac{y_i}{\bar{y}}\ln\frac{y_i}{\bar{y}} \qquad (3.6)$$

研究不平等时,需要将不平等水平进行子样本分解,即探究不平等水平多大程度来自不同组之间和组内的差异。样本数据可以按地理位置(东部、中部、西部)或行业来分组,根据公式就可以将总体不平等分解为子样本之间和子样本内部的不平等。

$$T = T^{within} + T^{between}$$

$$= \sum_{m=1}^{M} Y_m \left[\sum_{i \in I_m} \frac{y_i}{Y_m}\ln\frac{\frac{y_i}{Y_m}}{\frac{I_m}{n_m}}\right] + \sum_{i=1}^{M} Y_m \ln\frac{Y_m}{\frac{n_m}{n}}$$

$$= \sum_{m=1}^{M} \alpha_m \beta_m T_m + \sum_{m=1}^{M} \alpha_m \beta_m \ln\beta_m \qquad (3.7)$$

其中, M 为分组数, I_m 为第 m 组样本的集合, Y_m 为第 m 组的总收入，n_m 为第 m 组的样本容量，α_m 为第 m 组人口占总人口的比重，β_m 为第 m 组的平均收入占总平均收入的比重，T_m 为第 m 组的泰尔指数。

3.2 农户资产增值开发能力的评估方法

3.2.1 结构方程模型（SEM模型）

结构方程模型是一种线性统计建模技术，也是一种分析体系，实际上就是验证性因子分析和路径分析的技术综合，结构方程主要包括测量模型和结构模型。结构模型的基本原理是首先根据基本理论，经过推理和假设，形成变量之间相互的因果关系模型，然后用数据验证所建立的模型。结构方程模型不仅可以处理可测变量之间的复杂关系，更能利用因子分析的方式构建多个"潜变量"，并讨论潜变量之间或者潜变量和可测变量之间的复杂关系。结构方程模型为高度抽象并难以测量的变量提供了进行计量的可能，理论上结构模型更多的是验证功能，具有理论上的先验性，它可以同时处理多个因变量，允许自变量和潜变量之间存在测量误差，精确估计观察变量与潜变量之间的关系，同时估计因子结构和因子关系，还可以分析潜变量之间的结构关系和整个模型和数据的拟合程度。

正是因为结构方程模型的优越性，才使其成为近年来经济学研究极其重要的实证方法。首先对结构方程基本概念进行说明。观测变量与潜变量：观测变量是指研究者直接观测的变量，也被称为显变量，潜变量是指不能直接观测，但可以间接地通过观测变量间的关联性而得到的变量；外生变量与内生变量：外生变量是指没有测量误差的变量，内生变量是指因变量；残差项：是指不能被变量解释的方差；自由度：是指当以样本的统计量来估计总体参数时，样本中独立或能自由变化的资料的个数；路径与路径系数：路径是指变量之间的关系，在结构方程模型中用箭头表示，单项箭头表示箭头联结的两个变量的因果关系，双向箭头表示是相关关系，路径系数是表示对变量间关系强度的估计值。

结构方程具有的估计方式可用如下三个方程式表述：

测量方程：$x = \Lambda_x \xi + \delta$

$$y = \Lambda_y \eta + \varepsilon \tag{3.8}$$

观测方程：$\eta = B\eta + \Gamma\varsigma + \zeta$ (3.9)

上述方程各变量含义如下：式（3.8）中 x 为外生测量变量（在因子分析中用来生成外生潜变量），主要包括农户特征、教育水平、家庭收入等 20 个可观测变量。ξ 为外生变量，研究中外生潜变量主要包括金融资产、非金融资产、自然资源、农户自我发展能力、农户自我发展意识、农户社会公共空间。Λ_x 为外生观测变量在外生潜变量上的因子载荷矩阵，δ 为外生观测变量的误差项。y 为内生观测变量（在因子分析中用来生成内生潜变量），研究拟定义农户资产分布与农户资产增值开发能力作为内生潜变量。Λ_y 为内生观测变量在内生潜变量上的因子载荷矩阵，ε 为内生变量的误差项。式（3.9）中 B 和 Γ 都为路径系数，B 表示的是内生潜变量之间关系，Γ 则表示外生潜变量对于内生潜变量值的影响，即表示研究金融资产、非金融资产、自然资源对农户资产分布的影响以及农户自我发展能力、农户自我发展意识、农户社会公共空间对农户资产增值开发能力的影响。上述模型有以下一些假定：$E(\xi)=0$，$E(\delta)=0$，$E(\eta)=0$，$E(\varepsilon)=0$，$E(\varsigma)=0$。

结构方程结构模型路径选择。一个完整的结构方程模型包括两个基本模型：测量模型与结构模型。其中测量模型描述潜变量与对应测量变量之间的关系，主要通过因子载荷反映出来，具体式（3.8）、式（3.9）已经做出解释。而结构模型则是描述变量之间的因果关系，主要通过路径系数反映出来。

农户资产分布与农户资产增值开发能力的相互作用机制研究及其路径选择。根据已有的文献梳理，无法确定研究农户资产分布与资产增值之间的相互作用机制，因为没有文献明确说明农户资产分布与农户资产开发能力之间具有单项或是双向的关系，因此，研究假设两者之间存在关系，并且相互影响，具体影响机制有待进一步分析。基于此，设计了如图 3-2 所示的结构方程模型的假设模型。模型将资产分布和资产增值开发能力作为内生潜变量，设计了包括金融资产在内的 6 个外生潜变量以及多个外生可观测变量。本书主要的研究目的是验证农户资产增值开发能力与农户资产持有之间的关系，因此设计如下结构方程模型。

结构方程识别。结构方程模型所用的是协方差矩阵，然后计算出一个最佳的衍生矩阵，若协方差矩阵与衍生矩阵接近，则表示我们建立的模型成立，若协方差矩阵与衍生矩阵差异大，则表示模型与数据不符。研究将根据以下公式判断结构方程模型的整体识别性：

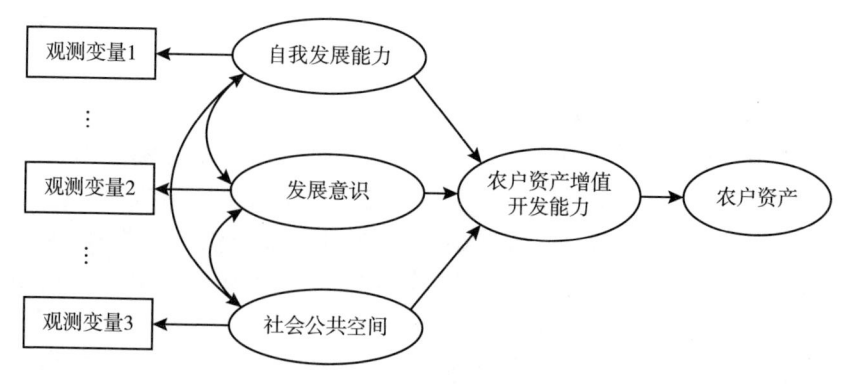

图 3-2 结构方程假设模型

$$t < df \tag{3.10}$$

$$df = \frac{(p+q)(p+q+1)}{2} \tag{3.11}$$

其中，p 为外生观测变量的个数，q 为内生观测变量的个数，t 为待估计的参数个数，df 为自由度。当 $t = df$ 时，模型恰好被识别；当 $t < df$ 时，模型为过度识别；当 $t > df$ 时，模型识别不足。当模型过度识别或者恰好被识别时，模型才能运行。

3.2.2 混合横截面数据分析法

按照数据的特点，可将横截面时间序列数据及研究方法大体分为两大类：一类是混合横截面数据，它是在不同时点从一个大总体里由独立抽取的观测值构成；另一类是纵列数据或叫面板数据，有时也称作纵横数据，它和前者的最大区别是，要在不同时间跟踪相同的一些个人、家庭、厂家、城市、地区或别的单元。

混合横截面数据估计的模型一般形式为：

$$y_{it} = \alpha_0 + \beta_k T_k + \alpha_k X_{it} + \varepsilon_{it} \tag{3.12}$$

式（3.12）中，i 表示横截面的单位数，$i = 1、2、3、\cdots、I$；t 一般表示期数，$t = 1、2、3、\cdots、T$，y_{it} 表示第 i 个单位在 t 期时候的被解释变量值，X_{it} 一般指不同的解释变量，ε_{it} 是指解释变量中无法解释的部分，也称为误差项。由于总体在不同时期会有不同的分布，在上述模型中允许截距在不同年份有不同的值。为了实现在不同年可以有不同截距的这一目的，此时可以通过引进虚拟变量的方法来实现，式（3.12）中 T 是表示时间的虚拟变量，k 为虚拟变量个数，$k = 1$、2、3，…，$t-1$，这表明虚拟变量的个数不会多于期数。α_0 为截距项，当 $T = 1$ 时，此时截距项为 $\alpha_0 + \beta_0$，以此类推，α_k 为解释变量的系数。

结合混合横截面模型的一般形式设计所需的研究模型如下：

$$\hat{A} = \alpha_0 + \beta t_I + \alpha_1 D_{it} + \alpha_2 D_{it} t_I + \alpha_3 P_{it} + \alpha_3 P_{it} t_I + \alpha_4 S_{it} + \alpha_4 S_{it} t_I \quad (3.13)$$

式（3.13）中，$\hat{A}$ 为农户资产，2012 年为对照的基年，设置代表 2017 年虚拟变量 t_I，$I = 2012$、2017，当 $I = 2012$ 时，$t_I = 0$，此时 α_0 为 2012 年的截距项。当 $I = 2017$ 时，$t_I = 1$，此时 $\alpha_0 + \beta$ 为 2017 年的截距项，D_{it} 为第 i 个家庭的 t 时期的自我发展能力相关指标，P_{it} 是社会公共空间相关指标，S_{it} 是自我发展意识相关指标。

3.3 农户资产分布对收入分配影响研究方法

3.3.1 分位数回归模型

利用分位数回归模型对选取的影响农户收入分配差距的各项资产进行验证，随后利用多元有序 Probit 模型从概率角度验证各项资产对收入分配差距的影响，两种模型的估计结果可以相互印证。

在有关居民收入分配的研究中，假定居民收入呈正态分布，并采用普通最小二乘回归（OLS）分析方法对影响收入的诸多因素进行分析。但是，传统的普通最小二乘回归考察的是因变量的条件均值函数。也就是说，OLS 的思想是综合考虑到每一组（x_i, y_i），使观测值 y_i 与其回归值 $\hat{y}_i$ 的残差平方和最小时，估计出参数 β_0、β_1、β_2…，从而得出回归模型，在实际应用时，OLS 的古典"均值回归"容易受极端值的影响。在实际应用中，如果无法有效消除数据中的异常值，或数据的分布密度函数不能满足正态分布的假定，那么运用分位数回归方法可以得到比 OLS 回归更加有效的结果。

在居民收入分配的实际研究中，收入的分布形态并不是呈现出理想的正态分布，并且随着研究的深入，收入分配问题的研究重点不再只是平均收入问题，分位数回归模型从不同分位数（层次）考虑问题，更适合用于分析不同收入阶层的居民收入差异的影响因素和大小。本书试图从家庭资产分布角度用分位数回归法探讨影响各收入层次家庭收入的资产类型。

分位数回归（quantile regression，QR）的思想最早是由科恩和巴塞特（Koenker & Bassett，1978）两位学者提出，是对普通最小二乘法的扩展，以中位数回归理论研究作为基础，将中位数推广到一般的分位数。分位数回归是一种在因变量的条件分布的不同分位点上量化自变量的回归技术，能够全方位地刻画出研究对象在不同分位数水平上的变化特点，而不仅仅是传统的 OLS 回归所刻画的均值的变化。收入分布在不同的分位点，代表着高、中、低不同的收入群体的收入，收入在不同分位数水平下的具体影响因素及权重是不同的。

科恩和巴塞特证明，如果用 $\hat{y}_{(\tau)t}$ 表示 y_t 的分位数回归估计量，则对于以检查函数 w_τ 为权数，y_t 对任意值 α 的加权离差绝对值和 $\sum w_\tau |y_t - \alpha|$ 只有在 $\alpha = \hat{y}_{(\tau)t}$ 时取得最小值，其中，

$$\sum w_\tau |y_t - \alpha| = -\sum_{t: y_t < \alpha}^{T} (1-\tau)(y_t - \alpha) + \sum_{t: y_t \geq \alpha}^{T} \tau(y_t - \alpha) \quad (3.14)$$

$\tau \in (0, 1)$。据此，分位数回归可以通过加权最小绝对离差和法（weighted test absolute deviation，WLAD）进行估计。

根据式（3.14），对于线性回归模型 $y_t = X_t'\beta + u_t$，求第 τ 分位数回归方程系数的估计量 $\hat{\beta}_{(\tau)}$ 的方法是求式（3.15）（目标函数）最小：

$$Q = -\sum_{\hat{u}_{(\tau)t} < 0}^{T} (1-\tau)\hat{u}_{(\tau)t} + \sum_{\hat{u}_{(\tau)t} \geq 0}^{T} \tau\hat{u}_{(\tau)t} = \sum_{t: y_t < X_t'\hat{\beta}_{(\tau)}}^{T} (1-\tau)(y_t - X_t'\hat{\beta}_{(\tau)})$$

$$+ \sum_{t: y_t \geq X_t'\hat{\beta}_{(\tau)}}^{T} \tau(y_t - X_t'\hat{\beta}_{(\tau)}) \quad (3.15)$$

其中，$\hat{u}_{(\tau)t}$ 表示第 τ 分位数回归方程的残差，$\tau \in (0, 1)$。第 τ 分位数回归方程表达式是：

$$\hat{y}_{(\tau)t} = X_t'\hat{\beta}_{(\tau)} \quad (3.16)$$

其中 X_t，β 都是 $k \times 1$ 阶向量。$\hat{\beta}_{(\tau)}$ 称作分位数回归系数估计量，或最小绝对离差和估计量，估计方法称作最小绝对离差和估计法。对于不同分位数回归函数，如果回归系数的差异很大，说明在不同分位数上解释变量对被解释变量的影响是不同的。

3.3.2 有序 Probit 模型

常用的排序选择模型有 Probit 模型和 Logit 模型，其中，Probit 模型是

针对二分类因变量的回归模型，是计量经济学非线性分析中的重要模型之一，就是指被解释变量 Y 是一个 0，1 变量，事件发生的概率依赖于解释变量，即 $P(Y=1)=f(X)$，也就是说，$Y=1$ 的概率是一个关于 X 的函数。Logit 模型和 Probit 模型的区别在于采用的分布函数不同，前者假设随机变量逻辑概率分布，而后者假设随机变量服从正态分布。

在排序选择模型中，作为被解释变量的观测值 y 表示排序结果或分类结果，取值均为整数，如 0，1，2，3，……解释变量是可能影响被解释变量排序的各种因素，可以是多个解释变量的集合，即向量。本书选用的多元有序 Probit 模型，适用于被解释变量为按照某种规则进行排序的离散类型变量的建模。陈刚和李树（2012）用居民对自己生活是否感到满意来衡量居民主观幸福感，变量 happiness 的赋值是 1~5 的整数，分别对应被访问者所选择的"非常不幸福""不幸福""一般""幸福"和"非常幸福"等回答，研究发现，提高政府质量能够显著增加中国的居民幸福感。曹琦和樊明太（2016）实证分析了各种宏观经济因素对各省能源效率的影响，通过数据包络分析法（DEA）计算出各省年度能源效率之后，将 30 个省份按年度依能源效率由低到高进行了排序，把能源效率最低的 10 个省份、居中的 10 个省份、最高的 10 个省份分为低能效区、中能效区、高能效区，并分别赋值为 0、1、2。能效评级赋值数值越高，说明能源效率越高；反之，能源效率越低。张明等（2016）运用有序 Probit 模型的半参数估计方法检验了高等教育对社会阶层的影响，实证研究结果显示，接受过高等教育的居民拥有更高的社会阶层评估，有微弱证据显示，在经济发展和市场化转型处于前列的东部地区，高等教育带来的社会阶层提升效应正在显现。

陈强（2014）在商业银行区域风险评级研究中对多元有序 Probit 模型做了较为具体的介绍，模型的具体形式为：假设存在一个潜在的变量 y_i^* 和一个可以观测的变量 y_i，若潜在变量 y_i^* 不可观测，而可观测变量 y_i 有 0，1，2，…，M 等 $M+1$ 个取值，就可以明确 Y 分类，即被解释变量可以被分成几类，并就类别在解释变量之间是否具有显著差异进行相关检验后，根据类别之间的均值水平，排除可观测量 Y 值的次序，考虑到潜在变量与解释变量 x_i 之间存在如下线性关系：

$$y_i^* = x_i\beta + \mu_i \tag{3.17}$$

其中，μ_i 是独立同分布的随机干扰项，y_i^* 和 y_i 之间的关系可以表示为：

$$y_i = \begin{cases} 0 & if \quad y_i^* < c_1 \\ 1 & if \quad c_1 < y_i^* < c_2 \\ 2 & if \quad c_2 < y_i^* < c_3 \\ \cdots & \cdots \quad \cdots \\ M & if \quad c_M < y_i^* \end{cases} \tag{3.18}$$

设 μ_i 的累积分布函数为 $F(x)$，观测 y_i 的每个值的概率为：

$$\begin{aligned} P(y_i = 0 \mid x_i, \beta, c_1) &= F(c_1 - x_i\beta) \\ P(y_i = 1 \mid x_i, \beta, c) &= F(c_2 - x_i\beta) - F(c_1 - x_i\beta) \\ P(y_i = 2 \mid x_i, \beta, c) &= F(c_3 - x_i\beta) - F(c_{12} - x_i\beta) \\ &\cdots\cdots \\ P(y_i = M \mid x_i, \beta, c) &= 1 - F(c_M - x_i\beta) \end{aligned} \tag{3.19}$$

在有序 Probit 模型中，如果随机扰动项与解释变量之间是相互独立的，那么采用极大似然估计法（ML）估计方程就能够得到回归系数的一致估计量：

$$l(\beta, c) = \sum_{i=1}^{N} \sum_{j=0}^{M} \ln(P(y_i = j \mid x_i, \beta, c)) * (y_i = j) \tag{3.20}$$

其中，$l(*)$ 为标示函数，当排序选择项与概率所指代的事一样时，该指示函数取值为 1，反之则取值为 0。随机扰动项 μ_i 的分布函数类型决定了排序选择模型的类型，在此基础上模拟建立各类模块的拟合得分及各个区域相应的排序。

3.4 移民区农户资产贫困影响因素及政策的研究方法

3.4.1 移民区农户资产贫困影响因素度量

本书将采用 Logit 模型来分析六盘山连片特困地区宁夏片区移民迁出区和移民安置区农户资产贫困的影响因素，其中模型中的被解释变量分别为农户是否处于金融资产贫困状态、生产性固定资产贫困状态、生活消费性资产贫困状态和自然资源贫困状态，根据所设定的各维度的剥夺值，当各维度值大于剥夺值时，$y=1$（资产贫困状态），否则，$y=0$（非资产贫困状态）。本书所设定的 Logit 模型如下：

$$P_r(Y=1 \mid x_1, x_2, \cdots, x_k) = F(\beta_0 + \beta_1 x + \beta_2 x + \cdots + \beta_k x_k)$$
$$= F(\beta_0 + \beta X) + \mu \quad (3.21)$$

其中，Y 为因变量，取值 0 或 1；P_r 表示农户发生资产贫困的概率；β_0 为常数项；β_i 为各变量的回归系数，反映其对自变量的影响程度及方向；x_i 则为自变量，分别包括农户的户主特征和家庭特征。

3.4.2 移民政策对农户资产贫困影响测算

罗森鲍姆和鲁宾（Rosenbaum & Rubin，1983）提出的倾向得分匹配方法（propensity score matching）是一种典型的反事实因果推断分析框架。其定义为：在给定观测协变量向量（X_i）的情况下，样本 $i(i=1, 2, \cdots, n)$ 被分配到某一特定干预的条件概率。其基本步骤如下。

3.4.2.1 估计倾向得分

罗森鲍姆和鲁宾（1985）建议使用形式灵活的 Logit 模型，并结合反映农户特征的匹配变量，计算每个农户参与生态移民工程的条件概率。

$$PS_i = \Pr[D_i = 1 \mid X_i] = E[D_i \mid X_i] = \frac{\exp(\beta X_i)}{1 + \exp(\beta X_i)} \quad (3.22)$$

其中，$D_i = 1$，表示农户参与了生态移民工程，为处理组（treatment group）；$D_i = 0$，表示农户未参与生态移民工程，为控制组（control group）；X_i 表示可观测到的农户特征。

3.4.2.2 根据倾向得分进行匹配

根据陈强（2014），常见的匹配方法有：k 近邻匹配（k-nearest-neighbor matching）、半径匹配（radius matching）和核匹配（kernel matching）。

k 近邻匹配方法是指为处理组个体寻找到倾向得分最近的 k 个不同的个体。若 $k=1$，则为"一对一匹配"。具体公式为：

$$C(i) = \min_j \| p_i - p_j \| \quad (3.23)$$

其中，$C(i)$ 为用倾向得分值为处理组第 i 个农户从控制组匹配到的农户的集合。

半径匹配是限制倾向得分的绝对距离 $|p_i - p_j| \leq r$，一般建议 $r \leq$

$0.25\hat{\sigma}_{pscore}$，其中 $\hat{\sigma}_{pscore}$ 为倾向得分的样本标准差。具体公式为：

$$C(i) = \{p_i \mid \| p_i - p_j \| < r\} \tag{3.24}$$

核匹配本质上是一种整体匹配法，每个个体的匹配结果为不同组的全部个体（但通常去掉在共同取值范围之外的个体），然后根据个体距离的远近不同为其附上不同的权重，一般来说，近者权重大，远者权重小，超出一定范围时，权重为0。如果使用核函数来计算权重 $w(i, j)$，则就为"核匹配"（Heckman et al., 1997，1998），其权重表达式为：

$$w(i,j) = \frac{K[(x_j - x_i)/h]}{\sum_{k:D_k=0} K[(x_k - x_i)/h]} \tag{3.25}$$

其中，h 为指定带宽，$K(\cdot)$ 为核函数。

此时，$\hat{Y}_{0i}$ 的估计量为：

$$\hat{Y}_{0i} = \sum_{j:D_j=0} w(i,j) Y_j \tag{3.26}$$

倾向得分匹配的方法有很多，但一般认为，在实际进行匹配时，不存在适用于一切情形的绝对好方法，具体应该使用以上哪一种方法或参数，目前文献中尚无明确指南。本书将采用最近邻匹配法。

3.4.2.3 进行平衡性假设检验

估计倾向得分中最重要的一步是将多维变量 X 降为一维变量。因此，若处理组中的某个个体与对照组中的某个个体的倾向得分相同，那么其在可观测变量 X 上的分布也应该相同。所以，平衡性检验是判别匹配质量的重要依据，用于检验变量 X 的组间差异是否因匹配而得以消除。需要注意的是，模型中的控制变量并不是越多越好，否则会使平衡性假设难以得到满足。目前，一般采用两种方法开展平衡性检验：一种是如果匹配后的 $Pesudo-R^2$ 显著降低，并且解释变量的联合显著性被拒绝，则匹配效果较好（Sianesi，2002；陈飞、翟伟娟，2015）；另一种检验为"标准化差距"：

$$\frac{|\bar{x}_{treat} - \bar{x}_{contrl}|}{\sqrt{(s^2_{x,treat} + s^2_{x,contrl})/2}} \tag{3.27}$$

其中，$s^2_{x,treat}$ 与 $s^2_{x,contrl}$ 分别为处理组与控制组变量 x 的样本方差。一般要求此标准化差距不超过20%。

3.4.2.4 根据匹配后样本计算平均处理效应

$$ATT = E(Y_{1i} \mid D_i = 1) - E(Y_{0i} \mid D_i = 1) = E(Y_{1i} - Y_{0i} \mid D_i = 1) \quad (3.28)$$

其中，ATT 表示生态移民工程对农户资产及资产贫困的净效应；Y_{1i} 指农户在移民状态下的资产水平及资产贫困状况；Y_{0i} 指农户在非移民状态下的资产水平及资产贫困状况。在衡量生态移民工程对农户资产贫困的影响时，应将农户参加生态移民工程与不参加此工程的资产水平及资产贫困状况进行对比研究。然而，我们只能观察到某位农户在参加了生态移民工程后的各项资产水平及资产贫困状况 $E(Y_{1i} \mid D_i = 1)$，不能观测到同一农户在未参加生态移民工程状态下的资产水平及资产贫困状况 $E(Y_{0i} \mid D_i = 1)$。由此，可以利用倾向得分匹配方法在非移民组合中找出一批与处理组移民前的主要特征相似的农户进行匹配，创造随机试验的条件，构造 $E(Y_{0i} \mid D_i = 1)$ 的替代值。如此，式（3.28）可改写为：

$$ATT = E\{E[Y_{1i} - Y_{0i} \mid D_i = 1, p(X_i)]\} = E\{E[Y_{1i} \mid D_i = 1, p(X_i)] \\ - [Y_{0i} \mid D_i = 0, p(X_i)] \mid D_i = 1\} \quad (3.29)$$

其中，$p(X_i)$ 为倾向得分。

第 4 章

农户资产分布及差距研究

4.1 农户资产分布的统计分析

4.1.1 农户资产的构成

4.1.1.1 农户资产构成概况

经过对调研数据的录入与整理,得到了农户家庭资产的总体分布情况,农户家庭资产均值为 226796.8 元,中位数为 212012.5 元,资产分布如表 4-1 所示。

表 4-1　　　　　　农户家庭资产分布

资产区间	户数	比重（%）	均值（万元）	中位数
10 万元以下	91	16.60	5.64	5.55
10 万~21.2 万元	183	33.29	17.44	19.12
21.2 万~50 万元	247	45.24	28.00	26.09
50 万~70 万元	20	3.60	59.08	58.41
70 万元以上	7	1.27	90.97	92.01
合计	548	100.00	22.70	21.20

从表4-1能够发现，虽然家庭户均资产总量较高，但均值和中位数之间的差异表明农户家庭之间的资产分布不均。资产10万元以下的家庭占16.60%，10万~21.2万元的家庭占33.29%，21.2万~50万元的家庭占45.24%，50万~70万元的家庭占3.60%，70万元以上的家庭占1.27%，只有少数家庭持有较多资产。接下来对农户资产的构成做进一步介绍。

由表4-2可知，在农户三大类资产中，非金融资产与自然资源占比较大，分别为72.12%和24.66%，总值也分别达到了8969.90万元和3067.37万元，而金融资产占比较小，为3.22%，总值也只有400.52万元，说明了非金融资产与自然资源是农户资产的主要构成部分，而金融资产总量及占比较小的原因一方面可能是农户收入较低，储蓄资产较少，另一方面由于农户保护隐私的心理，导致这部分数据获得的困难性。在实地调研过程中，农户对于家庭存款等金融资产的情况大多数都是避而不谈，这导致部分金融资产数据缺失以及在资产中份额较小。另外，非金融资产与自然资源的均值均远大于金融资产的均值，三类资产的中位数之间也相差较大。最后，从资产标准差来看，自然资源的波动程度最大，金融资产的波动程度最小。

表4-2 农户家庭资产构成

资产分类	资产总值（万元）	资产均值（万元）	资产比重（%）	资产中位数	资产标准差
金融资产	400.52	0.73	3.22	0.07	2.44
非金融资产	8969.90	16.37	72.12	18.86	9.63
自然资源	3067.37	5.60	24.66	1.06	10.17
总资产	12437.80	22.70	100.00	21.20	14.23

为了更进一步地分析农户资产的构成，我们将非金融资产进一步细分，主要分为生产性固定资产、生活消费性资产和房产。其中，生产性固定资产包括牛、羊、三轮车、铡草机、拖拉机、生产用房（牛棚、羊棚、大棚）、烘干房等，生活消费性资产包括家庭耐用品（冰箱、洗衣机、电视等）、车辆等。

由表4-3可知，房产是农户非金融资产的主要构成部分，其在农户非金融资产中所占比重最大，高达81.92%，而生活消费性固定资产在非金融资产中所占比重为11.60%,生产性固定资产在非金融资产中所占比重只有6.48%。表中的最后一列显示了非金融资产各分项资产的波动幅度,农户房产的标准差高于生产性固定资产与生活消费性资产,说明农户房产的波动程度较大,生活消费性资产的波动程度仅次于农户房产,生产性固定资产的波动程度最小。

表4-3　　　　　　　　农户非金融资产分类及构成

非金融资产构成	资产总值（万元）	资产均值（万元）	比重（%）	中位数	标准差
生产性固定资产	580.93	1.06	6.48	0.50	2.41
生活消费性资产	1040.64	1.90	11.60	0.77	3.64
房产	7348.33	13.41	81.92	13.00	8.42

4.1.1.2　农户资产构成的扭曲系数和变异系数

扭曲系数和变异系数对农户各分项资产的分布差距进行了简单描述。

由表4-4可以看出,金融资产的不平等程度最高,其次是自然资源,分布不平等程度最低的是非金融资产。在构成非金融资产的分项资产中,生活消费性资产不平等程度较高,房产不平等程度较低。

表4-4　　　　　　农户各类资产的扭曲系数和变异系数

资产分类	扭曲系数	变异系数
金融资产	11.24	3.34
非金融资产	0.87	0.59
生产性固定资产	2.12	2.28
生活消费性资产	2.47	1.92
房产	1.03	0.63
自然资源	5.27	1.82

4.1.2 农户资产差距估计及构成分解

了解了农户资产构成的分布后,接下来先利用五等分组法和洛伦兹曲线对农户资产差距做粗略估计。之后进一步地利用基尼系数对资产进行估算和分解,探讨各分项资产与总资产之间的分布关系,解释分项资产分布对总资产分布差距的影响作用。

4.1.2.1 农户资产分布的五等分组法

衡量资产分布差距程度的常用方法是,看最富有的家庭资产占资产的百分比。因此,本章使用五等分组法对农户总资产的差距进行更进一步地测量,具体结果如表4-5所示。

表4-5 农户资产的五等分组法

五等分组 (由低到高排列)	资产总值 (万元)	资产均值 (万元)	比重(%)	中位数	标准差
1	720.80	6.55	5.80	6.47	3.04
2	1854.36	16.86	14.91	16.66	2.99
3	2376.43	21.60	19.11	21.21	0.87
4	2818.62	25.62	22.66	25.62	1.31
5	4667.59	43.22	37.53	36.99	16.68

由表4-5可以发现:各组资产总值占资产总值的比重相差甚大。第一组的农户资产总值仅占资产的5.80%,而第5组的农户资产总值占资产的比重高达37.53%。这说明,资产总值排名较高的20%即最富有的农户占有了全部农户资产总值的37.53%,而资产总值排名较低的20%的农户只占全部农户资产总值的5.80%,前者是后者的6.13倍,显示了资产在分布上的两极分化。从标准差的角度看,第3组农户资产的标准差最小,说明第3组农户资产分布的波动程度最小,而第5组的农户资产标准差最大,说明第5组农户资产分布的波动程度最大。

4.1.2.2 农户资产分布的洛伦兹曲线法

通过洛伦兹曲线可以直观看出资产分配平等或不平等的情况,洛伦兹曲线的图像表示如图 4-1 所示。正方形的横轴代表人口（按资产由低到高分组）的累积百分比，纵轴表示与人口累积百分比相对应的资产累积百分比，图中弧线部分即为对应的洛伦兹曲线，对角线则为绝对公平线。

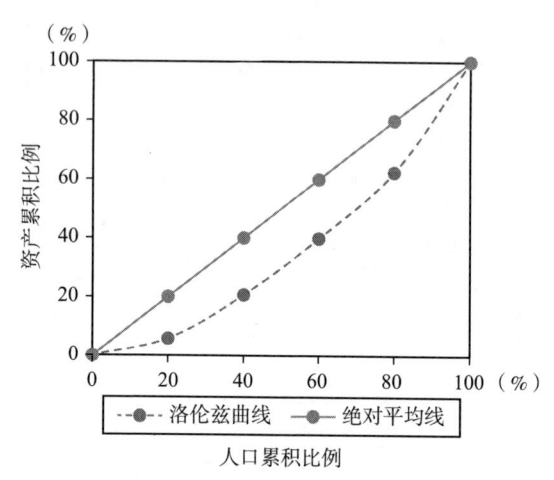

图 4-1　农户总资产分布的洛伦兹曲线

洛伦兹曲线的弯曲程度具有重要意义。它反映了资产分布的不平等程度，洛伦兹曲线越弯曲，代表资产分布越不平等。相反，洛伦兹曲线越接近对角线，代表资产分布越平等。观察图 4-1 可知，洛伦兹曲线偏离绝对公平线不太多，说明农户资产分布差距程度不太高。

4.1.2.3　农户资产差距的构成分解

万广华等（2008）认为在对差距水平进行子成分分解或分项收入分解时，最好使用基尼系数。我们对总资产按分项资产分解，得到了表 4-6 和表 4-7 的结果。

表 4-6　总资产构成、分布差距及其分解结果

种类	分项资产份额	基尼系数	集中率	不平等贡献率
总资产	1	0.3560	0.3560	1
金融资产	0.0322	0.7360	0.4520	0.0510
非金融资产	0.7212	0.3540	0.2829	0.5461
自然资源	0.2461	0.6850	0.4680	0.4031

从表4-6可以看出，六盘山农户资产的基尼系数为0.3560，尚未超过0.4的国际警戒线，说明资产分配相对合理。但从总资产的构成中能看出，各分项资产的基尼系数均高于总资产的基尼系数，这说明分项资产不平等程度更高。其中金融资产基尼系数最大，其次是自然资源，这与统计性描述结果一致。

从具体的分解结果来看，非金融资产对农户总资产分布差距的贡献率最大，虽然其集中率只有0.2829，但由于占据总资产高达72.12%的份额，导致其对总资产分布差距的贡献率为54.61%。其次是自然资源，其不低的集中率加上所占总资产近25%的份额，使得它对总资产分布差距的贡献率为40.31%。金融资产虽然占总资产份额最低，仅为3.22%，但其集中率高达0.4520，因此解释了总资产分布不均的5.1%。

我们还可以比较分项资产的集中率与总资产基尼系数的大小，来判断分项资产对总资产分布差距是具有扩大效应还是具有缩小效应。不难看出，金融资产的集中率是高于总资产的基尼系数的，说明金融资产分布的不平等进一步扩大了总资产分布不平等的程度。而且，自然资源的集中率也是高于总资产的基尼系数的，也就是说，总资产价值越高的家庭拥有的土地价值在全部土地价值中所占比例更高，因而自然资源对总资产分布差距具有扩大作用。另外，非金融资产的集中率低于总资产的基尼系数，即非金融资产对总资产分布差距具有缩小效应。

由于非金融资产在总资产中所占份额较大，因此对非金融资产的差距进行进一步分解。如表4-7所示。

表4-7　　　　非金融资产构成、分布差距及其分解结果

种类	分项资产份额	基尼系数	集中率	不平等贡献率
非金融资产	1	0.3540	0.3540	0.5461
生产性固定资产	0.0467	0.6620	0.1430	0.0235
生活消费性资产	0.0837	0.5860	0.4260	0.1251
房产	0.5912	0.3320	0.1920	0.3975

观察表4-7可知，在农户非金融资产的具体构成中，生产性固定资产、生活消费性固定资产和房产的基尼系数均大于非金融资产的基尼系数，这说明非金融资产分项资产分布的不平等程度更高。尤其是生产性固

定资产，基尼系数高达 0.6620，说明农户间生产性固定资产分布悬殊。这一结果从实地调研中也能看出，有的农户比较富裕，家里会有拖拉机、三轮车，有的则会饲养家禽、家畜等，但对于另一些农户来说，收入仅能维持生计，并没有多余的积蓄来购置生产性固定资产，或者因为不从事农业生产，从而不持有生产性固定资产。而对于生活消费性金融资产，耐用消费品基本上是每个家庭必备，但是像摩托车、电动车甚至是私家车，却不是每一户都能拥有的。房产的基尼系数最低，是因为农户大多都是持有自有房屋，因此不平等程度也最低。

从分解结果来看，房产对非金融资产的不平等贡献率最大，其在非金融资产中所占的高达 59.12% 的份额，再乘以一个不低的集中率 0.1920，因而对非金融资产不平等贡献率高达 39.75%。而生活消费性资产的集中率最高，为 0.4260，但其所占非金融资产份额仅有 8.37%，因此对非金融资产不平等贡献率较低。生产性固定资产的所占份额与集中率都是最低，所以仅解释了非金融资产不平等的 2.35%。

同时，我们也比较了分项资产集中率与非金融资产基尼系数的大小。不难看出，只有生产性固定资产的集中率是低于非金融资产的基尼系数的，说明生产性固定资产对非金融资产的分布差距具有缩小效应。而生活消费性资产和房产都对非金融资产分布差距起到扩大作用。

4.1.3 农户资产区域分布概况

将农户资产按地理区位分为迁出区与安置区，对比迁出区与安置区农户在资产总量以及金融资产、非金融资产和自然资源上的分布差别，分析易地搬迁对农户资产构成的变化。

4.1.3.1 农户家庭资产的区域分布

我们在实地调研时按地理区位将调研地点分为迁出区和安置区，因此，对农户资产也进行了迁出区与安置区的划分，以此来分析农户资产的地理区位分布情况，通过对有效数据的整合，得到了表 4-8。

表 4-8　　　　　　　　　农户的地理区位间资产分布

资产分类	资产总值（万元）	资产均值（万元）	比重（％）	中位数	标准差
迁出区农户资产	6377.59	20.71	51.28	15.54	17.83
安置区农户资产	6060.21	25.25	48.72	23.70	6.67

由表 4-8 可以看出，迁出区农户资产占比与安置区农户资产占比相差不大，而且迁出区农户资产总值虽高于安置区农户资产，但迁出区农户资产均值却低于安置区农户资产均值，说明安置区农户资产户均拥有量高于迁出区，同时，安置区农户资产中位数也高于迁出区。迁出区与安置区在均值与中位数之间的差异，说明了农户资产在地理区位分布间的差距。从标准差上看，迁出区农户资产标准差也高于安置区，说明迁出区农户资产波动程度较大，安置区农户资产波动程度较小。因此，从迁出区与安置区农户资产的简单分析来看，安置区户均占有量较高，资产波动幅度较小，分布较为均等；迁出区不仅资产波动幅度大，而且户均占有量也略低于安置区。下面进一步对迁出区与安置区的农户各项资产构成进行统计性描述。

4.1.3.2　农户金融资产的区域分布

在对迁出区与安置区农户资产总量有了直观认识后，我们对两个地区农户家庭金融资产按构成做了对比描述。

总体来看，迁出区农户持有金融资产较安置区农户多。从构成上来说，迁出区与安置区农户的金融资产中占比最大的都是活期存款，占比最小的都是理财产品。对比来看，迁出区农户存款较多，这是因为迁出区农户除了外出打工外还可以从事农业劳动，会比安置区农户多一份收入来源，再加上安置区大多临近城市，支出消费较多，因此迁出区农户家庭结余较多，储蓄部分也较多，安置区农户的储蓄就会相对较少。安置区临近城市，农户的生活状态与工作方式受城市居民影响较大，因此理财意识比迁出区农户更强，这也是安置区农户理财产品较多的原因。至于借出款，我们在实地调研过程中发现迁出区农户在从事农业生产时往往会结伴或聚集，再加上人们闲暇时会在村头聊天或进行娱乐活动，亲密友好的邻里关系使得迁出区农户更容易借出款项，而安置区农户多数在外打工，互相交流较少，人际关系薄弱，因此借出款项较少。城镇居民基本医疗保险的全覆盖使得迁出区与安置区农户在保险持有量上相差不大（见图 4-2）。

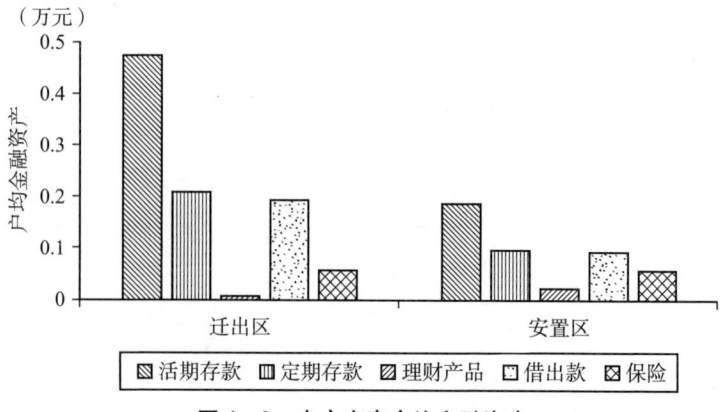

图 4-2 农户家庭户均金融资产

4.1.3.3 农户家庭非金融资产分布

总的来看,安置区农户非金融资产持有量较多。从构成来看,无论是迁出区还是安置区,都是房产占比最大,生产性固定资产占比最小。迁出区农户因为大部分要从事农业生产,所拥有的拖拉机等农用机械较多,部分家庭还会饲养牛、羊等牲畜,而安置区由于搬迁后所分土地有限,房屋面积较小不适宜饲养家畜,因而多数在外打工,不会持有农用机械以及饲养牲畜等,因此迁出区农户生产性固定资产会高于安置区。安置区地处城市边缘,交通便利,因此房产价值相对于迁出区农户来说有所提升,这也从侧面说明房屋价值对家庭资产的重要性(见图 4-3)。

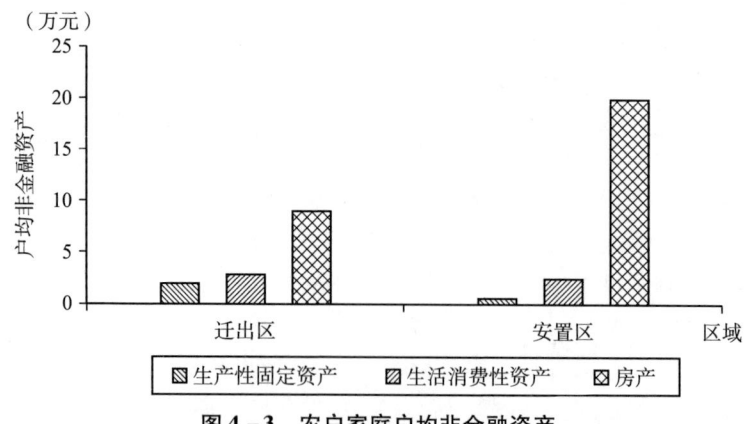

图 4-3 农户家庭户均非金融资产

4.1.3.4 农户家庭自然资源分布

由图 4-4 可见，迁出区农户自然资源持有量远远超过安置区农户。迁出区农户自然资源户均值为 8.9 万元，安置区农户自然资源户均值为 1.4 万元，前者大概是后者的 6.4 倍。究其原因，主要还是与不同地区农户所从事的职业有关，迁出区农户大部分以农业生产为主，拥有的土地较多，安置区由于搬迁后地理位置的限制，大部分未能获得土地，或者所分土地不多，导致了二者在自然资源持有量上的差距。

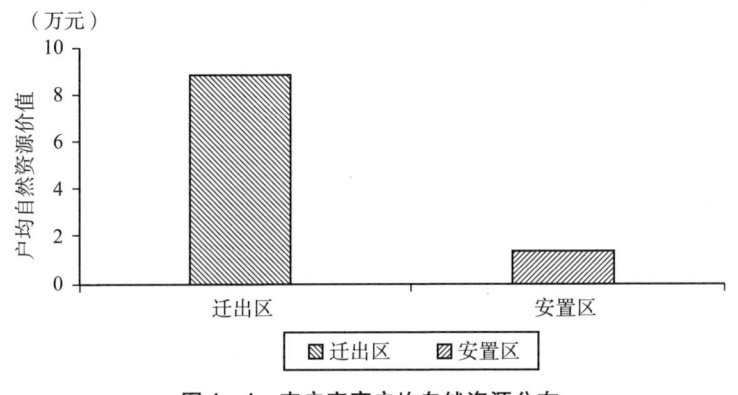

图 4-4 农户家庭户均自然资源分布

4.1.3.5 农户资产区域分布的核密度分布

核密度分布图可以直观地看出迁出区与安置区各分项资产的分布情况。

观察迁出区农户家庭资产与可支配收入的核密度分布（见图 4-5），可支配收入分布具有明显正态分布特征，右侧拖尾，呈正偏态分布，在较低收入水平的集中度较高。金融资产、生产性固定资产和生活消费性资产的峰值处于可支配收入的峰值左侧，且峰值更大，在较低资产水平的集中度更高；房产的峰值出现在较低资产水平，峰值处的资产水平与收入水平十分接近，而在峰值右侧，房产的核密度曲线更加平缓，说明房产分布比可支配收入更加均衡。土地价值分布区间较宽，分布差距较大，除集中在较低资产水平外，在中等资产水平上也有少量分布。

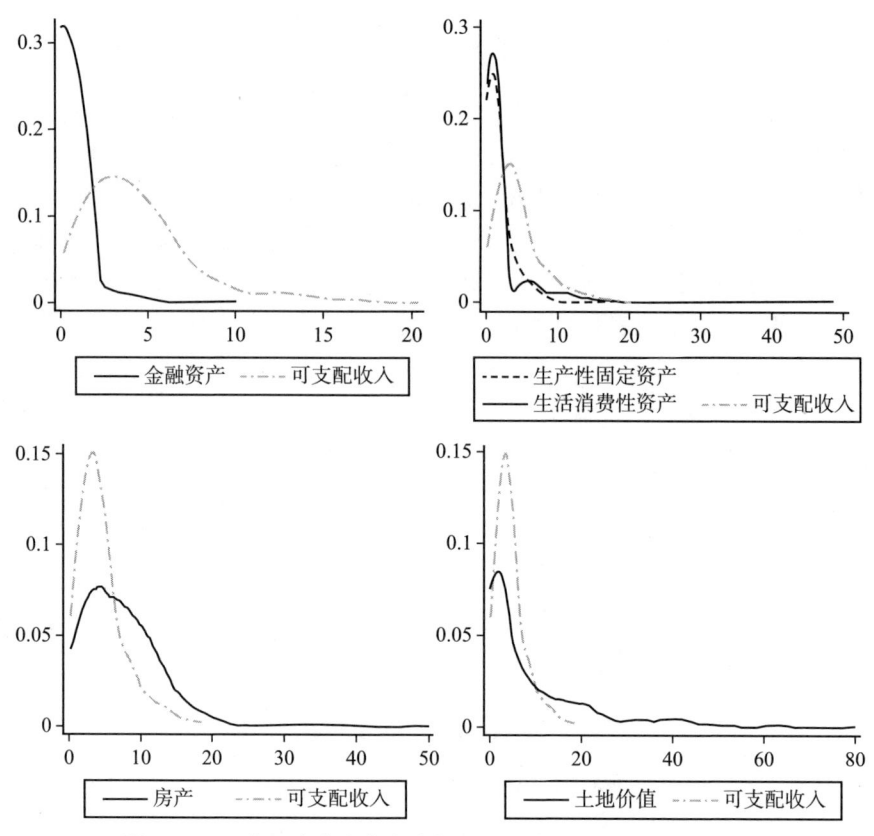

图 4-5 迁出区农户家庭资产与可支配收入分布的核密度分布

安置区农户家庭金融资产、生产性固定资产和生活消费性资产与可支配收入的核密度分布与迁出区相似。不同的是，安置区房产峰值处的资产水平高于可支配收入，且房产的分布区间比可支配收入的分布区间大，安置区房屋是按照统一标准建造的，而迁出区的房屋由农民自建，所以房产的分布差异较大。安置区土地价值的峰值较迁出区的高，且安置区土地分布更加集中。这是因为安置区土地为政府统一分配，且种植作物基本相同，因此土地价值分布更为集中（见图 4-6）。

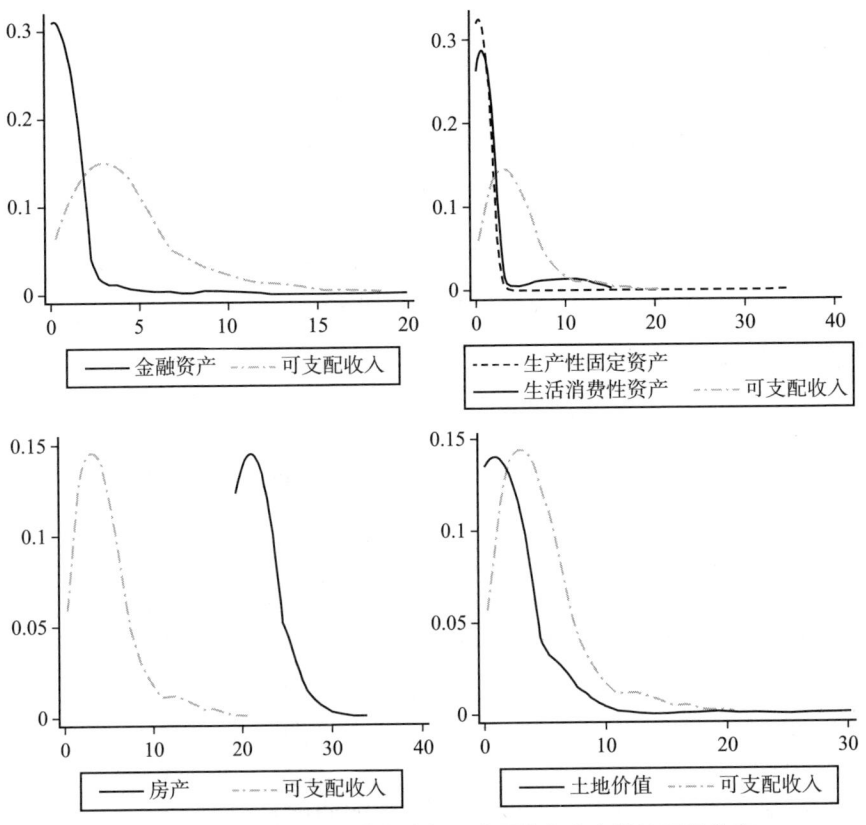

图 4-6　安置区农户家庭资产与可支配收入分布的核密度分布

4.1.3.6　农户资产区域分布的扭曲系数与变异系数

在此同样使用扭曲系数与变异系数从统计意义上对农户资产区域差距做简单描述（见表 4-9）。

表 4-9　　农户资产区域分布的扭曲系数和变异系数

资产分类	扭曲系数	变异系数
迁出区农户资产	1.33	0.86
安置区农户资产	1.07	0.26

观察表 4-9 可知，无论是看扭曲系数还是变异系数，迁出区均高于

安置区,说明迁出区农户资产分布差距程度略高于安置区。因此,迁出区农户资产分布差距程度高于安置区。

4.1.4 农户资产区域分布不均的估计与分解

了解了农户资产区域分布后,继续利用五等分组法和洛伦兹曲线对农户资产区域差距做粗略估计。进而利用泰尔指数对比分析两个地区农户资产分布及不均程度,试图发现组间差距和组内差距对总资产差距的相对贡献。

4.1.4.1 农户资产区域分布不均的五等分组法

五等分组法可以通过最富有群体所占资产份额与最贫穷群体所占份额进行对比,从而衡量资产差距。

从表4-10可以看出,迁出区最贫穷人口资产持有量仅占总资产的4.17%,最富有人口资产份额为46.75%,后者是前者的11.2倍,贫富差距较大;安置区低资产人口的资产份额为16.30%,高资产人口资产持有量所占份额为27.65%,后者是前者的1.7倍,说明资产分布较为均等,贫富差距不明显。

表4-10　　　农户非金融资产分布的五等分组的资产份额　　　单位:%

五等分组(从低到高排列)	迁出区	安置区
1	4.17	16.30
2	9.85	16.80
3	15.51	18.67
4	23.72	20.58
5	46.75	27.65

4.1.4.2 农户资产区域分布不均的洛伦兹曲线法

同样地,利用洛伦兹曲线图来直观说明迁出区与安置区农户资产分布差距情况。如图4-7所示。对比可知,迁出区农户资产不均程度高于安置区。下面将利用泰尔指数对总资产按迁出区与安置区分解,深入比较两地区间资产不均程度及对总资产差距的贡献。

(%)
100
80
60
40
20
0
  0   20   40   60   80   100（%）

‑‑▲‑‑ 迁出区　‑‑●‑‑ 安置区　——— 绝对平均线

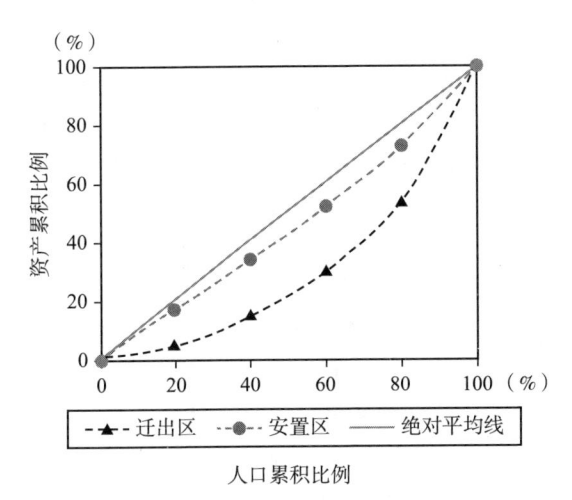

资产累积比例

人口累积比例

图 4-7　农户资产区域分布的洛伦兹曲线

4.1.4.3　农户资产差距的区域分解

在分析差距问题时，除了可以将总差距按照分项资产进行分解外，还可以将差距按照子样本进行分解，即按照地理位置来分组，将总体差距分解为子样本之间和总样本内部的差距。因此，我们将六盘山农户资产分布差距分解为迁出区与安置区之间、迁出区内部与安置区内部的不平等。同时，利用分解结果，还可以计算出各差距在总差距中所占比重。计算结果如表 4-11 所示。

表 4-11　六盘山农户资产分布差距的区位分解

指标	总体差距	区间差距	区内差距	迁出区内部差距	安置区内部差距
总资产的泰尔指数	0.2337	0.0039	0.2298	0.1980	0.0318
比重（%）	100.0	1.7	98.3	84.7	13.6

从表 4-11 给出的分解结果来看，六盘山农户资产的差距不是很大，农户资产总体间的泰尔指数为 0.2337，这与之前基尼系数的测度结果相差不大。在农户资产分布的总体差距中，迁出区与安置区之间的不平等只解释了总体差距的 1.67%，说明整体来看两个地区之间农户资产差距程度相差不大，这一分解结果与统计结果、实地调研情况大体一致。迁出区与安

置区的资产总量及均值差值不大,两区域间差距较小。

但两个区内部的不平等却解释了总体差距的98.3%,因此迁出区内部的差距和安置区内部的差距构成了六盘山农户资产差距的主要部分,其中,迁出区内部农户资产差距程度高于安置区。一方面可能因为迁出区内部房产差距程度较高。安置区住房为政府统一规划建设,农户房屋面积大多为54平方米,只有极个别家庭进行了房屋扩建,因此房屋价值基本均等化。但是迁出区农户的房屋面积参差不齐,小到几十平方米,大到二三百平方米,因此农户之间的房屋价值差距较大。另一方面可能由于迁出区自然资源分布不平等程度高,不同农户耕种的土地面积不同、种植作物不同,因而折算后的土地价值也相差较大。有的农户家里土地面积多,并且耕种的农作物可以转化为农业收入,这部分土地就有价值;而有的农户虽然家里拥有土地,但无法耕种或种植作物只用来喂养牲畜并不出售,这部分土地就不存在价值转化。而安置区为政府统一规划建设并管理,每家每户分配的土地面积及种植作物种类大体相当,例如金凤区良田镇和顺新村,每家每户都有一大一小两个大棚,用来种植西红柿,因此该安置区的农户农业经营收入相差不大,进而农户自然资源拥有量也就大体相当。

4.1.5 简短讨论

本节主要使用基尼系数对资产构成做分解分析,具体考察分项资产与总资产之间的分布关系,使用泰尔指数对农户资产差距做区位分解,试图发现迁出区与安置区之间及区内差距对总资产差距的相对贡献。

4.1.5.1 农户资产构成分解结果

从资产构成的统计性描述来看,农户整体持有资产总值并不高,其中经过量化计算后的房屋价值与土地价值占比较高,而生产性固定资产持有量较低。主要与当地集体经济薄弱、农业合作社规模小、资产少密不可分。

无论是从五等分组法和洛伦兹曲线的估计,还是基尼系数对不平等的估算来看,均表明农户资产分布差距不大,资产分配相对合理。金融资产与自然资源对资产分布差距具有扩大作用,非金融资产对资产分布差距具有缩小效应。但由于金融资产与自然资源所占份额较少,因此不平等贡献率较低,而非金融资产所占份额较大,虽然集中率较低,但不平等贡献率最高，所以非金融资产是导致农户资产分布差距的主要原因。而非金融资产构成中，生产性固定资产对非金融资产分布差距有缩小效应，生活消费性资产与房产均对非金融资产的差距具有扩大效应，另外由于房产在非金融资产中所占份额较多，所以房产的差距贡献率最大，是非金融资产分布差距的首要原因。

因此，通过提高农户对生产性固定资产的占有，可以降低资产不平等程度。这就启示我们应该壮大村集体经济，通过土地经营权承包权的入股，与龙头企业合作，因势利导，因地制宜，规模化发展地方特色产业，实现农户资产增加的目标。

4.1.5.2 农户资产差距区域分解结果

本节按地理区位将农户资产分为迁出区和安置区，对比分析不同区域农户资产构成，以及组间差距和组内差距对总资产差距的影响，探讨易地搬迁是否给农户资产造成影响。迁出区户均资产占有量略低于安置区，说明易地搬迁后增加了农户户均资产持有量。通过对比农户家庭金融资产、非金融资产及自然资源持有量后发现，迁出区农户金融资产及自然资源持有量相对较高，安置区农户非金融资产持有量相对较高，说明易地搬迁导致农户资产结构发生改变。

从泰尔指数分解结果来看，总资产分布差距很大程度源于两个区内部资产差距，其中，迁出区内部差距对总体差距的贡献远高于安置区。这种贡献一方面可能由于迁出区农户房屋价值差距大，另一方面可能由土地面积及农作物种类不同带来的。因此易地扶贫搬迁有助于缩小贫富差距，降低农户资产分布差距水平。

4.2 农户资产决定因素分析

分项资产分解与农户资产区位分解并未深入挖掘影响农户资产差距的根本性原因，因此本节继续利用2017年调研数据，重点考察户主客观特征对农户家庭资产积累的影响，基于回归分析对差距进行深层次分解，深入分析农户资产差距的决定因素。

4.2.1 户主客观特征的描述性统计

在回归分析之前,对样本量中的户主客观特征做简要描述性统计。结果如表 4-12 所示。

表 4-12　　　　　样本户主的客观特征统计

变量	类别	样本数(个)	百分比(%)
年龄	29 岁以下	16	2.92
	30~39 岁	104	18.98
	40~49 岁	165	30.11
	50~59 岁	139	25.36
	60~69 岁	86	15.69
	70 岁以上	38	6.93
受教育水平	文盲	162	29.56
	小学	163	29.74
	初中	172	31.39
	高中或中专	41	7.48
	大专或大学	10	1.82
户主职业	不干活	78	14.23
	只做农活	159	29.01
	打工	293	53.47
	自营活动	15	2.74
	乡村干部	3	0.55
健康状况	健康	502	91.61
	体弱多病	25	4.56
	长期慢性病	16	2.92
	患大病	2	0.36
	残疾	3	0.55
社会政治因素	党员	12	2.19
	非党员	536	97.81

从表 4-12 可以看出，样本中的户主年龄主要集中于 40~49 岁之间，受过高中及以上教育的仅占 9.30%，一半以上以打工为生，健康状况良好且大多数政治面貌为群众。而户主哪些特征将对资产积累产生正向影响，将通过构造资产函数进一步说明。

4.2.2 农户资产分布的回归分析

在对农户资产函数估计前，我们对回归方程及其变量进行定义。为了消除变量的非正态分布对研究结果的影响，本章沿用李实（2000）的财产函数作为对六盘山农户家庭资产函数的估计，即对总资产做对数转换，以此作为被解释变量构建资产函数。

鉴于城乡居民资产分布差异，本章参照严琼芳（2013）的做法，将影响六盘山农户家庭资产分布的决定因素分为三大类：户主特征、家庭内部因素、家庭外部环境因素。其中，户主特征主要包括户主年龄、教育水平、职业类型、健康状况和社会政治因素；家庭内部因素包括家庭人口数和家庭收入；家庭外部环境因素包括区域性差异。

因此，这里的资产函数设定如下：

$$W = f(H, A, S, Y, P, K, \mu) \tag{4.1}$$

其中，W 为六盘山农户家庭总资产的对数；H 为人力资本变量，这里将引入户主的受教育水平和职业类型等作为替代变量；A 为户主年龄变量，主要用来测定农户家庭资产变化的生命周期效应；S 为社会资本变量，我们引入户主个人的政治面貌为替代变量；Y 是农户家庭人均收入的对数，用来测量家庭收入对资产水平增长的影响程度；P 是区位变量，代表易地扶贫搬迁对农户家庭资产的影响；K 是其他控制变量，在模型中为家庭人口数，μ 是随机误差项。本书重点考察户主特征对农户家庭资产积累状况的影响，表示户主客观特征的解释变量全部用虚拟变量来处理，由此可得资产函数的估计方程为：

$$W_i = \beta_0 + \beta_1 X_i + \beta_2 K_i + \mu_i \tag{4.2}$$

其中，X_i 代表户主特征的虚拟变量，K_i 是其他控制变量。相关变量设置及统计性描述见表 4-13。

表4-13　　　　　　　　　模型变量设置及统计性描述

变量	变量说明	均值	标准差
家庭可支配收入	取对数	8.935	0.819
家庭人口数	家庭人口数量	4.659	1.386
年龄（29岁以下）	虚拟变量，若户主年龄为29岁以下，则值为1，反之值为0	0.029	0.169
年龄（30~39岁）	虚拟变量，若户主年龄为30~39岁，则值为1，反之值为0	0.301	0.459
年龄（50~59岁）	虚拟变量，若户主年龄为50~59岁，则值为1，反之值为0	0.254	0.435
年龄（60~69岁）	虚拟变量，若户主年龄为60~69岁，则值为1，反之值为0	0.157	0.364
年龄（70岁以上）	虚拟变量，若户主年龄为70岁以上，则值为1，反之值为0	0.069	0.254
教育（文盲）	虚拟变量，若户主未受过教育，则值为1，反之值为0	0.296	0.457
教育（初中）	虚拟变量，若户主受教育水平为初中，则值为1，反之值为0	0.314	0.464
教育（高中或中专）	虚拟变量，若户主受教育水平为高中或中专，则值为1，反之值为0	0.075	0.263
教育（大专或大学）	虚拟变量，若户主受教育水平为大专或大学，则值为1，反之值为0	0.018	0.134
职业（只做农活）	虚拟变量，若户主职业为只做农活，则值为1，反之值为0	0.290	0.454
职业（打工）	虚拟变量，若户主职业为打工，则值为1，反之值为0	0.535	0.499
职业（自营活动）	虚拟变量，若户主职业为自营活动，则值为1，反之值为0	0.027	0.163
职业（乡村干部）	虚拟变量，若户主职业为乡村干部，则值为1，反之值为0	0.005	0.074

续表

变量	变量说明	均值	标准差
健康状况（健康）	虚拟变量，若户主健康，则值为1，反之值为0	0.916	0.278
健康状况（体弱多病）	虚拟变量，若户主体弱多病，则值为1，反之值为0	0.046	0.209
健康状况（患大病）	虚拟变量，若户主患大病，则值为1，反之值为0	0.004	0.060
健康状况（残疾）	虚拟变量，若户主残疾，则值为1，反之值为0	0.005	0.074
社会资本（党员）	虚拟变量，若户主为党员，则值为1，反之值为0	0.027	0.163
搬迁	虚拟变量，若户主为安置区，则值为1，反之值为0	0.438	0.497

表4-13列示了各解释变量的定义及相关描述性统计。为避免虚拟变量陷阱，在模型设置中不引入户主年龄为40~49岁、受教育水平为小学、职业类型为不干活、户主长期慢性病、非党员以及迁出区变量。表4-14给出了六盘山农户资产函数的估计结果。

表4-14　　　　　　　六盘山农户资产函数估计结果

解释变量		被解释变量：户总资产对数		
		均值	系数估计值	T-value
常数项		1.00	9.332***	5.36
户人均收入的对数		8.935	0.248***	7.72
户人口数		4.659	0.029	1.20
户主年龄组	29岁以下	0.029	-0.277	-1.60
	30~39岁	0.301	-0.036	0.45
	40~49岁			
	50~59岁	0.254	-0.060	-0.71
	60~69岁	0.157	-0.178*	-1.66
	70岁以上	0.069	-0.231	-1.65

续表

解释变量		被解释变量：户总资产对数		
		均值	系数估计值	T-value
户主的受教育水平	文盲	0.296	-0.203***	-2.69
	小学			
	初中	0.314	0.203**	2.93
	高中或中专	0.075	0.008	0.07
	大专或大学	0.018	0.023	0.11
户主职业	不干活			
	只做农活	0.29	0.081	0.76
	打工	0.535	-0.142	-1.34
	自营活动	0.027	0.397**	2.11
	乡村干部	0.005	0.252	0.66
健康状况	健康	0.916	0.281*	1.65
	体弱多病	0.046	0.138	0.68
	长期慢性病			
	患大病	0.004	0.450	0.95
	残疾	0.005	-0.169	-0.42
户主党员身份	党员	0.022	0.027	0.115
	非党员			
是否搬迁	安置区	0.438	0.616***	10.52
	Adj R-squared		0.281	
	F-value		11.19***	
	样本量		548	

注：系数估计值空缺的解释变量为虚拟变量组中的省略变量。***、**、*分别表明在1%、5%和10%的水平下显著。

户主年龄。梁运文（2010）曾提到，按照生命周期理论，资产应当在退休时达到最大值，之后开始下降，呈倒U型曲线。伽伯利（1999）利用意大利的时间序列数据对意大利居民的财产分配与住户年龄的关系进行了估计，其结果表现出了与正统生命周期假说的一致性，即居民户的财产随着住户年龄增加而上升，在55岁左右达到最大值，然后开始下降。但从以往的文献分析来看，该结论恐怕只是适合城镇居民资产，对六盘山农户资产分布特征并不成立，农户资产峰值出现的年龄应当提前。

户主受教育水平。刘辉（2011）称教育是人力资本积累的重要源泉。受教育水平是反映一个人知识水平的主要指标。受教育程度低，就意味着知识的生产、积累、传播及转变为资产的速度将受到制约。农村居民的受教育水平不仅决定了他们的收入水平，而且对个体的劳动生产率也会产生影响，进而影响资产积累。本章预期户主受教育水平将对资产水平产生正面影响。但从计量结果来看，农户资产分布与受教育水平并无明显的相关关系。文盲的虚拟变量显著为负，初中的虚拟变量系数估计值显著为正，这与本章事先预期相一致，其余虚拟变量的系数估计值均不显著。

从样本均值来看（见表4－15），同样没有明显的相关关系。户主未接受教育的家庭资产均值为18.47万元，户主受教育水平为小学的家庭资产均值为22.63万元，户主受教育水平为初中的家庭资产均值为26.69万元，户主受教育水平为高中或中专的家庭资产均值为22.36万元，户主受教育水平为大专或大学的家庭资产均值为24.94万元，家庭资产均值在户主受教育水平为初中时达到最大，在户主受教育水平为高中或中专时资产均值有所下降，在户主受教育水平为大专或大学时资产均值又有所上升。

表4－15　　　　　按户主受教育水平细分样本及相应
五等分组的六盘山农户资产分布

	分组	文盲	小学	初中	高中或中专	大专或大学
1	均值（万元）	4.67	6.84	8.49	7.23	6.30
	份额（%）	13.93	20.39	25.32	21.57	18.79
2	均值（万元）	13.29	16.19	18.73	19.96	15.99
	份额（%）	15.79	19.23	22.25	23.72	19.00
3	均值（万元）	20.67	16.19	22.90	22.74	26.73
	份额（%）	17.99	19.03	19.93	19.79	23.26
4	均值（万元）	22.31	25.34	28.57	25.78	35.87
	份额（%）	16.18	18.38	20.72	18.70	26.01
5	均值（万元）	30.63	41.19	53.20	34.56	39.80
	份额（%）	15.36	20.66	26.68	17.33	19.96

续表

分组		文盲	小学	初中	高中或中专	大专或大学
样本	均值（万元）	18.47	22.63	26.69	22.36	24.94
	基尼系数	0.34	0.32	0.38	0.27	0.33
	份额（%）	24.05	29.66	36.91	7.37	2.01

陈彦斌（2008）按户主特征划分农村家庭财富分布，样本结果显示，受教育水平为小学和初中的户主家庭财富水平较高。这与本书研究结果有类似之处。对出现上述现象可能的解释是：农户们由于生活和地理条件的限制，社会关系单一，所接受的教育资源较差，教育机会较少，这点可以从调研数据上看出来，有近91%的户主仅接受了初中程度的教育，这其中还有33%的户主是未接受过教育的状态；受教育程度为初中以下的农户家庭资产随着户主受教育水平的升高而增加，说明这部分户主受教育水平与家庭资产持有量呈正相关关系；对于接受过高等教育的人群来说，一来在教育过程中，家庭承担了较高比重的教育成本，二来在完成高中教育后，农村居民在就业市场上仍旧不占优势，无论迁出区或安置区，农户维持生计仍以在家务农或外出打工等体力劳动为主，人力资本在农村很难直接转化为较高的劳动生产率，因此较高的受教育水平也并不能直接转化为较高的收入，从而抑制了资产的积累。再者，高中或中专学历者在外出打工方面，专业技能不如大专或大学学历者，所以家庭资产均值在户主受教育水平为大专或大学时有小幅度上升。但是这并不能否定教育对资产增加的作用。由于填写问卷的大多数是农村的常住户，户主受教育水平为大专或大学学历的家庭只有10户，占比只有1.8%，往往受过高等教育的农户都在外打工，因此可能会对结果有一定影响。

另外，从资产分布的基尼系数来看，户主受教育水平为初中的家庭资产基尼系数最高，为0.38，该群体资产分布差距最大，可能是因为该群体职业选择范围广，从事职业种类多，因此收入水平参差不齐，导致资产持有量的分布不均程度较高；户主受教育水平为高中学历的家庭资产基尼系数最低，为0.27，该群体资产分布相对集中，可能是因为这部分群体工作种类单一，收入相对平均，因此资产持有量的分布不均程度较低。从全样本角度看，不同户主受教育水平的资产分布的基尼系数其实相差并没有很大，基本上都在0.3左右，这说明户主受教育水平与农户的资产差距并没有直接关系。

户主职业。农户家庭资产持有量在很大程度上来自户主的职业选择,本章对六盘山农户户主职业情况做了相关的统计分析,结果如表4-16所示。

表4-16　按户主职业细分样本及相应五等分组的六盘山农户资产分布

分组		不干活	只做农活	打工	自营	乡村干部
1	均值(万元)	9.60	5.00	7.00	21.13	—
	份额(%)	22.47	11.69	16.39	49.45	—
2	均值(万元)	20.51	13.38	16.55	22.77	—
	份额(%)	28.01	18.28	22.61	31.10	—
3	均值(万元)	21.00	21.88	21.45	35.48	—
	份额(%)	21.04	21.92	21.49	35.55	—
4	均值(万元)	23.55	27.16	25.14	49.06	—
	份额(%)	18.85	21.75	20.13	39.27	—
5	均值(万元)	30.42	47.53	40.73	77.01	—
	份额(%)	15.55	24.29	20.81	39.35	—
样本	均值(万元)	20.77	22.84	22.05	41.09	36.68
	基尼系数	0.29	0.40	0.33	0.25	0.25
	份额(%)	13.03	29.19	51.94	4.96	0.88

从表4-16所列示的结果来看,农户资产均值最高的户主职业是自营活动,其次是乡村干部、只做农活和打工,农户资产均值最低的户主职业是不干活,即户主不从事任何经营或务农活动。这点很好理解,不从事任何经营或务农活动的群体,无任何收入来源,资产持有量相对较少;职业为乡村干部的群体,由于有稳定的收入来源,因此能够有比较高的资产持有量;农户家庭从事务农活动、自营活动和有打工经历的群体对家庭资产积累都有正面影响。值得注意的是,有打工经历的群体资产均值低于只做农活群体的资产均值,这说明从事家庭农业活动的群体更容易积累资产,尤其是与农业生产活动有关的非金融资产和自然资源。

计量回归结果显示,户主从事自营活动群体的虚拟变量系数估计值显著为正,这与统计分析结果相一致。从事自营活动和担任乡村干部的群体资产均值均高于不干活、只做农活和有打工经历的群体,这说明资产的积累还是要依靠土地以外的如家庭经营活动等,才能使农户拥有稳定的收入来源，政府应当出台相关政策并引入资金，鼓励农村居民创新创业，积极从事家庭经营活动，重视培养他们的专业技能。

从资产分布的基尼系数来看，户主职业类型为只做农活的家庭资产基尼系数最高，为 0.40，该群体资产分布差距最大，可能是因为该群体由于自然资源拥有量以及种植经济作物、粮食作物的不同导致收入不同，从而影响资产积累；户主职业类型为自营活动和乡村干部的家庭资产基尼系数最低，为 0.25，该群体资产分布相对集中，可能是因为这部分群体从事自营活动的种类相对单一，大部分都是在村里开小卖部为生，收入相对平均，因此资产持有量的分布不均程度较低。

健康状况。农户家庭资产分布与户主健康状况有一定关系。本书基于调研数据，按户主健康状况对样本进行细分并做相应的统计分析，统计结果如表 4-17 所示。由于户主患大病和残疾的样本均不足 5 个，因此未进行五等分组分析。

表 4-17　　　　按户主健康状况细分样本及相应五等
分组的六盘山农户资产分布

	分组	健康	体弱多病	长期慢性病	患大病	残疾
1	均值（万元）	6.85	4.47	3.34	—	—
	份额（%）	46.72	30.48	22.80	—	—
2	均值（万元）	16.59	20.66	10.19	—	—
	份额（%）	34.97	43.55	21.48	—	—
3	均值（万元）	21.62	22.56	20.44	—	—
	份额（%）	33.46	34.91	31.63	—	—
4	均值（万元）	25.83	24.05	20.97	—	—
	份额（%）	36.46	33.95	29.59	—	—
5	均值（万元）	43.47	37.89	27.76	—	—
	份额（%）	39.84	34.73	25.43	—	—
样本	均值（万元）	22.95	21.93	17.24	21.09	16.23
	基尼系数	0.35	0.37	0.37	0.08	0.20
	份额（%）	93.64	4.41	2.22	0.34	0.39

观察表 4-17 可知，由于户主患大病和残疾的样本只有五个，不具代

表性，因此从整体来看，身体健康状况越好的群体资产均值越高，说明户主身体越健康越有利于资产的积累。这与农村居民经常从事体力活动有关，无论是从事务农活动或是打工，都需要较好的身体素质和健康的身体状态，才能获得较高的收入，从而增加资产持有量；而身体健康状况较差的群体，一方面不利于获得稳定的收入，另一方面还有医疗费用的支出，不利于资产积累。

从资产分布的基尼系数来看，身体状态为健康、体弱多病和长期慢性病的群体的基尼系数均在 0.37 左右，比较接近，说明每种群体内部的资产分布差距程度相差不大。

社会政治因素。户主的党员身份对农户家庭资产的积累也有一定影响，本书按户主是否为党员对六盘山农户家庭资产分布做统计分析，结果如表 4-18 所示。

表 4-18　　按户主是否为党员细分样本及相应五等分组的六盘山农户资产分布

分组		党员	非党员
1	均值（万元）	7.26	6.52
	份额（%）	52.68	47.32
2	均值（万元）	14.36	16.76
	份额（%）	46.14	53.86
3	均值（万元）	21.89	21.52
	份额（%）	50.42	49.58
4	均值（万元）	25.77	25.47
	份额（%）	50.29	49.71
5	均值（万元）	56.29	42.17
	份额（%）	57.17	42.83
样本	均值（万元）	30.31	22.54
	基尼系数	0.42	0.35
	份额（%）	2.92	97.08

梁运文（2010）中通过统计分析与计量回归发现，中共党员群体对资产积累有正向影响，孟（Meng, 2007）和阿普尔顿等（Appleton et al.,

2005）发现是否为中共党员对于资产分布具有显著影响。由于样本量过小，因此回归结果并不显著，但从表 4-18 的分析结果来看，与以往研究所得结论一致，党员身份群体的资产均值要高于非党员身份的群体，从五等分组情况来看，党员身份群体的资产均值占高资产组的份额较多，非党员身份群体的资产均值占低资产组的份额较多，说明户主为党员的农户有利于资产的积累。

4.2.3 简短讨论

本节利用户主客观特征拆分样本并构造资产函数的方法对农户资产进行了回归分析，重点考察户主特征对农户家庭资产积累状况的影响，有以下发现。

（1）六盘山农户家庭资产按户主年龄分布是基本符合生命周期理论的，整体呈现"倒 U 型"，但峰值出现的时间却提前了，户主年龄在 20~40 岁时，农户家庭资产持有量逐步增加，在 40~50 岁之间达到峰值，50 岁之后家庭资产持有量随年龄增加而逐渐减少。

（2）农户家庭资产与户主受教育水平无明显的正相关关系，户主受教育水平为初中的群体，其家庭资产均值最高，户主从未接受教育的群体，其家庭资产均值最低，户主受教育水平为高中、中专或大学、大专的群体，其家庭资产均值反而低于受教育水平为初中的群体。

（3）户主的职业类型影响了农户家庭资产分布的差距程度，从事自营活动或担任乡村干部的群体，其家庭资产均值最高，同时这些群体内部的差距程度低于整体的总资产分布差距程度，户主只做农活即只从事农业活动的群体，其基尼系数高于整体总资产的基尼系数，分布不均程度较高，贫富差距较大。

（4）户主身体健康状态对家庭资产积累有正面影响，身体为健康状态的群体，其虚拟变量系数显著为正，且家庭资产均值最高，这说明身体越健康的群体越有利于资产的积累。

（5）户主的党员身份有利于家庭资产的积累，虽然党员群体的家庭资产差距程度较高，但是党员群体家庭资产均值水平高于非党员群体。

（6）安置区虚拟变量结果显著为正，说明易地扶贫搬迁有利于农户家庭资产提高。

因此，在今后的发展中应多鼓励农户从事家庭经营活动，重视对农户专业技能的培训，积极发挥党员的先锋模范作用，促进农户资产积累。

4.3 安置区农户资产分布及动态变化

4.3.1 数据处理及使用

本章主要利用2012年、2015年和2017年的调研数据，研究易地搬迁后安置区农户资产分布的动态变化以及差距程度的变化，为易地扶贫政策提供有针对性的信息。

房屋价值主要是由房屋自身价值加房屋装修附加值所得，而且，对于2012年和2015年调研问卷未涉及房屋价值，因此按2017年安置区每平方米房屋价值进行计算。此外，由于2012年和2015年问卷中农户只回答了生产性固定资产与生活消费性固定资产的数量，而没有其价值，我们将参照李实（2005）中对这部分非金融资产的处理，并以消费者物价指数为通货膨胀率参考指标，对数据进行处理。

由于2012年和2015年的问卷中均未涉及金融资产概念，因此本节将重点对2012年、2015年和2017年安置区农户的非金融资产和自然资源做动态变化对比分析，客观刻画了移民搬迁对农户所持有的非金融资产量和自然资源量的影响。

4.3.2 安置区农户家庭资产分布及增长情况

从安置区三年的调研数据来看，农户资产持有量整体呈现增长趋势，表4-19与表4-20分别列示了2012年、2015年和2017年三年的户均资产，以及2012~2015年、2015~2017年以及2012~2017年间各项资产的实际年均增长率。由于缺乏2012年和2015年金融资产数据，因此本章中所提及的总资产均为非金融资产与自然资源的加总。

表4-19　　　　　　　　农户户均资产额　　　　　　　　单位：万元

资产分类	2012年	2015年	2017年
非金融资产	21.59	22.30	23.38
生产性固定资产	0.46	0.22	0.41

续表

资产分类	2012 年	2015 年	2017 年
生活消费性资产	0.98	1.65	1.67
房产	20.15	20.42	21.30
自然资源	0.92	1.08	1.41
总资产	22.51	23.38	24.79

表 4-20　　农户户均资产增长率　　　　单位：%

资产分类	2012~2015 年	2015~2017 年	2012~2017 年
非金融资产	1.09	2.39	1.61
生产性固定资产	-21.29	35.18	-2.27
生活消费性资产	19.17	5.9	11.36
房产	0.45	2.12	1.11
自然资源	5.37	14.35	8.88
总资产	1.27	2.97	1.95

2012~2017 年期间户均非金融资产年均实际增长率为 1.61%，大体呈逐渐增长趋势。我们从非金融资产的分项资产中可以找到农户非金融资产增长的部分原因。从非金融资产的三项分项资产可以看出，对非金融资产增加贡献最大的是生活消费性资产，年均增长率为 11.36%，远高于非金融资产的年均增长率，拉高了非金融资产的增长；其次是房产，年均增长率为 1.11%，略小于非金融资产的增长幅度，两者基本持平；而生产性固定资产的年均增长率为 -2.27%，低于非金融资产的年均增长率，说明农户的生产性固定资产持有量在逐渐下降。而从自然资源角度来看，年均增长率为 8.88%，明显高于总资产的增速，拉动了总资产的增加。说明在不考虑金融资产的情况下，农户资产的增长很大程度来自自然资源价值的增值。

分年度来看，总资产先是在 2015 年有小幅度的增长，之后到了 2017 年增速提升，也是由于自然资源增速先低后高引起的。2012~2015 年户均非金融资产增长率低于 2015~2017 年户均非金融资产增长率，说明 2015~2017 年非金融资产的增长相对较快。从非金融资产的构成上看，农户生产性固定资产持有量在2015年有所降低，大体是因为2015年的调研问卷设计未考虑除了牛以外的家畜，所以导致了这部分生产性固定资产的缺失，使得农户持有生产性固定资产数据呈现先下降后上升的趋势，但由于生产性固定资产在非金融资产中占比较小，因此对非金融资产的影响较小；农户生活消费性资产年均增长率均高于非金融资产的增长率，对农户非金融资产的持有量起到积极拉动作用，并且2012~2015年的增长幅度大于2015~2017年的增长幅度，侧面说明了安置区农户在搬迁后这5年整体生活水平提高，从调研结果来看，一方面，家电类普遍持有量虽基本持平，但由于农户搬迁初期对家电的更换以及家电价格的上升，以及拥有私家车数量的猛增，导致2012~2015年生活消费性资产持有量增速较快。另一方面，搬迁后期农户生活基本稳定，家电类更新换代少，私家车拥有量增长缓慢，导致2015~2017年生活消费性资产持有量增速放缓；房产在非金融资产中占比较大，且每年的年均增长幅度与非金融资产的增长幅度基本持平，由于安置区房屋不能买卖，因此房产价值的提升很大程度归因于建房成本的上升。

分别对比三个时期自然资源的均值及年均增长率可以发现，自然资源的增长幅度整体高于非金融资产的增长幅度，也高于总资产的增长幅度。从调研结果来看，自然资源价值增值主要由于种植技术的提升使得农作物产量增加，农业经营毛收入增加，因此土地价值提升，尤其是2015年之后，由于宁夏农村改革深化，土地确权及新型农业经营体系的建立，都使得农民权益得到保障以及农业效率增加。总的来说，在不考虑金融资产的情况下，农户资产的增长很大程度来自自然资源价值的增值以及生活消费性资产持有量的增加。

4.3.3 安置区农户资产分布差距的描述性统计

采用扭曲系数和变异系数进一步对2012年、2015年以及2017年资产分布及差距程度做分析，有助于我们把握农户资产动态变化以及安置区内部贫富差距的演变。

综合对比表4-21可以发现，总资产的扭曲系数和变异系数变动幅度不大。从非金融资产的分项资产来看，生产性固定资产的变异系数不仅在逐年扩大，而且远高于非金融资产的变异系数，说明生产性固定资产分布差距的扩大对非金融资产的差距有一定的贡献；生活消费性资产的扭曲系数与变异系数虽然在2015年有所下降，但从三年来看，均高于非金融资产的扭曲系数与变异系数，说明生活消费性资产也对非金融资产的差距有扩大作用；房产价值无论是从扭曲系数还是变异系数来看，均低于非金融资产，说明房产在农户家庭的分布中分布不均程度较低，在一定程度上缩小了非金融资产的分布差距。结合前面所述，自然资源不仅在2015年增幅较小，而且差距程度有所降低；2015~2017年伴随着自然资源的高速增长，差距程度也有所扩大。

表4-21　　　　　　　　农户资产分布的统计特征

年份	资产分类	中位数	标准差	扭曲系数	变异系数
2012	非金融资产	20.81	2.03	1.04	0.09
	生产性固定资产	0	0.73	—	1.60
	生活消费性资产	0.55	1.83	1.78	1.88
	房产	20.00	0.56	1.01	0.03
	自然资源	0	1.87	—	2.03
	总资产	21.43	3.27	1.05	0.15
2015	非金融资产	21.11	2.74	1.06	0.12
	生产性固定资产	0	0.84	—	3.77
	生活消费性资产	0.96	2.44	1.72	1.47
	房产	20.00	0.79	1.02	0.04
	自然资源	0	2.06	—	1.91
	总资产	22.09	3.73	1.06	0.16
2017	非金融资产	21.68	4.83	1.08	0.21
	生产性固定资产	0	2.27	—	5.54
	生活消费性资产	0.64	3.02	2.61	1.81
	房产	20.00	1.98	1.06	0.09
	自然资源	0.15	2.92	9.40	2.07
	总资产	23.45	6.00	1.06	0.24

对比非金融资产和自然资源的变异系数可以看出，自然资源的差距程度更高，说明在不考虑金融资产的情况下，农户资产差距很大程度来

自自然资源分布的差距。下面将结合五等分组对农户资产分布做更全面的介绍。

4.3.4 安置区农户资产分布差距的初步估计

扭曲系数与变异系数简单刻画了安置区农户非金融资产与自然资源分布的不平等程度，接下来借助五等分组法对除金融资产以外的总资产不平等程度做进一步介绍。

衡量资产分布差距程度的常用方法是，看最富有的家庭与最贫穷的家庭资产分别占总资产的百分比。表4-22分别给出了五等分组表示的2012年、2015年以及2017年安置区的资产分布情况，表中的数字代表每一等分组所包含资产的相对份额，从侧面刻画了资产分布差距的情况。

表4-22　　　　农户非金融资产分布的五等分组的资产份额　　　　单位：%

五等分组（从低到高排列）	2012年	2015年	2017年
1	17.51	16.99	17.90
2	18.96	19.18	18.21
3	17.81	19.87	18.70
4	20.06	20.07	19.55
5	25.66	23.90	25.64

直接对比2012年与2017年的不同组所占资产份额发现，最低资产组所占份额变大，最高资产组所占份额基本持平，说明2012年到2017年资产差距程度降低。再分年度对比，2012年到2015年，从最低资产组与最高资产组所占资产份额不难看出，最低资产组2012年所占份额为17.51%，到2015年下降为16.99%，最高资产组所占份额从2012年的25.66%下降至2015年的23.90%，说明资产差距在2015年这一年缩小；但是再看2015年到2017年，最低资产组份额由16.99%上升为17.90%，与此同时，最高资产组份额增加为25.64%，说明资产差距在2017年又扩大了。若我们用资产的多寡来区分穷人和富人，那么2012年最穷的五分之一的家庭拥有社会资产的份额为17.51%，而最富的五分之一的家庭所拥有的社会资产份额为25.66%，后者是前者的1.47倍，而这一比值在

2015 年变为 1.41，2017 年比值上升为 1.43，贫富差距现象在 2015 年有所缓解，在 2017 年贫富差距又重新拉大，但仍旧低于 2012 年的差距程度，综合来看，这 5 年农户家庭资产分布差距程度降低，贫富差距变小。下面将进一步分析出现这种现象的原因。

4.3.5 安置区农户资产分布差距及其分解结果

五等分组法只能对差距程度做粗略的描述，总资产的差距主要是由什么引起的？各部分资产对总资产差距贡献率是多少？我们通过具体的基尼系数及其分解做进一步的介绍。

表 4-23 给出了 2012 年、2015 年和 2017 年安置区农户家庭资产的构成、基尼系数、集中率以及资产分布差距贡献率。对于安置区的农户来说，在不考虑金融资产的情况下，总资产的基尼系数在 2015 年有所下降，在 2017 年又有小幅度的回升，但仍低于 2012 年的基尼系数，因此安置区农户持有资产的差距程度总体来说是降低的，这与五等分组法得出的结论基本一致。

表 4-23　　农户资产构成、分布差距及其分解结果

年份	资产分类	分项资产份额	基尼系数	集中率	差距贡献率
2012	总资产	1	0.1971	0.1971	1
	非金融资产	0.9591	0.1853	0.1828	0.8892
	自然资源	0.0409	0.8177	0.5334	0.1108
2015	总资产	1	0.1896	0.1896	1
	非金融资产	0.9537	0.1862	0.1811	0.9108
	自然资源	0.0461	0.7984	0.3666	0.0892
2017	总资产	1	0.1919	0.1919	1
	非金融资产	0.9431	0.1848	0.1792	0.8807
	自然资源	0.0569	0.7445	0.4023	0.1193

从总资产构成角度来看，自然资源在农户资产的份额呈逐年递增状态，而非金融资产的相对份额在逐年下降，这与自然资源价值的提升有密切关系。综合三年的数据，非金融资产的集中率在逐年下降，证明非金融

资产整体差距水平是有所下降的；自然资源的集中率在 2015 年下降后，在 2017 年又有所回升，可能是因为 2012 年问卷中涉及了银川市兴庆区月牙湖滨河村，而 2015 年并未涉及，而这部分农户并未从事农业生产，因此 2015 年去掉这部分农户后自然资源分布差距缩小，而 2015～2017 年自然资源的集中率只有很小幅度的回升，可以忽略不计。

那又是什么对农户资产分布差距贡献较大呢？我们通过对比分项资产集中率与总资产基尼系数的大小，来判断分项资产对总资产差距是有扩大差距作用还是有缩小差距作用。当分项资产的集中率大于总资产的基尼系数时，代表该项资产的分布对总资产的分布差距具有扩大效应，反之若小于总资产的基尼系数，则代表对总资产的分布差距有缩小效应，更进一步地，再乘以对应的资产份额，就可以比较各分项资产对总资产的差距贡献率。综合三年来看，非金融资产的集中率均低于总资产的基尼系数，说明非金融资产的分布对总资产的分布具有缩小差距的效应，但是由于非金融资产占比较高，在总资产的95%上下徘徊，因此，非金融资产对总资产的差距贡献率远远高于自然资源，因此影响总资产分布差距的首要因素就是非金融资产。反观自然资源，这三年其集中率虽有下降趋势，但均高于总资产的基尼系数，即自然资源对总资产的分布差距有扩大作用，但其在总资产中所占份额过低，因此集中率与份额相乘所得的差距贡献率也就较低。还有一点需要我们关注的是，虽然自然资源在农户家庭资产中所占份额过小，但依旧呈现逐年递增的趋势，所以其对总资产的差距贡献率也有所增加。

总的来说，非金融资产由于其在农户家庭资产中所占份额较大，对总资产分布不平等的贡献率也较大，因此，有必要对非金融资产的构成及不平等来源做进一步分解分析。

表 4-24 给出了 2012 年、2015 年和 2017 年安置区农户家庭非金融资产的构成、基尼系数、集中率以及资产分布差距贡献率。对比表中数据来看，对非金融资产分布差距贡献率最大的是房产，虽然房产的集中率均低于非金融资产的基尼系数，但由于房产在非金融资产中所占份额高达 90%，较低的集中率乘以较高的份额，因此房产对非金融资产的分布差距贡献率均在 80% 左右。从房产集中率的下降可以看出来，房产分布差距在 2012～2017 年整体呈现缩小趋势，非金融资产分布差距程度下降很大程度要归因于房产分布差距的缩小。

表4-24　　农户非金融资产构成、分布差距及其分解结果

年份	资产分类	分项资产份额	基尼系数	集中率	差距贡献率
2012	非金融资产	1	0.1853	0.1853	1
	生产性固定资产	0.0213	0.7367	0.2213	0.0254
	生活消费性资产	0.0452	0.6204	0.4165	0.1016
	房产	0.9335	0.1762	0.1733	0.8730
2015	非金融资产	1	0.1862	0.1862	1
	生产性固定资产	0.0101	0.9146	0.4516	0.0244
	生活消费性资产	0.0741	0.3160	0.3725	0.1483
	房产	0.9159	0.1763	0.1682	0.8274
2017	非金融资产	1	0.1848	0.1848	1
	生产性固定资产	0.0175	0.7927	0.4548	0.0431
	生活消费性资产	0.0715	0.5888	0.4355	0.1686
	房产	0.9110	0.1738	0.1599	0.7884

其次是生活消费性资产，2012年、2015年和2017年生活消费性资产的集中率也都高于非金融资产的基尼系数，说明生活消费性资产也对非金融资产的分布差距有扩大作用，不难理解，随着安置区农户生活水平的提高，购入私家车的农户也越来越多，农户生活消费性资产持有量差距程度的拉大势必会对非金融资产分布差距造成影响，但由于其只占非金融资产不到10%的份额，因此对非金融资产分布差距的贡献率较低，只有不到20%。

农户非金融资产差距贡献率最低的是生产性固定资产。2012年、2015年和2017年的生产性固定资产集中率均高于非金融资产的基尼系数，并呈现逐年增加的趋势，说明生产性固定资产对农户家庭非金融资产的分布差距有扩大作用。这很好理解，生产性固定资产与自然资源类似，当农户从事第一产业生产时，才会购置拖拉机等农用机械，但当农户从事第二、第三产业时，家里没有必要再持有生产性固定资产，所以这部分资产分布差距较大（这点从生产性固定资产的较高的基尼系数上也可以看得出来），从而对非金融资产分布差距有扩大作用。但是由于生产性固定资产在非金融资产中所占份额过低，所以它对非金融资产分布差距的扩大作用不甚明显，导致了其对非金融资产的分布差距贡献率只有不到10%。

4.3.6 本章小结

本节利用2012年、2015年和2017年项目团队在安置区的部分调研数据，对农户家庭非金融资产以及自然资源的分布变化和差距来源进行了分解分析，动态对比分析了这三年农户家庭资产的差距情况，结果发现：从2012年到2017年农户非金融资产与自然资源都有不同程度的增长，其中2012年到2015年增速较缓，2015年到2017年增速明显提升，侧面说明了农户生活水平的提高。在对农户非金融资产与自然资源差距分析的过程中发现，这三年农户家庭资产（除金融资产外）分布差距水平整体呈下降趋势，说明农户家庭资产的分布差距在逐渐缩小；而对于出现总资产差距程度先下降后上升的原因，有可能是因为自然资源集中率呈现先下降后上升引起的；从各分项资产的集中率和不平等贡献率来看，非金融资产虽然对农户资产分布差距有缩小作用，但由于其所占份额过大，因此差距贡献率达到了90%左右，自然资源对农户家庭资产分布差距的扩大作用整体呈下降趋势，因此，在以后的发展中，仍需重视土地对农村居民造成的影响。

由于非金融资产对农户家庭资产分布差距贡献率较高，因此单独对非金融资产的不平等动态变化做了分解分析。房产分布差距的缩小是非金融资产分布不平等程度下降的主要原因。另外，生产性固定资产和生活消费性资产均对农户家庭非金融资产分布差距具有扩大作用，差距贡献率也在逐年增加。

第 5 章

农户资产分布与资产增值开发能力研究

5.1 农户资产增值开发能力指标体系构建

5.1.1 基于"能力学说"的农户资产增值能力指标体系构建

为了深入了解农户家庭资产以及农户资产增值开发能力的情况,我们需要解决两个方面的问题:一是涉及家庭资产的问题。家庭资产的涵盖范围较为广泛,统计指标五花八门,没有统一,但相关文献统计中关于家庭资产统计的方向主要有五个部分:自然资产、物质资产、金融资产、人力资产和社会资产。本书认为家庭资产是指家庭中已经存在的直接资产,而人力资产和社会资产是家庭资产增值的背后因素,不可以作为资产的统计方向,因此本章的家庭资产统计方向主要分为金融资产、非金融资产和自然资源三个部分。二是涉及农户资产增值开发能力方面的问题。本章基于阿玛蒂亚·森(Amartya Sen,1999)的"可行能力"概念以及段君(2015)农户发展能力分析框架,同时结合调查地区的实际情况设计出本章的农户资产增值开发能力指标体系。农户资产增值开发能力主要包括农户家庭特征、社区特征、发展意识三个部分。

根据第 2 章的文献综述可以知道,关于农户家庭资产的指标标准不一,本章在已有文献的基础上,结合六盘山片区的实际情况,并经过前期充分讨论,最后确立了一个家庭资产指标体系,并在此指标体系下对调研地区农户的家庭资产持有情况进行具体分析。具体来说，结合调研现实和前期讨论结果，调研地区农户的家庭资产内容主要包含四个测量指标：土地资产价值、生产性固定资产价值、家庭耐用品价值、房屋价值。

以上指标为农户资产增值开发能力指标体系中农户资产的相关指标，接下来分析农户资产增值开发能力的相关指标。严格来说，农户家庭资产开发能力也是农户综合能力的一种，不同的是，农户家庭资产开发能力侧重点在于研究影响农户家庭资产增值的能力，从文献梳理的情况来看，这部分研究几乎是空白。本书在构建农户家庭资产开发能力的时候，以森的"可行能力"理论为基础，参考其他学者在"能力"指标构建时所选用的相关指标，选取与农户资产增值相关的部分指标作为农户家庭资产开发能力指标构建的基础，并进行分类。

构建农户家庭资产开发能力之前，2014年已有研究人员开始接触能力方面的研究，黑亚青（2014）以宁夏为例，研究了民族地区教育回报率的差异；李芸霞（2014）探索了农户发展能力的影响因素；周慧洁（2014）采用熵值法对农户发展能力进行了测算与政策评估；段君（2015）基于多视角下的农户发展能力研究，重新构建了农户发展能力指标，并在此基础上进行了测算。本章将基于上述研究基础构建所需的农户家庭资产开发能力指标体系。

农户资产增值开发能力与农户发展能力相似，它也是多方面的综合影响，总体来说，主要指标包括自我发展意识、自我发展能力、社会公共空间三个方面，关于其观测变量的构成，已经在概念说明部分做出了相关解释。这里需要指出的是，由于本章研究的侧重点不同，指标体系的信息也会与已有研究不同，包括删除一些无法反映农户资产增值开发能力的能力指标，以及增加一些相关指标。例如，我们认为户主特征对家庭资产的影响较为突出（尹向飞和尹碧波，2017；易行健，2016），因此将户主特征作为自我发展能力的潜变量单独纳入分析。表5-1为农户资产增值开发能力变量解释说明。

表 5-1　　　　　　农户资产增值开发能力变量解释说明

变量分类		具体衡量指标	指标解释说明
自我发展能力	户主信息	户主年龄	调研时的实际年龄
		受教育年限	0 是文盲，其他按上学年限计算
		职业类型	从事农业 1 否，2 是
		是否党员	1 否，2 是
	家庭特征	家庭劳动力数量	家庭劳动力之和
		人均住房面积	房屋面积/家庭人口
		劳动力抚养比	家庭单位劳动力负担的人口
		人均受教育年限	家庭总受教育年限/家庭人数
		人均可支配收入	家庭可支配收入/家庭人数
		人情支出	婚丧嫁娶的礼情钱
	借贷能力	借款能力和贷款能力	1 很困难，2 比较困难，3 一般，4 比较容易，5 很容易
	健康状况	家庭是否有人员住院	家庭有人员住院 1，否 0
社会公共空间	社会风气	村子里人与人之间关系	1 一点都不好，2 不好，3 一般，4 好
		干群关系	1 好，2 一般，3 不太好，4 很差
	公共服务	公交站距离（千米）	距离≤1 千米时；1 千米＜距离≤5 千米时；5 千米＜距离
		周围环境是否干净	1 否，2 是
		文化活动	1 经常组织，2 偶尔组织，3 只在节日组织，4 没有组织
自我发展意识	公共参与	是否参与村干部选举	1 没有参加过；2 参加过，随便凑热闹；3 参加过，这是权利
		集体活动组织	1 经常组织，2 偶尔组织，3 从不组织
		集体活动参与	1 不愿意，2 愿意
	教育重视	是否愿意接受培训	1 否，2 是
		教育关注	1 国家教育动态，2 省级教育动态，3 本地教育动态，4 没有
		教育满意	1 不满意，2 满意

续表

变量分类	具体衡量指标	指标解释说明
自我发展意识	主要通信方式	1 不与外界联系，2 手机、固定电话，3 网络
获取信息	信息渠道	1 无获取方式，2 看同村人的做法，3 通过与他人交谈，4 通过电视等，5 信息推送平台
	社交时间	平均 1 天用于网络通信的时间

5.1.2 农户资产增值开发能力

与前面相对应，本书对于农户资产增值开发能力的描述也分为两个部分进行，首先对农户资产分布及持有量进行分析，然后在对农户资产增值开发能力的相关指标进行描述性分析。

表 5-2 是 2012 年、2017 年农户家庭资产观测指标的均值[①]。首先，从 2012 年非移民户、移民户家庭资产构成状况来看，2012 年非移民户户均占有的自然资源价值对数为 9.37，移民户户均占有的自然资源价值对数为 3.50，非移民户户均占有的自然资源价值要比移民户均占有的自然资源价值对数多 5.87，非移民户户均占有的自然资源价值是移民户均占有的自然资源价值 1 倍还多。这说明在 2012 年，非移民可以通过土地种植获得更多的经营性收入；另外一组资产构成中，移民户的户均非金融资产均值大于非移民户户均非金融资产均值，需要说明的是，尽管从总量上来看，移民户的户均非金融资产价值大于非移民户户均非金融资产均值，但在移民户非金融资产内部构成中，房屋价值占据了很大一部分比例。这是因为，移民户的住房大多安置在城市附近，其房屋价值相比于山区的非移民户来讲有了很大提升；而从非金融资产中的生产性资产价值来看，非移民户拥有的生产性资产价值要明显大于移民户。这是因为，大多数移民家庭，其原有的一些生产资料（比如牛羊、三轮车等）在移民后都进行了转让或变卖，因此才会出现移民户生产性资产价值明显小于非移民户的情况。此外，非移民户家庭耐用消费品价值对数也大于移民户家庭，但仅从均

---

① 为了方便相关数值取对数，若有数值为"0"，可以视作"1"。其他家庭资产对数处理若有数值为 0 的情况，处理方法相同。

值角度来看,这种差异并不明显。这很可能是因为,移民户在搬移的时候将家庭中可以使用的、价值量大的耐用消费品,比如摩托车、私家车等,一并进行了搬移,而一些价值量小的东西,比如电视机等,进行了转让或变卖。

表 5-2 2012 年、2017 年农户家庭资产构成状况表 单位:%

变量		2012 年		2017 年	
		非移民	移民	非移民	移民
		均值		均值	
自然资源	土地价值	9.37	3.50	8.67	4.33
非金融资产	非金融资产总值	11.00	12.28	11.32	12.35
	固定资产	6.92	3.44	7.13	3.72
	耐用消费品	8.62	8.26	9.07	8.81
	房屋价值	10.53	12.22	10.79	12.27
金融资产	存款、现金、金融产品、保险等	—	—	7.15	6.92
总资产		—	—	11.88	12.41

从 2017 年非移民户、移民户家庭资产构成状况来看,2017 年非移民户的户均土地资产价值仍然高于移民户,但他们之间的差距在缩小,下面将详细说明。从非金融资产角度来讲,移民户的非金融资产价值总量仍然大于非移民户。此外,2017 年统计了家庭金融资产的状况。金融资产价值的数据显示,非移民户的家庭金融资产对数均值要大于移民户的金融资产对数均值,这说明非移民户金融资产包括存款、金融产品、借出款等在内的存量状况要大于移民户。

上述分析是相同年份内非移民户和移民户资产构成状况的比较,接下来分析不同年份非移民户之间、移民户之间家庭资产状况。先从非移民户角度出发,相比于 2012 年非移民户自然资源构成状况,2017 年非移民户家庭自然资源指标均出现了下降的状况,2012 年非移民户的土地价值为 9.37,2017 年非移民户土地价值对数为 8.67,减少了 7.47%;2017 年移民户户均土地资产价值比 2012 年移民户人均土地资产增加了 0.83,增加了 23.74%,增幅明显。因此,移民户户均土地价值增加明显的原因可能是:从移民户角度来说,尽管移民户大多被安置在城市郊区附近,距离城市中心相对较近，外出务工的机会相对较多，但在国家农业政策不断更新的前提下，例如2012年"中央一号文件"强调，对符合条件的农村青年务农创业和农民工返乡创业项目给予补助和贷款支持；2013年"中央一号文件"特别提出，大力培育新型农民和农村实用人才，充分利用各类培训资源，提高生产技能和经营管理水平，对符合条件的返乡农民工务农创业给予补助和贷款支持，农户大多选择重新从事农业。从非移民户角度来说，那些原本从事农业生产的农户，在无法获得更好收益环境的条件下，比如恶劣的生产环境、糟糕的交通设施等，有的非移民农户只能被迫放弃农业生产，或者减少农业生产。

从非金融资产角度出发，2017年非移民户非金融资产无论是从户均的总值上还是从分指标的各类价值上都比2012年非移民有所增加。2017年非移民户的非金融资产总价值为11.32，2012年非移民非金融资产总价值为11.00，2017年比2012年增长了0.32，增幅为2.91%，因此增长并不明显。接下来分析非移民户非金融资产分项指标情况，2017年非移民户户均固定资产价值为7.13，2012年非移民户户均固定资产价值为6.92，另外，2017年、2012年耐用消费品价值分别为9.07、8.02，2017年、2012年房屋价值分别为10.79、10.53，需要说明的是，很多农户会选择在原有住房的基础上进行扩建或翻修等，这就造成了家庭房屋价值出现增长的情况，而房屋价值的增长就会直接导致非金融资产价值的提升，耐用消费品情况基本上也是如此。以家庭耐用消费品电动车为例，近年来随着电动车的普及，越来越多的农户不仅用上了电动车，而且明显有将电动车作为主要交通工具的趋势，因此，越来越多的农户会购入不同型号、不同价格的电动车，有的农户家庭会有两辆甚至更多的电动车，这就造成了耐用消费品整体价值出现上涨的情况。从非金融资产总量增长情况来看，移民户的非金融资产价值总量增长更少。2017年移民户的非金融资产价值比2012年非移民户非金融资产增加了0.07，相比于非移民非金融资产的增长，移民户的非金融资产几乎没有改变。这是由于两方面原因造成的：第一，移民户房屋价值的基数很大，而且在非金融资产构成中占比最大，相比于固定资产价值和耐用消费品价值，移民户的房屋价值几乎是非金融资产的全部；第二，应该说房屋价值的增长是家庭非金融资产增加的主要原因，因为房屋的翻修和扩建对于农户来讲，相比于固定资产和耐用消费品则需要更多投入，尽管移民户也存在房屋的扩建和翻修现象，但由于既定的房屋面积所限，无法大规模扩建，因此移民户的房屋价值增长不明显，这也就导致了非金融资产增长不明显。

根据上述分析,利用调研所得数据,针对与农户资产增值开发能力相关各项指标进行描述性分析,以获取农户资产增值开发能力指标的情况。

对2017年农户资产增值开发能力进行描述性分析。首先对农户自我能力的描述,主要从上述五个方面进行。表5-3是2017年农户自我发展能力描述性统计表。从户主信息角度来看,平均来讲,非移民户的户主年龄比移民户户主年龄要小约4岁左右,需要说明的是,与2012年户主年龄相比(2012年非移民户户主平均年龄44.80,移民户户主平均年龄46.10),平均来讲,非移民户的户主年龄增加了约2岁,而移民户的户主年龄增加了约4岁,这说明非移民户的户主大量发生了变更,而移民户的户主几乎没有改变。这是因为,政府在分配移民住房时是按移民户的户口进行的,为了防止"一户多分"的情况(有些农户为了分到更多的房子,就会安排家中成员分家,以便于按户口分房时多分得住房,尽管有政策,但仍出现有一户家庭分得两户甚至两户以上住房的),政府在移民前对移民户的户口进行了严格限制,因此多数移民后家庭户主不变,这也是成为移民户的户主年龄平均增加程度要大于非移民的原因。另外需要关注的就是户主的职业类型,不管是非移民户还是移民户,都有超过一半的户主选择从事农业生产活动,比之2012年选择从事农业生产的户主也增加了不少(2012年非移民户和移民户均有38%的户主从事农业生产活动),非移民户增加了89.47%,移民户增加了36.84%。造成这种现象的原因有很多,比如上节提到的政策原因和现实原因,其中包括生存问题、子女入学问题等。随着农户对上述原因认识越来越深入,越来越多外出打工的农户开始注意到从事农业生产的利好,对于那些"离乡不离土"(许多农民工外出打工,在家乡仍然保留了土地、住房等资源)的农户,很可能又会重新开始继续从事农业生产活动。

表5-3　　　　2017年农户自我发展能力描述性统计

变量		综合	非移民户	移民户
户主信息	户主年龄	48.78	47.07	50.97
	受教育年限	5.43	5.70	5.08
	职业类型	0.63	0.72	0.52
	是否党员	0.02	0.03	0.02

续表

变量		综合	非移民户	移民户
家庭特征	家庭劳动力数量	2.51	2.50	2.52
	人均住房面积	20.11	23.23	16.10
	劳动力抚养比	1.08	1.08	1.08
	人均受教育年限	6.36	6.64	6.00
	人均可支配收入（元）	10154.75	10422.14	9811.60
	人情支出（元）	4557.10	6007.74	2713.57
健康状况	家庭是否有人员住院	0.11	0.14	0.06

从家庭特征来看，非移民户的人均住房面积仍比移民户的人均住房面积大，但相比于2012年的情况（2012年非移民户人均住房面积23.47平方米，移民户人均住房面积13.75平方米），非移民户的人均住房面积有所减少，而移民户的人均住房面积增加明显，造成这种现象的原因是移民户会在原有房屋的基础上进行扩建。此外，人均可支配收入和人情支出比2012年（2012年综合人均可支配收入6351.19元，人情支出3202.33元）也有较大增加。综合来看，2017年人均可支配收入比2012年多了3802.84元，人情支出则增加了1354.77元。

图5-1、图5-2是2017年农户借款和贷款难易度统计图。从借款难易度统计图来看，非移民户中有17.53%的认为借款很困难，移民户中有25.83%的农户认为借款很困难，相比于2012年的情况来讲，借款难易度对于农户来讲有所改善。另外，有48.38%的非移民认为借款难易度在一般及以上，有36.25%的移民户主觉得借款难易度在一般及以上，整体来看，相比于移民户，借款对于非移民户来讲还是比较容易的，这一点与2012年的情况相同。造成非移民户借款难度小于移民户，而非移民、移民户借款难度随着时间的变化又都在下降。这很可能是因为以下原因：非移民户彼此之间相处时间较长，较为熟悉，因此邻里之间借款的行为比较容易也较为常见；而移民户大多从不同地区搬迁，彼此之间较为陌生，短时间内无法建立信任，因此彼此之间借款难度较大，而随着时间推移，不管是非移民户还是移民户，他们家庭的经济都得到发展，彼此之间的借款又更为容易，而且移民户之间也随着时间的推移逐渐产生信任感，借款也逐渐容易。

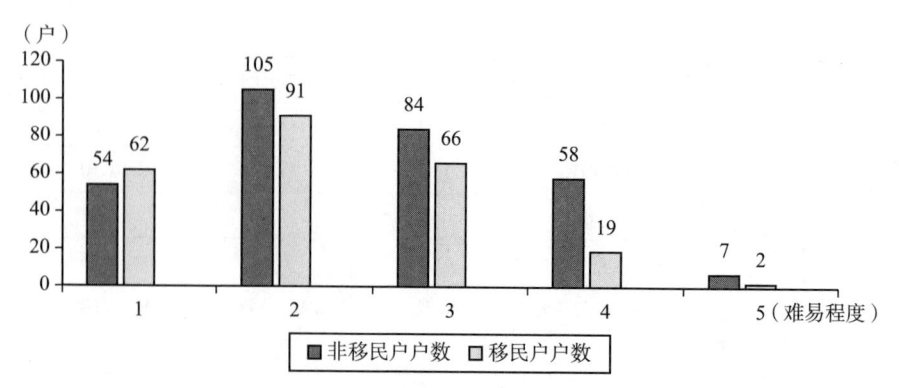

图 5-1 2017 年农户借款难易统计

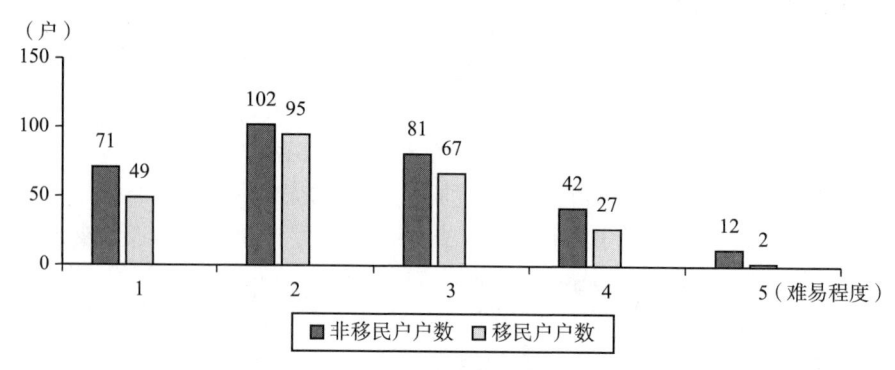

图 5-2 2017 年农户贷款难易度统计

图 5-2 是 2017 年农户贷款难易度统计图。数据表明，超过一半（56.17%）的非移民户认为贷款很困难或是比较困难，而有 60.00% 的移民户认为贷款很困难或是比较困难，对于贷款难易度来讲，非移民户的状况也要好于移民户，也就是说，相比于移民户，非移民户觉得更容易获得贷款。李芸霞（2014）在其论文中阐述"调研过程中，多数受访者都表示借钱是一件困难的事情，即使向亲朋好友借，借钱的难度依然很大，因此除了农户借款能力外，自尊问题也会影响到农户对借款难易度的认识。单从借款很困难这一统计指标来看，非移民户借款的难度要小于移民户"。此外，与借款难易度情况相似，随着时间推移，2017 年不管是非移民还是移民户，贷款难易度的情况都发生了很大的好转，2012 年非移民户中有 60.73%（184 户）的农户认为贷款很困难或是比较困难，2017 年下降了 4.56%，有 56.17% 的非移民户认为贷款很困难或是比较困难。而移民户贷款的改善程度要更好，2017 年有 60.00% 的移民户认为贷款很困难或是比较困难，比 2012 年的

70.70%（193 户）农户认为贷款很困难或是比较困难降低了 10.70%，但对于非移民户和移民户来讲，贷款难易度的改善空间仍然很大。

综合 2012 年和 2017 年非移民和移民户借贷难易度的情况，有以下几点发现：第一，相比于移民户，非移民户会觉得借款和贷款都比较容易，不能排除是移民这一行为使农户的借款和贷款的难度增大；第二，随着时间的推移，不管是非移民户还是移民户借、贷难易度都在改善，尤其是移民户的贷款难易度改善得更为明显，这很可能是因为移民户搬迁之后，他们在空间上离城市的金融中心更近，一些贷款的金融信息更容易获取，因此他们贷款相比于 2012 年提升较大；第三，对于农户来讲，借款难易度状况比贷款难易度状况要好，即农户认为借款比贷款会容易，借款仍然是农户主要的融资途径。而贷款难度仍然很大的原因可能有两个：一是农村金融环境不好，贷款金融的普及和宣传不到位，农户对此仍然较为陌生和排斥；二是相比于借款，贷款的门槛高、效率低、成本大，因此目前对于农户来讲，借款这一行为仍然很实用。

从社会公共空间角度分析 2017 年的情况。表 5-4 是 2017 年社会公共空间统计描述表。是否发生矛盾的数据表明，农户之间发生矛盾的情况在增加，这种情况在非移民户中尤为明显，2012 年非移民户调查数据中显示仅有 1% 的农户与村内其他农户发生过矛盾，而 2017 年非移民户调查数据中显示有 13% 的农户与村内其他农户发生过矛盾。根据调研情况，农户发生矛盾的主要原因是存在竞争关系，以兴仁镇为例，该地区大多数农户从事经济作物种植活动，每到经济作物成熟开始贩卖的时候，农户之间会存在各种形式的竞争，比如销售渠道、价格等，而这种竞争很可能会演变成农户之间的矛盾，因此才会出现矛盾户数激增的情况。

表 5-4   2017 年社会公共空间描述性统计

变量			各选项占比（%）			
			1	2	3	4
非移民户	社会风气	发生矛盾	87.00	13.00		
		村子里人与人之间关系	5.20	28.25	5.84	60.71
		干群关系	50.33	41.56	7.79	0.33
	公共服务	公交站距离	22.73	17.53	5.84	
		周围环境	33.77	66.23		
		文化活动	5.19	28.25	5.84	60.71

续表

变量			各选项占比（%）			
			1	2	3	4
非移民户	村民自治	是否愿意参与村内事务态度	21.75	78.25		
移民户	社会风气	发生矛盾	61.00	39.00		
		村子里人与人之间关系	0.83	2.50	14.17	82.50
		干群关系	52.08	40.83	6.67	0.42
	公共服务	公交站距离	59.58	25.00	15.42	
		周围环境	6.67	93.33		
		文化活动	27.08	22.92	16.67	33.33
	村民自治	是否愿意参与村内事务态度	34.58	65.42		

从村民之间关系角度来看，村内人与人之间的关系总体上是和谐的，尽管上述提到农户与农户之间由于经济利益问题出现了矛盾激增的现象，但那种现象一年中也仅发生在经济作物成熟阶段，而且出现矛盾的农户也集中在个别部分中，并没有出现普遍现象，因此总体上，不管是非移民户还是移民户，他们之间的关系还是很融洽的。另外，随着时间的变化，2012年显得紧张的干群关系有很大的缓和（整体上只有35%认为干群关系很好），数据显示，整体上有73%的农户认为农户与村干部之间的关系很好，非移民户中的表现更为突出，有78%的农户认为农户与村干部之间的关系很好。

从周围环境来看，移民区域的周围环境要远比非移民区域的状况好，数据显示，有33.77%的非移民户认为周围环境不干净，而仅有6.67%的移民户认为周围环境不干净。从文化活动的组织来看，移民地区的文化活动组织频率明显要大于非移民地区。

从村民自治角度总体来看，村民参与村事的态度并不积极，只有51%的农户愿意参与到村内事务中去，与2012年农户的参与热情相比（非移民有83.50%，移民户有82.78%），明显降低了很多。

表5-5是2017年农户自我发展意识描述性统计分析表。首先从公共参与角度分析，从非移民户整体来看，与2012年的情况相比，农户村干

部选举的参与度降低了，2017年调研发现，高达68.83%的农户未参与过村干部选举，只有16.56%的非移民户认为参与村干部选举是自身的一项权利。移民户中也有接近一半（44.58%）的农户未参与过村干部的选举，但是与非移民户相比，移民户参与到村干部选举，并认为这是自身一项权利的农户占比较多（37.08%）。从集体活动的组织与参与中也可以发现：一方面集体活动组织较少，尤其是非移民地区，有超过一半（54.22%）的农户认为从不组织集体活动，这种情况在移民安置区得到改善，25%的农户感觉集体活动经常组织；另一方面，农户对于集体活动参与热情不高，非移民户中有67.86%农户不愿意参与集体活动，移民户中有61.67%的农户不愿意参与，这其实可以理解为集体活动对于农户来讲，并不能给其带来直接的利益或效益，因此农户的参与度不高，热情不够，从而导致集体活动的组织受阻，这样恶性循环很可能对农户自身的发展产生不好的影响。从受教育重视的角度分析，非移民户对接受培训的意识也比移民户的接受培训意识差，整体来看，只有51.30%的非移民户愿意接受培训（主要是金融投资方面的培训），比移民户愿意接受培训的65.42%比例少了14.12%，教育关注度方面的统计数据说明，不管是非移民户还是移民户对于教育都十分关注，非移民户中有18.18%的农户不关注教育，移民户中仅有9.58%的农户不关注教育。在受教育满意度方面，接受采访的个体中，非移民户有37.34%满意自身当前的受教育程度，移民户有19.17%满意自身当前的受教育程度，这也反映出移民户对于受教育意识发生改变，这种改变体现在一方面他们越来越重视教育，另一方面也对自身的受教育程度感到不满意，有潜在的提高受教育程度的意识。从获取信息角度来讲，不管是非移户还是移民户，对将网络作为主要通信方式的这种意识都在逐渐增强，但非移民户和移民户之间相比来看，移民户的这种意识更为优秀，这很可能是因为移民户更接近城市中心，相比于非移民户来讲，他们更容易参与到网络的使用过程中。另外从信息获取的渠道也可以发现，一方面农户对于信息获取的渠道拓宽明显，另一方面，越来越多的农户获取信息的方式更加现代化，26.95%非移民户和26.25%移民户主要通过网络平台的信息推送获取信息。

表 5-5　　2017 年农户自我发展意识描述性统计

变量			各选项占比（%）				
			1	2	3	4	5
非移民户	公共参与	是否参与村干部选举	68.83	14.61	16.56		
		集体活动组织	10.06	35.71	54.22		
		集体活动参与	67.86	32.14			
	教育重视	是否愿意接受培训	48.70	51.30			
		教育关注	25.32	8.44	48.05	18.18	
		教育满意	62.66	37.34			
	获取信息	主要通信方式	3.57	82.14	14.29		
		信息渠道	3.57	10.06	13.96	45.45	26.95
移民户	公共参与	是否参与村干部选举	44.58	18.33	37.08		
		集体活动组织	25.00	45.83	29.17		
		集体活动参与	61.67	38.33			
	教育重视	是否愿意接受培训	34.58	65.42			
		教育关注	21.67	7.92	60.83	9.58	
		教育满意	80.83	19.17			
	获取信息	主要通信方式	3.75	76.67	19.58		
		信息渠道	0.42	13.33	12.50	47.50	26.25

5.1.3　简短讨论

5.1.3.1　家庭资产方面小结

从非移民户、移民户之间的横向比较来看，不管是 2017 年还是 2012 年，非移民户的自然资源价值相比于移民户更多。这很可能是因为对于农户来讲，农业生产基本上是农户的主要职业选择，在非移民地区，整体上农户可以更容易实现农业生产，在移民早期，移民地区农户的农业生产条件整体上不容易满足，所以更多的移民户选择外出打工，从而更拉开了非移民户和移民之间自然资源价值的差距。随着时间的推移，移民户地区农业生产在很大程度上得到满足，土地价值更容易得以实现，因此，移民地区的自然资源有了一定的发展，而且移民户与非移户的自然资源价值差距也在缩小，但相对来讲，非移民户的土地价值总量仍然大于移民户。非金融资产方面，移民户的非金融资产价值总量较非移民户更多，这大部分原因是因为移民户的房屋价值远大于非移民的房屋价值，但同时也可以看到，非移民户的固定资产价值和耐用消费品价值都要大于移民户。金融资产方面，2017年非移民户的金融资产户均持有量大于移民户。

从非移民户之间、移民户之间的纵向比较来看，随着时间的推移，非移民户和移民户的家庭资产在自然资源和非金融资产价值总量上都有不同程度的提升。从2017年加入金融资产的家庭资产总量上来看，移民使农户家庭资产得到更多的积累，但这种家庭资产积累的动力多来自外力，尤其以政府补贴的住房为主要外力。

5.1.3.2 农户资产增值开发能力方面小结

农户资产增值开发能力描述性统计的结果反映出以下几点信息，调研地区的农户自我发展能力、社会公共空间、农户自我发展意识都有所改善，但有些变量观测情况有所恶化。第一，从农户自我发展能力角度来看，随着时间的推移，非移民户家庭和移民户家庭的人力资本水平都有一定程度的发展、借贷能力也相对有所提高、人均可支配收入增加明显等，但同时也可以看出来，并非所有指标情况都在改善，一些指标情况也在恶化，例如非移民户家庭劳动力数量在显著减少，移民户家庭劳动力数量在增加，尽管在统计上，非移民户和移民户之间劳动力抚养比相同，但相对来讲，非移民户的劳动力负担增加了，移民户的劳动力负担减少了。第二，从社会公共空间来看，农户所处的公共空间整体环境有待提高，统计表明，村内农户与农户之间的关系在弱化甚至是恶化，农户公共参与机会缺乏，参与热情也在降低，干群之间的关系尽管有所改善，但整体上并不融洽。第三，从发展意识整体来讲，农户具有一定的发展意识，例如不管是非移民户还是移民户，都有超过一半的农户认为接受培训是很重要的事情，同时也愿意接受培训，尤其是移民户，他们接受培训的意识更强烈。此外，移民户接受新事物的能力更强、与人交流沟通的能力也更好。调研时发现，移民户中接受微信、微博等现代化通信方式的人更多，而且访谈中也可以发现，相比于非移民户，与他们交流更直接和容易。

从非移民户和移民户整体来看，农户具有改善生存环境，提高生活质量的强烈发展意识，但整体上发展不充分、不协调。

5.2 基于结构方程模型的农户资产增值开发能力分析

5.2.1 SEM 模型实证结果分析

本章采用 AMOS 22.0 对经过标准化处理的 548 个调研数据进行极大似然估计，在得到最终估计结果前进行了多轮指标的筛选。首先按照第 3 章设计的路径和相关变量进行了模型估计，但遗憾的是，模型估计结果并不理想，代表拟合优度的 GFI 不足 0.7，模型结果并不显著，随后根据第一步估计结果不断筛选出具有显著影响的变量。模型检验结果表明，借贷难易度与自然资源、人均受教育与金融资产、借款难易度与贷款难易度、村民关系与发生矛盾这些观测变量误差之间具有相关关系，最终获得了较满意的模型估计结果。修正后的模型整体拟合情况如表 5-6 所示。

表 5-6　　　　　　　整体模型拟合情况检验

评价指标	CMIN	自由度（DF）	CMIN/DF	P 值	RMSEA	GFI
估计值	1109.09	365	3.04	0.00	0.064	0.901

表 5-6 是整体模型估计结果的拟合情况检验表，其中 CMIN 表示卡方，原则上，卡方值越小表明整体数据越稳健，如果模型的协方差阵等于样本的协方差阵，则会获得较大的卡方值，从而会使概率值变小，容易造成假设模型与样本不能拟的结论。CMIN/DF 是最小样本差异除以自由度，也被称为相对卡方或规范卡方，该比值越小越好。一般来讲，若卡方与自由度的比值小于 4，那么表明模型具有良好的拟合度，显然，本书设计的模型拟合结果较好。RMSEA 是近似均方根残差，这一指标是用来衡量理论模型与完全拟合的模型之间差异程度，一般情况下，近似均方根残差若

小于0.05，则表明模型拟合非常好，正常情况下，该值小于0.08是完全可以接受的。GFI是拟合指数，这一指标是用来观测样本数据的方差与协方差的解释度，比较类似于简单回归中的可决系数，该值越接近于1，则表明模型的拟合程度越好。一般情况下，当GFI值大于0.9时，就可以接受模型的估计结果，根据上述解释，本章的模型完全符合相关检验要求，是一个拟合程度较好的模型。因此，可以根据模型设定的路径进行相关分析。表5-7给出了模型估计的参数值。

表5-7　　　　　　　　　所有路径系数的估计结果

路径估计项目	系数	S.E	C.R	显著性水平
结构模型				
资产增值开发能力←自我发展能力	0.739	0.153	4.827	***
资产增值开发能力←公共空间	0.219	0.050	2.188	**
资产增值开发能力←自我发展意识	0.031	0.146	-0.210	0.834
家庭特征←自我发展能力	0.013	0.017	0.794	0.427
公共参与←自我发展意识	0.600	0.074	8.141	***
教育重视←自我发展意识	-0.108	0.025	-4.365	***
获取信息←自我发展意识	-0.108	0.050	-2.179	**
社会风气←公共空间	0.338	0.052	6.487	***
公共服务←公共空间	0.554	0.73	8.968	***
测量模型				
固定资产←资产增值开发能力	1.000	—	—	
房屋资产←资产增值开发能力	0.281	0.050	5.627	***
耐用品资产←资产增值开发能力	0.427	0.092	4.668	***
金融资产←资产增值开发能力	0.308	0.077	4.010	***
自然资源←资产增值开发能力	0.726	0.127	5.716	***
借贷难易度←自我发展能力	1.000	—	—	
贷款难易度←自我发展能力	0.937	0.045	20.878	***
借款难易度←自我发展能力	0.884	0.045	19.711	***
劳动力人数←家庭特征	1.000	—	—	

续表

路径估计项目	系数	S.E	C.R	显著性水平
家庭人口←家庭特征	0.117	0.158	0.743	0.458
家庭健康←家庭特征	-0.018	0.026	-0.710	0.478
人均受教育←家庭特征	0.028	0.040	6.96	***
户主年龄←家庭特征	-0.003	0.008	3.54	***
户主性别←家庭特征	0.001	0.008	0.109	0.913
接受培训←教育重视	1.000	—	—	—
教育关注←教育重视	0.043	0.021	2.012	**
教育满意←教育重视	-0.027	0.010	-2.868	**
信息渠道←获取信息	1.000	—	—	—
社交时间←获取信息	0.777	0.208	3.731	***
通信方式←获取信息	0.197	0.054	3.626	***
集体活动组织←公共参与	1.000	—	—	—
集体活动参与←公共参与	0.188	0.049	3.816	***
活动参与←公共参与	-0.280	0.052	-5.351	***
村民关系←社会风气	1.000	—	—	—
发生矛盾←社会风气	-0.016	0.028	-0.576	0.564
干群关系←社会风气	0.185	0.059	3.134	**
文化活动←公共服务	1.000	—	—	—
周围环境←公共服务	-0.011	0.009	-2.147	**
公交站←公共服务	0.097	0.048	2.037	**

注：*** $p<0.01$，** $p<0.05$，* $p<0.1$，分别表示1%、5%、10%的显著性水平，单向箭头"←"指向的变量是被解释变量（或是形成潜变量的观测变量），表示单方向的路径关系。系数中有的值为"1.000"，它指的是将该观测变量与潜在变量的因子载荷设置为1，并以此作为参照项或是量尺，从而使其他的观测变量与潜变量关系可以自由估计，它是一个固定值，不参与估计过程。S.E是标准误，C.R是临界比率，由协方差与标准误的比值所得，类似于回归分析中 t 统计量的作用，是用来检验变量之间的显著性关系。

由上述模型的估计结果可以知道，自我发展能力、公共空间、自我发展意识对农户资产增值开发能力都具有正向影响，三者对农户资产增值开发能力的影响系数依次降低，而且显著性水平也依次降低。此外，在结构模型中，自我发展意识与农户资产增值开发能力，自我发展能力与家庭特征并未达到统计上的显著性。在测量模型中,有 4 组估计结果不显著,其余各组均通过显著性检验,这表明所选用的测量变量可以较好地解释相应的潜在变量,同时也说明了模型的构建具有一定的合理性。在对理论模型不断修正的基础上得到最终估计结果见图 5-3。

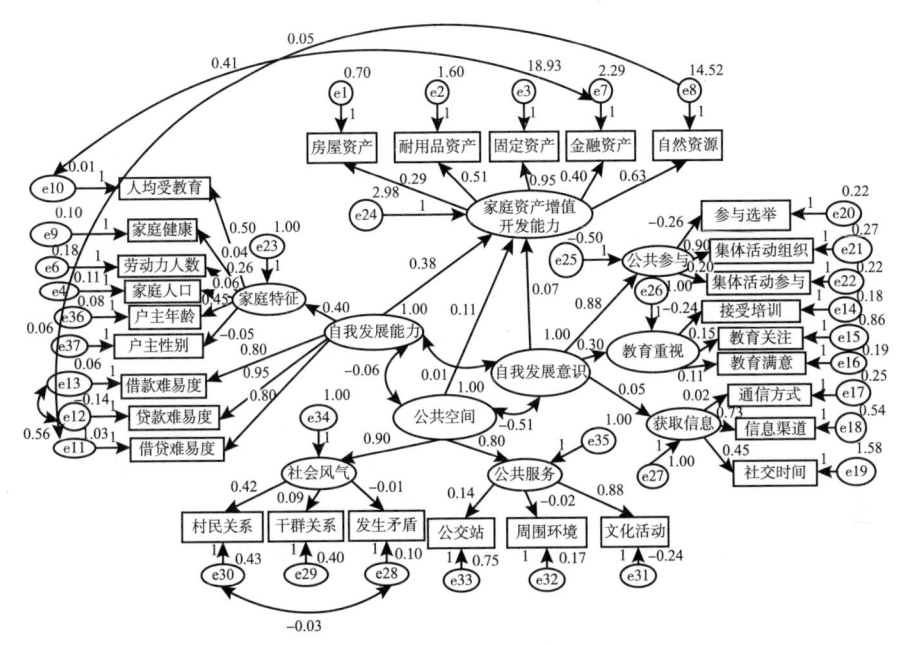

图 5-3 农户资产增值开发能力标准化终解路径

根据以往研究经验,模型同时设置了二阶因子的相关关系检验,作为解释农户资产增值开发能力的二阶因子,自我发展能力、公共空间、自我发展意识的相关关系检验结果如表 5-8 所示,表中估计结果表明,自我发展能力与公共空间之间的相关性达到显著性水平,这说明,农户的自我发展能力与农户所处的公共空间之间不仅会对农户的农户资产增值开发能力产生直接影响,而且彼此之间相互影响也分别对农户的资产增值开发能力产生间接影响。同时检验结果也表明,自我发展能力与自我发展意识、自我发展意识与公共空间之间不存在显著的相互关系,即自我发展能力与自我发展意识之间的影响不会对农户的农户资产增值开发能力再产生间接影响,自我发展意识与公共空间同理。

表 5-8　　　　　　　二阶因子相关关系显著性检验

相关变量	系数	S.E.	C.R.	显著性水平
自我发展能力⟷公共空间	0.466	0.081	5.738	***
自我发展能力⟷自我发展意识	-0.044	0.031	-1.392	0.164
自我发展意识⟷公共空间	-0.080	0.053	-1.503	0.133

注：表中"⟷"表示具有相互影响关系的变量。

5.2.2 农户资产增值开发能力影响因素的作用机理

5.2.2.1 自我发展能力对农户资产增值开发能力的作用机理

自我发展能力主要是由一阶潜变量农户的家庭特征和借款难易度、贷款难易度以及借贷难易度三个观测变量构成。借款难易度、贷款难易度以及借贷难易度与自我发展能力的因子载荷（在结构方程模型中，潜变量与观测变量之间系数被称为因子载荷 β，一般来讲，当 $0.5 \leq \beta \leq 0.95$ 时，可以认为模型的配适度良好，同时潜变量与潜变量之间的系数则被称为路径系数）分别是 0.80、0.95、0.80，这三个变量均达到了显著正相关的水平，这说明借款难易度、贷款难易度以及借贷难易度可以很好地解释自我发展能力。家庭特征与自我发展能力的路径系数为 0.40，勉强通过配适度检验，但是尽管家庭特征与自我发展能力通过配适度检验，可以看出来，只有人均受教育（$\beta = 0.50$）以及户主年龄（$\beta = 0.45$）的解释力较高，其他观测变量的配适度检验均不显著。

自我发展能力对农户资产增值开发能力的路径系数为 0.38，通过了显著性检验。这表明，农户的自我发展能力越强，农户资产增值开发能力越强，同时也说明，农户借款难易度、贷款难易度、借贷难易度会直接影响农户的自我发展能力，从而影响农户的资产增值开发能力。而家庭特征，主要是人均受教育、家庭人口数，则可以通过自我发展能力对农户资产增值开发能力产生影响。造成上述结果的可能原因如下：第一，六盘山片区的农业生产机械化水平较低，农户家庭的自我发展能力较依赖劳动力的多少，也就是说，若该家庭有较多的劳动力，则其就会有较高的发展能力，从而影响到农户资产增值开发能力；第二，借、贷难易度之间存在显著影响，家庭资产持有状况会显著影响借、贷难易度的评价，以自然资源为例，如果家庭有较好的自然资源，那么给农户的直接感觉是借贷都较容易，同时，如果农户感觉自身借贷容易，其借贷行为又可以促进自然资源的增长，这种相互促进关系会帮助农户进行更好的生产，从而促进自然资源的增加，进而促进家庭资产的增加。因此，农户借、贷难易度会影响农户资产增值开发能力。

5.2.2.2 发展意识对农户资产增值开发能力的作用机理

发展意识是由公共参与、教育重视、获取信息三个一阶变量构成。公共参与和教育重视对自我发展意识的路径系数分别为0.88、0.30，均达到显著的正相关水平，而获取信息对自我发展意识的路径系数为 -0.09，并未通过显著性检验，这说明公共参与和教育重视可以更好地解释自我发展意识，而获取信息相对来讲解释力不够。从观测变量具体指标来看，集体活动组织（$\beta = 0.90$）对农户自我发展意识的解释力很好，但参与选举（$\beta = -0.26$）和集体活动参与（$\beta = 0.20$）对其解释力不高；教育关注（$\beta = 0.15$）对重视教育的解释力较好，而接受培训（$\beta = -0.24$）和教育满意（$\beta = 0.11$）对教育重视的解释力度不够。此外，虽然获取信息（$\beta = 0.05$）对自我发展意识并未通过显著性检验，但设置的信息渠道（$\beta = 0.73$）和社交时间（$\beta = 0.45$）这两个观测变量可以很好地解释获取信息这一潜变量，这可以为以后的相关研究奠定一定基础。

发展意识对农户资产增值开发能力的路径系数为0.07，统计结果表明，自我发展意识在一定程度上可以促进农户资产增值开发能力的增强，但有一些活动会限制农户的资产增值开发能力，例如调研时发现，很多农户在农闲时期选择参与集体活动，而这种集体活动多以小规模的聚众赌博为主，这在很大程度上会限制农户资产增值开发能力的提高。因为当时间花费在以赌博为主的集体活动时，其能力就不会得到提升，甚至在无形中还会造成其能力降低。

5.2.2.3 社会公共空间对农户资产增值开发能力的作用机理

社会公共空间从公共服务和社会风气这两个维度进行衡量，公共服务和社会风气的路径系数分别为0.80、0.90，显著正相关，这说明以公共服务和社会风气作为公共空间的解释力度很强。具体来看，公共服务中文化活动（$\beta = 0.88$）和最近公交站距离（$\beta = 0.14$）对其解释力较好，周围环境（$\beta = -0.02$）对其解释力不高，这表明文化活动和公交站距离可以很好地测量公共服务这一潜变量。此外，村民关系（$\beta = 0.42$）对社会风气的解释力达到显著性水平,表明其可以很好地解释社会风气这一潜变量,但干群关系($\beta=0.09$)和发生矛盾($\beta=0.10$)不可以很好地解释社会风气这一变量。

社会公共空间对农户资产增值开发能力的路径系数为0.11,与农户资产增值开发能力正相关。这表明,如果农户所处的公共空间环境越好,越有利于促进农户的资产增值开发能力的提升。具体来看,公交站距离、文化活动以及村民关系会影响农户资产增值开发能力。可能的原因如下:第一,相比于干群关系、发生矛盾,村民关系可以更好地代表社会风气,而社会风气越好越表明农户所处的社会公共空间环境越好,而社会公共空间环境越好越可以促进农户资产增值开发能力的提升,因此,村民关系越好,越容易或是越好地促进农户资产增值开发能力的提升。村民关系越好,村民从外界获取的帮助就会越容易,或是相对成本会越低。例如农户之间生产工具的借用等,不仅可以节约生产成本,还可以促进生产效率。第二,文化活动的开展为农户提供较健康的交流机会,有利于农户之间产生凝聚力,可以更好地改善公共空间环境,对农户资产增值开发能力提供正向作用。因此,为了更好地改善公共空间,应该以村集体为单位,多多开展积极健康的文化活动。第三,公交站的建立方便了不同地区之间农户的面对面交流,这种公共设施的建设可以显著促进公共空间的优化,而且可以扩大公共空间的地域范围,不再使公共空间的范围局限在一个小的村集体中。

5.2.3 混合横截面数据验证分析

结构方程结果表明,基于自我发展能力、公共空间、发展意识的农户资产增值开发能力与农户家庭资产的配置和总量具有一定的相关性,接下来考察这种相关性对于农户资产到底具有怎样的影响。首先,根据文献以及结构方程的结果,确定每个观测指标的重要程度,并选取代表性的变量进行分析,最终通过混合横截面数据的回归估计,确定他们之间的关系。对于可能存在的异方差和自相关问题,选取聚类稳健标准误估计,结果如表5-9所示。

表 5-9　不同能力观测指标对农户资产变化影响估计结果

变量	M1	M2	M3	M4
时间虚拟变量		0.069 *** (0.016)	0.077 *** (0.012)	0.077 *** (0.012)
借贷能力	0.099 *** (0.013)	0.023 * (0.013)	0.021 (0.013)	0.020 (0.013)
户主年龄	-0.017 *** (0.004)	-0.000 *** (0.000)	-0.000 * (0.00)	-0.000 * (0.000)
户主年龄的平方	-0.000 *** (0.000)	-0.019 * (0.010)	-0.023 *** (0.007)	-0.024 *** (0.008)
户均受教育	0.026 *** (0.008)	0.006 (0.04)	0.014 (0.043)	0.022 (0.035)
集体活动组织	0.014 (0.040)	0.086 *** (0.023)	0.053 ** (0.024)	0.081 *** (0.022)
信息渠道	0.242 *** (0.024)	0.016 (0.022)	-0.076 *** (0.027)	0.021 (0.023)
文化活动	0.137 *** (0.024)	-0.008 (0.021)	-0.004 (0.022)	0.038 (0.027)
村民关系	0.008 (0.025)	0.141 *** (0.031)	0.129 *** (0.031)	-0.078 ** (0.036)
借贷能力 * 时间虚拟变量		0.013 (0.022)		
户主年龄 * 时间虚拟变量		-0.018 *** (0.002)		
户均受教育 * 时间虚拟变量		0.005 (0.014)		
集体活动组织 * 时间虚拟变量			0.000 (0.043)	
信息渠道 * 时间虚拟变量			0.259 *** (0.030)	

续表

变量	M1	M2	M3	M4
文化活动*时间虚拟变量				0.170*** (0.031)
村民关系*时间虚拟变量				0.387*** (0.025)
常数项	9.469*** (0.356)	9.460*** (0.325)	9.903*** (0.330)	10.260*** (0.331)
观测值	1124	1124	1124	1124
R 值	0.256	0.401	0.416	0.407

注：括号中的值为标准误，***$p<0.01$，**$p<0.05$，*$p<0.1$。

表5-9是农户资产增值开发能力代表性观测指标对农户资产变化影响估计结果，M1是2012年和2017年简单混合的资产数据，M2是将自我发展能力中借贷能力、户主年龄、户均受教育作为代表性指标的回归模型，M3是将发展意识中集体活动组织和信息获取的渠道作为代表性指标的回归模型，M4是将社会公共空间中文化活动和村民关系作为代表性指标的回归模型。在进行详细的解释之前需要对两期数据的使用进行说明，首先，2012年的数据缺少贸易金融资产数据，因此混合横截面回归模型中的资产是指非金融资产和自然资源的资产，此外，由于2012年的调查数据并非针对农户资产进行，因此一些统计指标缺失，例如社交时间等。

M1回归结果表明在简单混合模型下，选取的各代表性指标，除了集体活动和村民关系以外，对于农户资产具有一定的影响，其中，借贷难易度（1%统计水平显著）、户均受教育（1%统计水平显著）、信息渠道（1%统计水平显著）、文化活动（1%统计水平显著）均对农户资产具有显著影响，且影响方向为正。户主年龄（1%统计水平显著）为负向影响，这与现实情况较相符，随着户主年龄的增长，其保守的工作及决策方式，势必会对家庭资产的增长产生一定阻碍作用，这也说明前面农户资产增值开发能力的指标体系具有一定的科学性和现实性。M2回归结果表明在3个代表性的交互项中，户主年龄（1%统计显著性水平）通过了显著性检验，这表明2012年时户主年龄对于家庭资产的回报率是-0.019，到2017年户主年龄对于家庭资产回报率为-0.037，这说明随着时间的推移，户主的年龄增长的同时，越容易采取保守的决策态度，不利于家庭资产的改善。另外，尽管借贷能力和户均受教育这两个与时间的交互项指标没有通过显著性检验，但他们系数均为正数，这说明 2017 年农户借贷能力和户均受教育对于农户资产的回报率都在改善，这也说明提高农户的借贷能力和受教育水平越来越重要。M3 结果表明信息渠道与时间虚拟变量交互项指标（1% 统计显著性水平）通过了显著性检验，2012 年农户信息渠道对于农户资产的影响为负，影响系数为 -0.076，2017 年农户信息渠道对于农户资产的影响系数为 0.183，这说明 2012 年农户信息渠道较落后，对农户资产带来一定的阻碍作用，随着时间的推移，2017 年，信息渠道对于农户资产的回报率变为正数，农户信息渠道在农户资产影响因素中扮演着越来越重要的角色。一般来讲，2017 年，信息渠道每提高一个单位，对于农户资产的回报平均会提高 0.183 个单位，但同时也可以看出集体活动的交互项没有通过显著性水平检验。M4 回归结果表明，文化活动与时间交互项和村民关系与时间交互项（1% 统计显著性水平），两个指标都通过了显著性检验，文化活动在 2012 年对于农户资产的回报率为 0.038（没有通过显著性检验），2017 年文化活动对于农户资产的回报率为 0.208（1% 统计显著性水平），通过显著性检验。前面已经提到，文化活动的参与使农户之间有了更多的信息交流机会，可以说文化活动的开展为农户提供较健康的交流机会，有利于农户之间产生凝聚力，可以促进农户资产的积累，2017 年村民关系对农户资产的回报率为 0.309（1% 统计显著性水平），通过了显著性检验，这表明村民关系的改善会促进农户资产状况的改善。

5.2.4　简短讨论

梳理农户自我发展能力、自我发展意识和公共空间对农户资产增值开发能力的影响机制以及农户自我发展能力、自我发展意识和公共空间之间的相互作用机制，可以发现：自我发展能力和农户所处的公共空间是直接影响农户资产增值开发能力的主要因素，从农户自我发展能力、自我发展意识和公共空间之间的相互作用机制的梳理结果来看，这很可能是因为公共空间的快速提升，造成了农户发展意识的扭曲，从而影响了农户资产增值开发能力的提升。

从农户资产增值开发能力的不同观测指标来看，家庭劳动力仍是农户自我发展能力提升的主要动力，而借贷难易度也会显著影响农户自我发能力的提升。此外，家庭人均受教育程度对自我发展能力具有显著正向影响，这表明随着时间的推移，农户的家庭受教育水平也开始显著影响农户自我发展能力。

从农户资产增值开发能力的不同能力指标对农户资产变化的回归结果中可以看出，首先，本书农户资产增值开发能力指标体系构建具有一定的现实性，相关指标可以从一定程度上反映出农户资产变化的现实原因。其次，农户资产变化受多方面因素影响，随着时间的变化，农户所处的社会空间和自身的家庭情况，即农户的社会资本和人力资本都有一定的改善，且对农户资产具有一定的促进作用，但同时也可以看出来，以户主年龄为代表的指标，随着时间的变化，对农户资产会产生一定的阻碍作用。

第 6 章

农户资产分布及对收入分配的影响

6.1 数据的特征及描述性统计

6.1.1 样本农户基本特征

样本农户的基本特征主要包括样本家庭基本特征、户主特征两个方面。本书工作团队调查并获取农户样本 548 份,包含个体信息 2554 个。其中迁出区农户样本 308 份,包含个体信息 1411 个,移民安置区农户样本 240 份,包含个体信息 1143 个。

样本家庭基本特征。样本家庭基本特征主要包括家庭人口数、劳动力人数和劳动力占家庭人口比重。如表 6-1 所示,样本农户家庭人口均值是 4.7,家庭劳动力人数均值是 2.5,劳动力人数占家庭人口比重为 55.5%,说明家庭中有一半的人口是劳动力。劳动力是农户的主要生产要素之一,劳动力占比可以反映出农户家庭获得收入的能力,收入有结余的家庭可以选择进行储蓄,或者购置非金融资产。

表 6-1　　　　　　　　样本家庭基本特征

变量	均值	标准差
家庭人口数(人)	4.7	1.385
劳动力人数(人)	2.5	1.015
劳动力人数占家庭人口比重(%)	55.5	—

户主特征。家庭的户主是家庭资产使用方式的决定者,而户主自身的社会经济属性会对居民家庭资产规模以及资产结构产生重要影响。本书 548 个样本按户主年龄分为 5 组,如图 6-1 所示。从图中可以看出,户主年龄在 46~55 岁的居多,其次是 36~45 岁。

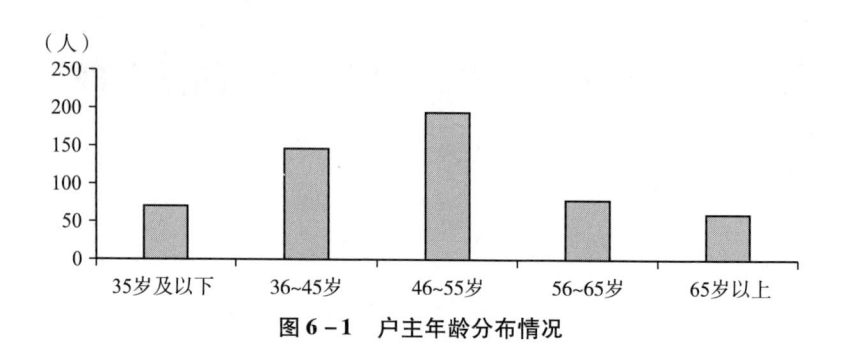

图 6-1 户主年龄分布情况

在相对风险厌恶程度递减的假设下,更富有的人或者投资者应将其更多的资产投资到风险资产中去,而人力资本相对欠缺的投资者则应当减少对风险资产的投资。户主平均年龄为 48.8 岁,而受教育年限仅为 6.4 年,说明户主年龄普遍偏高,而受教育年限普遍偏低。如表 6-2 所示。

表 6-2 样本户主特征

变量	均值	标准差
户主年龄	48.8	11.663
户主受教育年限	6.4	4.211

资产市场的整体发展水平及价格波动与家庭总收入水平和风险水平的相关性越来越大,家庭资产选择或家庭资产组合的重要性日益显现,但普通家庭的资产选择面临着各种各样的约束,如信息、知识,因此在一定程度上存在选择难度或困惑。从图 6-2 可以看出,样本户家庭户主受教育程度的分布状况,户主文化程度在小学及以下的家庭最多,说明户主文化程度普遍偏低。户主受教育程度与家庭数量大致上存在这样一种关系:随着户主受教育年限降低,家庭数量增加。

图 6-2　户主受教育程度分布

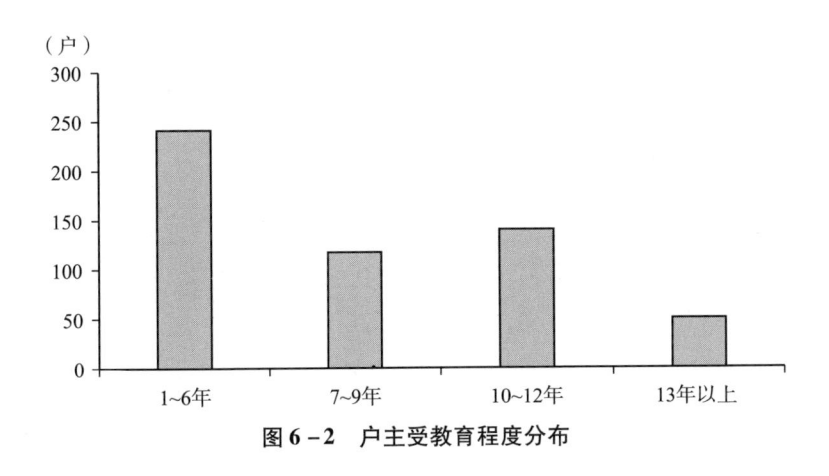

6.1.2　农户家庭资产分布

本节内容将介绍农户家庭资产总量及构成，比较农户在银行存款、借出款、保险等金融资产，房产、生产性固定资产、生活消费性资产等非金融资产及土地资源方面的差异。

6.1.2.1　农户家庭资产构成

在美国家庭资产统计方法中，家庭资产的核算指标包括实物资产和金融资产。其中，实物资产包括房地产、耐用消费品、非营利组织设备和软件四个部分；金融资产可细分为存款、信用市场工具、公司普通股、基金、安全信用、寿险、养老金、银行个人信用投资、非企业股权和其他等十个部分（孙元欣、杨楠，2013）。洪凯和温思美（2008）在研究农户金融资产的总量、结构与增长速度时，考虑到我国农户持有的保险、证券等新兴品种金融资产有限，现有的统计指标体系及数据来源既无法得到乡镇企业持有金融资产的数量与结构，也无法取得农户持有企业股权的比例，无法计算农户通过投资或持股乡镇企业所间接拥有的金融资产等原因，将农户金融资产存量限定在农村信用社储蓄、邮政储蓄及农户手持现金等三种金融资产。

本书对家庭资产的界定主要包括实物资产和金融资产两部分，如现金、存款、股票、基金、债券、经营性资产、住宅、其他不动产和权利等。国内外学者认为家庭资产指标应主要涵盖人力资本，自然资本，生产资本，以及养老补助等转让收入。土地、牲畜、农场设备等用于农业、工商业等生产经营的生产性固定资产也是农户家庭拥有的重要资产。此外，长期资产不仅包括私人持有的生产力和财富，还包括了社会地位、地理位置和市场准入带来的经济优势（Adato et al., 2004; Barrett & Carter, 2003），邹薇和屈广玉（2017）认为资产主要包括农户家庭所拥有的自然资产、物质资产、金融资产、人力资产和社会资产。

目前，有关家庭资产的研究中使用最广泛的是中国家庭金融调查（CHFS）构建的指标体系。本书将家庭资产分为金融资产、非金融资产及自然资源。土地作为一种自然资源是农户的重要资产，在流转过程中产生的流转费是农户主要的财产性收入来源，是居民可支配收入的重要构成部分。具体来说，样本农户家庭资产构成如表6-3所示。

表6-3　　　　　　　　样本农户家庭资产构成

资产一级分类	资产二级分类	资产三级分类
金融资产	活期存款（包括现金）	
	定期存款	
	借出款	
	保险	
	理财产品	
非金融资产[②]	房产[①]	
	生产性固定资产	牛（存栏）、羊（存栏）
		其他（鸡、猪等家禽家畜）
		三轮车
		铡草机
		拖拉机
		生产用房（牛棚、羊棚、温棚）
		烘干房
	生活消费性资产	冰箱
		洗衣机
		电视机
		热水器

续表

资产一级分类	资产二级分类	资产三级分类
非金融资产	生活消费性资产	摩托车
		电动车
		汽车
自然资源	土地价值③	

注：①根据《自治区人民政府关于印发宁夏"十三五"易地扶贫搬迁规划的通知》：移民住房建设资金实行按人补助和农户自筹的方式，其中人均建房自筹0.3万元，劳务移民住房（含征地、水、暖、电、路、气、围墙、绿化等基础设施配套），人均补助投资4.7万元，计算出安置区住房原值，再进行折旧。

②参考冉光和、田庆刚（2015）《家庭资产对农户借贷行为影响的实证——基于重庆市1046户农户的调查数据》对农户住房、生产用房、交通运输工具、生产设施设备、家用电器，分别根据其建设年限或购买年限进行平均折旧处理，折旧年限的选择结合国家规定的折旧年限范围以及作者实地调查过程中对农村的了解来确定，确定后的具体折旧年限分别为40年、40年、15年、15年、10年，超出折旧年限的资产则将现值视为0。

③土地价值的计算，参考李实等（2005）在《中国居民财产分布不均等及其原因的经验分析》一文中提到的特里·麦金利（Mckinley，1993）运用的测算方法，假定农业经营净收入中的25%是由土地带来的，土地的收益率为8%，从而得出土地价值。

6.1.2.2 农户家庭资产总量及结构

资产在居民家庭中的作用主要表现在以下三个方面：一是消费功能，即满足家庭成员日常生活的各种需要，如衣、食、住、行和文化娱乐等物质方面和精神方面的需要；二是生产经营功能，这部分资产能够投入到一定的生产经营活动中去，为家庭带来一定的收入，从而提高家庭收入水平，改善家庭生活，比如农户的生产工具和私人企业主的生产设备等可以用于生产经营获得家庭经营收入；三是投资功能，居民家庭持有的金融资产除现金外，大部分都能带来一定收益，但有的金融资产收益是固定的，如银行存款和国债的利息收入，有的是不确定的，如证券投资基金和股票的收益。农户家庭资产中以银行的储蓄存款为主，金融资产有极为重要的地位。下面将展开对农户家庭资产总量及结构的分析。

农户家庭资产总量。调查时发现，六盘山片区农户家庭总资产的均值为226796.8元，中位数为212012.5元。虽然家庭户均资产总量较高，但均值和中位数之间的差异，表明农户家庭之间的资产分布不均。从图6-3所示的农户家庭总资产分布情况来看，资产10万元以下的家庭占16.60%，10万~21.2万元的家庭占33.29%，21.2万~50万元的家庭占45.24%，50万~70万元的家庭占3.60%，70万元以上的家庭占1.27%，只有少数家庭持有较多资产。

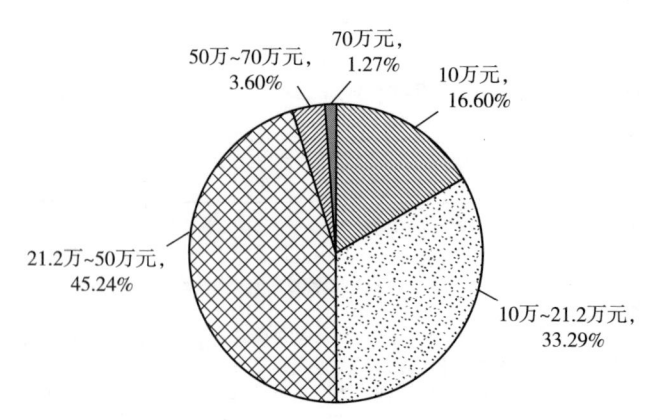

图 6-3　样本农户家庭总资产分布情况

农户家庭资产结构。通过整理并分析六盘山片区农户家庭资产调研数据可以发现，农户家庭平均拥有金融资产仅为 7308.83 元，占家庭总资产的比重为 3.2%，生产性固定资产 10600.94 元，占家庭总资产的比重为 4.7%，生活消费性资产为 18989.84 元，占家庭总资产的比重为 8.4%，房产为 134093.58 元，占比高达 59.1%，土地价值为 55803.61 元，占家庭总资产的 24.6%，房产占家庭总资产的一半以上，是家庭资产的重要组成部分，其次是土地资源（见表 6-4）。

表 6-4　样本农村家庭资产结构

资产类别	均值（元）	中位数	标准差	总资产中的占比（%）
金融资产	7308.83	650	24432.42	3.2
生产性固定资产	10600.94	5000	24143.20	4.7
生活消费性资产	18989.84	7700	36419.90	8.4
房产	134093.58	130000	84191.60	59.1
土地价值	55803.61	10628	101668.67	24.6

土地是农户的重要资产，是农户生产、生存的根本。农户可以依靠种植粮食、蔬菜，养殖家禽家畜，一些种养大户还参与到耕地、林地的经营权集中流转，集中整合土地资源、资金和技术，发挥规模经营的效益优

势。另外，土地承包权本身被认为是一种财产权，是农户获得财产性收入的重要资源。没有生产资料和土地，农户无法进行农业生产，将失去一项重要的收入来源，如果生产性固定资产和土地这两个维度处于贫困状态，农户创造财富的能力较弱，资产积累会更加难以实现。对家庭而言，生活消费性资产或者耐用消费品的意义不仅是提高生活质量，还可以在家庭出现经济困难时变现，缓解所有者的资金困难。

在农户家庭金融资产组合中，主要是那些安全的或相对安全的金融资产，如活期存款（包括现金）、定期存款、借出款及保险。农户家庭持有最多的金融资产是银行存款，包括活期存款（包括现金）和定期存款，户均持有的银行存款为6030.47元，在家庭金融资产中的占比达到82.5%。在农村，可供农户选择的金融产品和服务几乎只有银行存款一种，农户基本无法接触到投资股票、债券、基金等金融资产的渠道。另外，借出款在农户家庭金融资产中占据重要地位，户均持有额为1484.49元，仅次于银行存款。由于商业银行等正规的金融机构存在较高的担保约束，部分农户仍无法获得正规金融贷款，农户的信贷需求仍然需要通过民间借贷等非正规渠道来满足。

农户金融资产目前仍然非常有限，通过调查得知，多数农户由于缺乏相关知识并且不知道该如何购买金融理财产品，而在有金融理财意向的农户中，资金有限是阻碍其购买金融资产的重要原因，适合农户投资理财需要的金融工具和金融产品较为单一，种类较少，起点较高。

6.1.2.3 农户家庭资产分布差异

分地区样本农户家庭资产总量。分析农户家庭各类资产的存量及差异时，是否搬迁对农户家庭资产结构产生了一定影响，因此有必要将农户家庭按照迁出区和移民安置区进行分别研究。如表6-5所示，移民安置区农户家庭资产总量要高于迁出区。具体来说，移民安置区家庭户均总资产为252508.71元，中位数为237045元，迁出区家庭户均总资产为207065.53元，中位数为155360元。迁出区家庭户均总资产占移民安置区家庭户均总资产的比重约为82%，中位数与移民安置区的差距不大。结合实地调研情况，可以比较迁出区和移民安置区农户家庭资产分布的差异。

表 6-5　　　　　　　分地区样本农户家庭资产总量　　　　　　单位：元/户

类别	均值	中位数	标准差
迁出区	207064.53	155360	178276.60
移民安置区	252508.71	237045	66732.81

农户家庭金融资产分布。迁出区农户家庭都拥有一定数量的土地，农户虽然不能借此致富，但由土地每年所产的粮食、蔬菜可基本满足全家温饱，养殖鸡、牛、羊等家禽家畜所得的家庭经营收入除了用于提高整个家庭的生活水平之外，闲置资金可以用于储蓄。农户的收入都是通过务农、务工等体力劳动获得的，出于安全性考虑，低收益率的无风险金融资产如银行存款更受农村家庭青睐。

如图 6-4 所示，移民安置区农户处在城郊，搬迁后农户分到的土地大大减少，有的村镇分到的土地不适宜种植农作物，长期闲置。农户难以像过去一样依靠种地、饲养家禽家畜以维持生计，失去了固定的生活保障，且农户搬迁至移民安置区以后的日常开支增多，在一定程度上遭受了一定的经济损失。农户间的借贷关系一般嵌入于社会网络之中，借贷双方信息对称，借贷的基础是基于"地缘""人缘"的关系，是建立在借贷双方相互信任和互惠合作的基础上的。借贷双方常常同时保持工作关系、亲戚关系和金融交易关系，这种关系的互联性使借贷行为更容易发生。而移民安置区农户从西海固地区的多个乡镇、村中搬迁来，还没有重新建立起相应的人际关系网络和彼此之间的信任感，这给农户借款也带来了诸多不

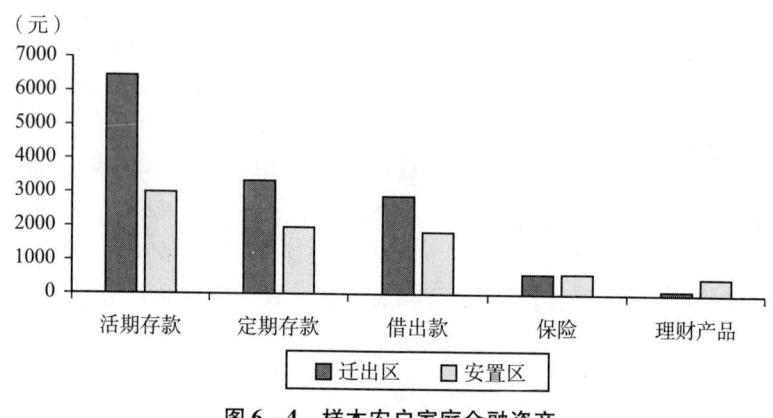

图 6-4　样本农户家庭金融资产

便，因此家庭借出款有所减少。在保险方面，城乡居民基本医疗保险和城乡居民养老保险的覆盖率达到了90%，迁出区和移民安置区没有显示出明显的差距。因缺乏相关投资理财知识、购买渠道，迁出区农户持有的理财产品十分有限，而移民安置区处于城郊，依靠相对优越的地理位置、交通等条件，更容易接触和接受理财产品的购买。

农户家庭非金融资产分布。除房产外，迁出区农户家庭户均非金融资产普遍高于移民安置区。迁出区户均家庭房产为7.3万元，移民安置区户均家庭房产高达21.3万元，约为迁出区的3倍。移民安置区的房屋为政府统一建造，扶贫资金的投入保障了所有移民安置区农户都有一套54m²标准的住房，一些有余力的农户在此基础上花费资金进行了扩建。虽然由于城市周边人口稠密、地域狭窄，房屋面积小等地域原因使移民安置区住房扩建受到了一定的限制，但这切实保障了搬迁户的住房问题，且移民安置区的水电、道路等基础设施和公共服务设施配套完善，为农户提供了更好的生活条件。

如图6-5所示，迁出区农户家庭生产性固定资产为1.6万元，而移民安置区仅为0.4万元，约为移民安置区的1/4。在移民安置区内，由于土地减少，对三轮车、拖拉机等生产工具的需求减少或不再需要，农户在搬迁过程中处理掉了大多数的生产性固定资产，因此移民安置区农户家庭生产性固定资产较迁出区明显减少。家用电器等生活消费性资产反映了家庭消费后的财富状况，农户在搬迁后普遍人均收入减少，脱离土地后的生活保障也在减少，普通家庭在满足基本需求的前提下，对这类资产购置的支出相应减少。另外，移民安置区公共交通较便利，摩托车、电动车等私人交通工具的使用和需求也在减少。

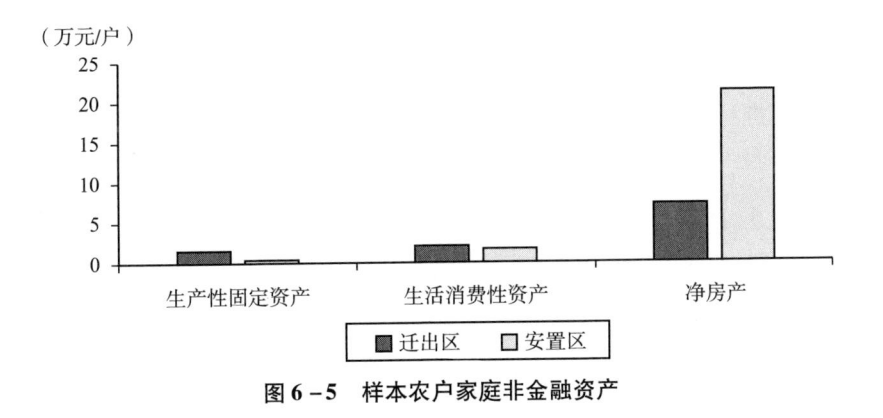

图6-5 样本农户家庭非金融资产

如图 6-6 所示，农户家庭土地资源分布。迁出区和移民安置区的农户家庭的土地资源也有明显差异，迁出区农户家庭平均拥有 17 亩土地，土地价值平均为 8.9 万元，而移民安置区农户家庭平均拥有土地面积仅为 2.1 亩，不足迁出区的 1/8，土地价值平均为 1.4 万元，约为迁出区的 1/6。其主要原因是迁出区农户家庭都拥有较大规模的土地，而在搬迁后的移民安置区内，农户分到的土地大大减少，有的村镇分到的土地不适宜种植农作物，长期闲置。搬迁使农户家庭土地面积迅速下降，从土地价值的计算方式出发，土地面积减少，土地单位面积的产量和产值偏低，而土地的价值是根据农业总产值来计算的，因此，移民安置区的土地价值明显不如迁出区。

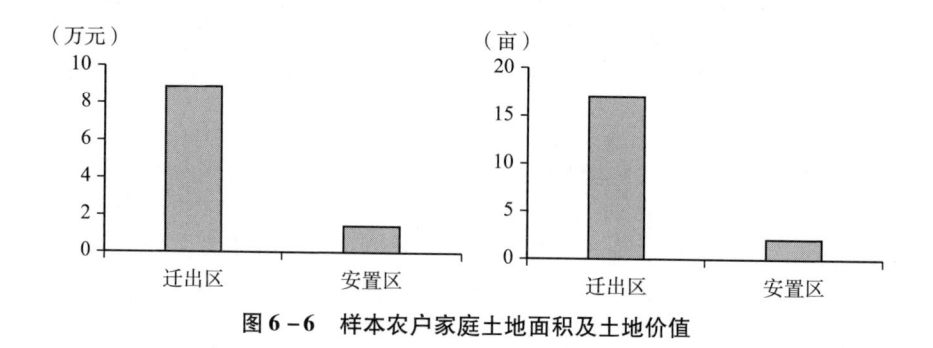

图 6-6　样本农户家庭土地面积及土地价值

6.1.3　农户家庭收入分配

根据《宁夏统计年鉴 2017》，2016 年宁夏农村人均可支配收入为 9852 元，其中，工资性收入为 3906 元/人，家庭经营净收入为 3938 元/人，财产及转移净收入为 2008 元/人。以最近 20 年农村人均可支配收入的平均增速估算 2017 年的农村人均可支配收入，将调研数据（2017）与估算数据进行了对比，发现两者之间的差距并不大。本节基于此展开了对农户家庭收入分配的分析。

6.1.3.1　农户家庭可支配收入

农民收入既是反映农民富裕程度的重要指标，也是衡量社会经济发展的主要指标，农民收入问题不仅直接关系农民生活水平的提高和改善，而且影响国民经济能否全面、协调、可持续发展。农民的收入水平以纯收入指标来衡量，由工资性收入、家庭经营收入、财产性收入及转移性收入四部分构成。2013年，国家统计局实施城乡一体化住户调查改革，农民纯收入调整为可支配收入，家庭经营收入调整为经营净收入，财产性收入调整为财产净收入，转移性收入调整为转移净收入，调整前后的统计口径有所不同。我们按照可支配收入的统计口径进行问卷设计、实地调研和数据处理。

根据国家统计局编印的《国家统计调查制度2016》的解释，工资性收入指就业人员通过各种途径得到的全部劳动报酬和各种福利、包括受雇于单位或个人、从事各种自由职业、兼职和零星劳动得到的全部劳动报酬和福利。经营净收入指住户或住户成员从事生产经营活动所获得的净收入，是全部经营收入中扣除经营费用、生产性固定资本折旧和生产税之后得到的净收入。财产净收入指住户或住户成员将其所拥有的金融资产、住房等非金融资产和自然资源交由其他机构单位、住户或个人支配而获得的回报并扣除相关的费用之后得到的净收入，包括利息净收入、红利收入、储蓄性保险净收益、转让承包土地经营权租金净收入、出租房屋净收入、出租其他资产净收入和自有住房折算净租金等。转移净收入指转移性收入扣除转移性支出后得到的净收入，其中，转移性收入指国家、单位、社会团体对住户的各种经常性转移支付和住户之间的经常性收入转移，包括养老金或退休金、社会救济和补助、政策性生产补贴、政策性生活补贴、救灾款、经常性捐赠和赔偿、报销医疗费、住户之间的赡养收入，以及本住户非常住成员寄回带回的收入等。转移性支出指调查户对国家、单位、住户或个人的经常性或义务性转移支付，包括缴纳各项社会保障支出、赡养支出、经常性捐赠和赔偿支出以及其他经常转移支出等。

从收入结构看，调研区域农户家庭可支配收入主要来自家庭经营净收入和工资性收入，分别为29217.10元、697.51元，占家庭可支配收入的比重分别为64.9%、24.0%；其次分别是转移净收入4327.04元，占家庭可支配收入的比重为9.6%，财产净收入697.51元，占家庭可支配收入的比重为1.5%，家庭经营净收入的占比最高，是家庭收入的最主要来源。样本农户家庭可支配收入均值为45040.72元，一半以上的家庭可支配收入未能达到平均水平，收入分配不均，呈现两极分化，存在贫富差距，如表6-6所示。

表6-6　样本农户家庭收入结构

收入类别	均值	中位数	标准差	可支配收入的占比（%）
工资性收入	10799.06	2000	20308.57	24.0
家庭经营净收入	29217.10	20000	31865.13	64.9
财产净收入	697.51	0	4454.77	1.5
转移净收入	4327.04	458	9043.28	9.6

整体来看，移民安置区农户家庭可支配收入要高于迁出区。如表6-7所示，移民安置区为45319.8元，迁出区为44823.2元，比移民安置区农户家庭少496.6元。具体来说，迁出区农户家庭可支配收入主要来自家庭经营净收入和工资性收入，分别为21157.5元、16726.7元，占家庭可支配收入的比重分别为47.2%、37.3%，其次分别是转移净收入6297.7元，占家庭可支配收入的比重为14.1%，财产净收入641.3元，占家庭可支配收入的比重为1.4%；移民安置区农户家庭可支配收入主要来自工资性收入，为39560.3元，占家庭可支配收入的比重为87.3%，其次是家庭经营净收入3191.9元，占比7.0%，转移净收入1798.0元，占家庭可支配收入的比重为4.0%，财产净收入769.6元，占家庭可支配收入的比重为1.7%。在移民安置区，农户主要收入来源是工资性收入，而在迁出区，家庭经营净收入在家庭收入中的比例更高，是家庭收入的主要来源。

表6-7　农户家庭可支配收入结构

可支配收入及构成	迁出区 平均值（元/户）	迁出区 中位数	迁出区 占可支配收入的比重（%）	移民安置区 平均值（元/户）	移民安置区 中位数	移民安置区 占可支配收入的比重（%）
可支配收入	44823.2	37700	100.0	45319.8	39350	100.0
工资性收入	16726.7	12000	37.3	39560.3	34600	87.3
家庭经营净收入	21157.5	7500	47.2	3191.9	0	7.0
财产净收入	641.3	0	1.4	769.6	0	1.7
转移净收入	6297.7	1110	14.1	1798.0	-200	4.0

农户在搬迁之后手中分得的土地大大减少，有些农户分得的少数土地

被村里用作集体出租收取租金，农户为了维持生计出外打工，一些农户集中于村庄附近的大型加工厂和农场。位于城郊的移民安置区消息更灵通、交通更加便利，一些农户流入城市打工，更多的农村剩余劳动力得到有效吸纳，就业时间逐步趋于稳定，务工工资基本保持稳定，确保了农户工资性收入的稳定增长。在迁出区，农户以务农为主业，只有在农闲时或者收入不足时才考虑打零工，所以家庭经营净收入仍然是他们重要的收入来源。

迁出区和移民安置区农户家庭在财产净收入方面的差异不大，移民安置区比迁出区高出128.3元，农户家庭财产净收入主要来自土地流转获得的流转费。迁出区农户家庭土地面积虽然多，但大多数家庭的土地都用于自家种植粮食、养殖家禽家畜，少数流转出的土地因为是旱地只能获得每亩300元左右的流转费，也有少数家庭由于年轻人外出打工，老年人无力耕种，土地荒废。而移民安置区农户虽然分得的土地较少，但有些移民安置区农户分到的是灌溉地或蔬菜大棚，有一半左右的农户选择将土地流转，流转费能达到每亩600元。

为解决农户就医难、就医贵的问题，城乡居民基本医疗保险已覆盖农村，无论是迁出区还是移民安置区都得到了普及，保障了农户就医的权利；迁出区农户多数拥有较多土地，退耕还林、粮食直补、农资综合补贴等各种惠农政策的贯彻落实，影响了迁出区农户转移净收入增长加快，成为农户重要的收入来源，城乡居民养老保险的逐步普及程度较高，受此影响，农村养老保险在移民安置区得到了比较大的普及。移民安置区的一些家庭获得的转移性收入较少甚至没有转移性收入来源，但仍要支付城乡居民养老保险、城乡居民医疗保险费用，转移净收入反而不如迁出区的农户家庭高。

6.1.3.2 农户家庭收入分配差距

样本农户家庭可支配收入均值为45040.7元，有一半以上的家庭可支配收入未能达到平均值。如图6-7所示，样本家庭可支配收入集中分布在较低的一侧，呈现正偏态分布，这说明大多数农户处于低收入水平，家庭可支配收入分配不均，呈现两极分化，存在贫富差距。结合表6-8来看，无论迁出区还是移民安置区，高低收入层次的农户家庭收入分配差距都存在，20%高收入户的家庭可支配收入大约是20%低收入家庭的10倍。

图 6-7　样本家庭可支配收入分布

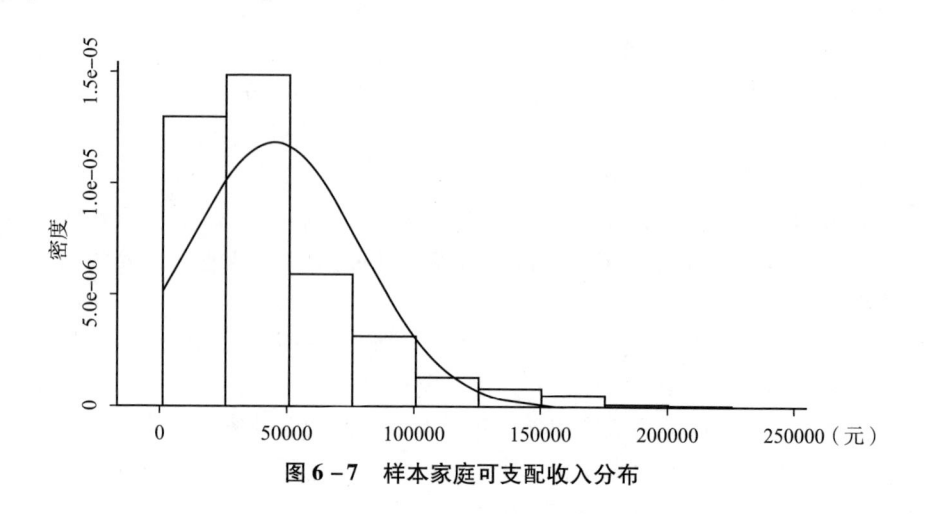

在移民安置区，中等收入及以下水平的农户家庭可支配收入较迁出区有所改善。这可能与收入结构有关，移民安置区农户家庭收入主要来自工资性收入，迁出区农户家庭收入主要来自家庭经营净收入，其次是工资性收入。搬迁后的农户不再只是依靠土地吃饭，移民安置区便利的交通及畅通的信息渠道为他们外出务工带来了机会和便利。如果中高收入及以上水平家庭的可支配收入主要来自务农，即使工资性收入水平不高，也有家庭经营净收入作为保障，而这些农户由于搬迁逐渐脱离了土地，就很可能丧失一部分收入。

表 6-8　　　　　五等分农户家庭可支配收入　　　　　单位：元/户

收入层次	迁出区 平均数	迁出区 中位数	移民安置区 平均数	移民安置区 中位数
低收入户（20%）	9913.3	10000.0	11508.5	12217.5
中等偏下户（20%）	24570.0	23845.0	24655.8	24579.0
中等收入户（20%）	38025.9	37850.0	38881.0	39290.0
中等偏上户（20%）	52378.2	49905.0	53361.5	52945.0
高收入户（20%）	101042.3	95140.0	98192.3	84820.0

6.1.4　简短讨论

资产对收入分配的作用具有两面性：一方面，家庭能够通过资产配置将资产转化成收入，减缓财富初次分配不公导致的贫富差距；另一方面，不同家庭的资产分布和资产组合具有差异性，资产组合要权衡资产价格风险、收益风险以及它们的平均收益率，个人能力和知识的差异、社会关系和社会网络会影响资产配置效率。资产配置高的个人或家庭通过获得资产增值收益，进一步拉开了与陷入"资产贫困"家庭之间的收入差距、资产差距，扩大了"马太效应"。赵人伟（2007）分析全国居民财产分布情况的方法，本书把样本农户家庭资产总量从低到高排列，将样本按照每组20%样本量自低到高分为五组，然后进行比较。从资产总量来看，家庭资产最多的20%的家庭拥有45%的资产，而家庭资产最少的20%的家庭则仅有4%的资产，两者之间的比率为11.25:1。由此可见，高资产家庭与低资产家庭之间的资产差距较为悬殊。

把样本农户家庭收入从低到高排列，将样本按照每组20%样本量自低到高分为五组，比较富裕家庭与低收入家庭总产总量占全部资产的比重，就可以比较富裕家庭与低收入家庭之间的资产差距。计算结果显示，20%的富裕家庭的资产总量占全部资产的31%，而20%最低收入家庭的资产总量只占全部资产的13%。此外，20%的中低收入家庭的资产总量占全部资产的19%，20%的中等收入家庭的资产总量占全部资产的18%，20%的中高收入家庭的资产总量占全部资产的19%。由此可见，家庭资产在最高和最低收入家庭之间的差距较大，而在中低收入、中等收入及中高收入水平家庭间的差距很小。

衡量地区居民收入分配差距的指标很多，本书采用的是基尼系数。国内外不少学者对基尼系数的具体计算方法做了探索，提出了十多个不同的计算公式，本书采用了张建华（2007）推导出的更简单易用的基尼系数计算方法，用公式表示为：

$$G = 1 - \frac{1}{n}(2\sum_{i=1}^{n-1} w_i + 1) \qquad (6.1)$$

假定一定数量的人口按收入由低到高顺序排队，分为人数相等的 n 组，从第1组到第 i 组人口累计收入占全部人口总收入的比重为 w_i，利用定积分的定义将对洛伦兹曲线的积分分成 n 个等高梯形的面积之和得到的，经比较，上述方法比姚（Yao，1999）介绍的计算方法更简便直观，而且两种方法的计算结果差别并不大。通常，基尼系数低于0.2，收入绝对平均；介于0.2~0.3之间，收入比较平均；介于0.3~0.4之间，收入相对合理；介于0.4~0.5之间，收入差距较大；大于0.5，收入差距悬殊。基尼系数值 0.4 通常作为收入分配差距的"警戒线"。

根据式（6.1），我们计算出了调查区域农户家庭收入的基尼系数为 0.362，家庭总资产的基尼系数为 0.356。参考收入基尼系数的取值范围，被调查地区的农户资产分布差距和收入分配差距都相对合理，但是收入基尼系数已接近"警戒线"。我们计算出的家庭资产的基尼系数低于收入的基尼系数，与李实等（2000）、谢宇和靳永爱（2014）得出的结论不同，家庭资产的差距程度并未超过收入差距程度，这可能与样本选取、样本容量及计算方法的选取有关。

为了考察农户家庭之间的资产分布情况，我们分别计算了户均资产总额及各分项资产的基尼系数和集中率（见表 6-9）。在几项资产中，房产的基尼系数小于总资产，其他资产的基尼系数都高于总资产的基尼系数，因为移民安置区房屋是按照统一标准建造的，导致房产的基尼系数较小。比较分析收入分配的基尼系数与总资产及各分项资产的集中率的关系发现，如果资产的集中率高于收入的基尼系数，表明资产分布向高收入家庭倾斜，最高收入组所占有的总资产的比例超过了其占有的总收入的比例。反之，如果资产的集中率低于收入的基尼系数，表明资产分布向高收入家庭的倾斜程度不如收入分配的倾斜程度（李实，2000）。表 6-9 的计算结果中，农户家庭可支配收入的基尼系数为 0.362，总资产的集中率为 0.356，资产分布向高收入家庭倾斜不是很明显；各项资产的集中率都明显高于可支配收入的基尼系数，说明各项资产分布向高收入家庭倾斜，有可能进一步扩大总资产的分布差距，并超过收入分配差距。

表 6-9　　农户家庭资产分布与收入分配

总资产及构成	基尼系数	资产分配差距	集中率
可支配收入	0.362	相对合理	—
总资产	0.356	相对合理	0.356
金融资产	0.736	差距悬殊	0.452
生产性固定资产	0.662	差距悬殊	0.143
生活消费性资产	0.586	差距悬殊	0.426
房产	0.332	相对合理	0.192
土地价值	0.685	差距悬殊	0.468

从家庭资产与可支配收入的核密度分布情况看（见图6-8），除房产外，各项资产的峰值处于可支配收入的峰值左侧，且峰值更大，分布更加集中在较低资产水平，分布不均等程度更高，而可支配收入分布具有明显正态分布特征，右侧拖尾，呈正偏态分布。银行存款、借出款和保险三类金融资产分布区间与可支配收入分布区间接近；非金融资产分布区间比可支配收入宽，分布更加分散。其中，生产性固定资产和生活消费性资产的分布形态与金融资产相似，在较低资产水平的集中度更高，而房产呈现出一定的双峰分布，峰值均小于可支配收入。在第一个峰值处，房产与可支配收入水平接近，在第二个峰值处，房产集中在中等资产水平，分布不均等程度比其他家庭资产低；土地价值分布区间比收入宽，分布更加分散，且差距较大，分布较不均。

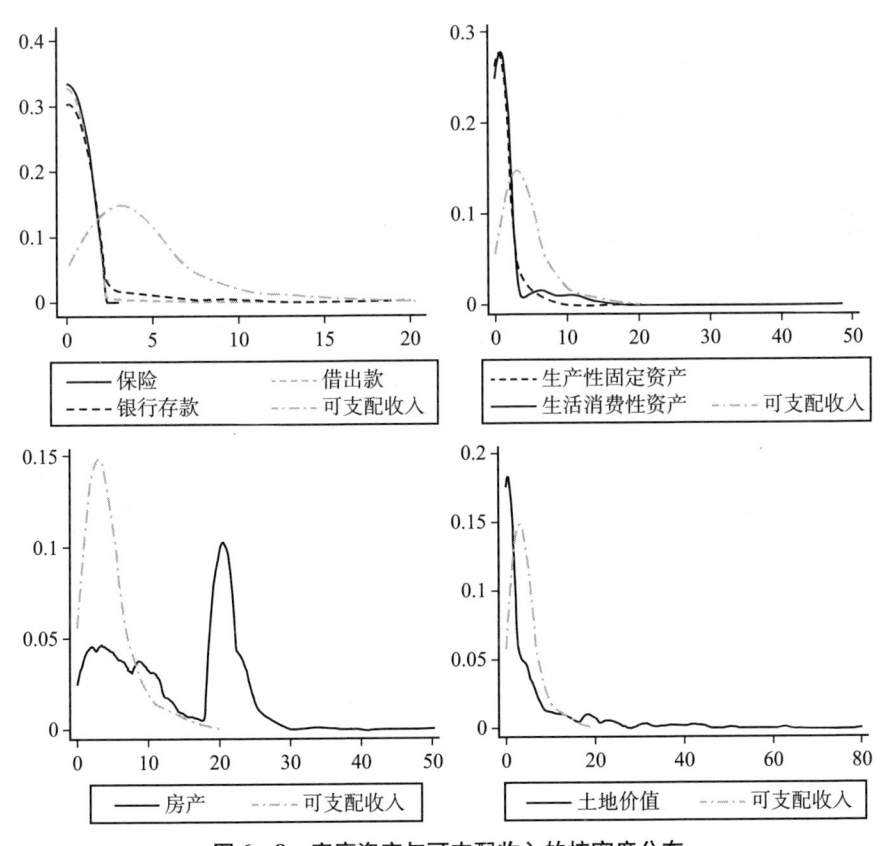

图6-8 家庭资产与可支配收入的核密度分布

6.2 模型估计结果与分析

本节利用了分位数回归模型和多元有序 Probit 模型，对农户家庭资产分布对收入分配的影响进行了实证分析。以被解释变量 y 在分位数回归模型和多元有序 Probit 模型中分别表示家庭可支配收入（income），家庭收入层次；x 表示影响 y 的各个解释变量，它包括家庭持有的银行存款（deposit）、借出款（loan）、保险（insurance）、生产性固定资产（productive fixed assets）、生活消费性资产（consumer goods）、房产（housing）、土地价值（land），分别建立回归模型。考虑到收入分配还可能受到农户家庭特征的影响，我们在解释变量中加入了家庭劳动力数量（labor）、户主年龄（age）和户主受教育程度（education）。

6.2.1 分位数回归模型估计结果分析

对农户家庭可支配收入、家庭总资产进行简单的一元线性回归后发现，农户家庭可支配收入与家庭总资产的相关系数为 0.0625（p = 0.000）。这表示，农户家庭可支配收入与家庭总资产之间呈正相关关系。这种简单的回归方法可以用来粗略地判断农户家庭可支配收入与家庭总资产之间呈正相关关系，但要用来研究农户家庭资产分布对收入分配，实际上存在两个缺陷：一是直接用家庭资产总量这一个解释变量进行回归，无法分辨出究竟是哪一类家庭资产对家庭可支配收入产生了影响；二是我们要研究农户家庭资产分布对收入分配的影响，实际上是想要知道农户家庭资产分布对收入分配差距的影响，究竟是扩大了还是缩小了，直接以家庭可支配收入做被解释变量，无法体现收入分配差距的扩大或缩小。

采用分位数回归方法，可以有效解决上述第二个缺陷。我们仍然以家庭可支配收入作为被解释变量，将影响家庭可支配收入的各类资产作为解释变量，建立分位数回归模型。在该分位数模型中，随着分位的提高，收入分配差距扩大，因此，在不同分位上可以借助各类资产的参数估计结果变大或变小，判断某一资产加速或减缓了收入差距拉开。本书建立如下分位数回归模型：

$$Q_\tau[y\,|\,x] = d\alpha_\tau + x\beta_\tau + \varepsilon_\tau \tag{6.2}$$

其中，被解释变量 y 表示家庭可支配收入；d 为关键解释变量，表示各分项资产，包括金融资产、土地资产、房产、生产性固定资产和生活消费性资产；x 为控制变量，包括家庭劳动力人数、户主的年龄和受教育程度；α_τ、β_τ 分别表示了对各个变量进行参数估计的第 τ 个分位数的系数。

表 6-10 首先进行 OLS 估计，金融资产、土地资产和净房产的参数估计结果在 5% 的水平下显著，说明这三个解释变量对农户家庭可支配收入具有显著性影响，影响系数分别为 0.196、0.0781 和 0.0435，表明对农户家庭可支配收入影响最大的资产是金融资产，其次分别是土地和净房产。

在分位数回归模型中，给出各个解释变量在 20%、40%、60% 和 80% 分位上的回归结果，联合显著性检验结果为 0.0198，可以认为在 10% 的显著性水平下，以上解释量的各分位数回归式的斜率是不相等的，这意味着相同条件的不同分位数回归的被解释变量拟合值的分布是不同的。

表 6-10　　OLS 及分位数回归估计结果

变量	OLS	分位数回归			
		QR20	QR40	QR60	QR80
金融资产	0.196 *** (0.0589)	0.0977 ** (0.0423)	0.0947 (0.0590)	0.183 ** (0.0747)	0.210 ** (0.0999)
土地资产	0.0781 *** (0.0149)	0.0575 *** (0.0107)	0.0562 *** (0.0149)	0.0610 *** (0.0188)	0.102 *** (0.0252)
净房产	0.0435 ** (0.0172)	0.0373 *** (0.0123)	0.0536 *** (0.0172)	0.0503 ** (0.0218)	0.0474 (0.0291)
生产性固定资产	0.0562 (0.0599)	0.0650 (0.0430)	0.211 *** (0.0599)	0.147 * (0.0760)	-0.0208 (0.102)
生活消费性资产	0.0417 (0.0400)	-0.0166 (0.0287)	-0.0103 (0.0400)	0.0508 (0.0507)	0.203 *** (0.0678)
劳动力人数	7171 *** (1318)	4321 *** (946.9)	4905 *** (1318)	6930 *** (1672)	8571 *** (2235)
户主年龄	9.336 (122.4)	20.57 (87.95)	16.16 (122.5)	-67.61 (155.3)	134.4 (207.6)

续表

变量	OLS	分位数回归			
		QR20	QR40	QR60	QR80
户主受教育年限	-59.64 (352.2)	-152.8 (253.0)	-225.3 (352.3)	-285.1 (446.8)	753.8 (597.3)
常数	13926* (7870)	-680.8 (5654)	6808 (7873)	19974** (9983)	15949 (13347)

注：*** 为1%检验水平处显著，** 为5%检验水平处显著，* 为10%检验水平处显著。

金融资产对收入的影响参数估计结果在20%、60%和80%分位上显著，且回归系数逐步增大，这说明金融资产对收入分配差距扩大产生了重要影响。中高收入家庭经过最初的财富积累，加上对已有资金的合理投资，"以钱生钱"，财富积累速度加快。

随着分位提高，土地资产对收入差距的影响呈扩大趋势。净房产在各个分位上的参数估计结果都在10%的水平下显著，住房资产是家庭积累其他资产的前提和基础，住房得到保障后随着家庭资产积累和收入增加，农户才有能力参与到金融市场上。

生产性固定资产对收入影响的参数估计结果仅在40%和60%分位上显著。家庭为维持生产经营需要，购置生产性固定资产有利于提高农业生产效率和产出水平。低收入家庭往往只能满足自给自足，缺少拖拉机、三轮车等农业生产工具，而一些高收入家庭将大面积的土地进行流转，获取流转费，或者采取雇佣方式进行耕种、采收，对生产性固定资产的依赖减弱。在60%的分位上观察生产性固定资产对收入分配的影响时，将其与房产的影响进行对比，发现生产性固定资产对收入分配差距扩大的影响更显著，这可能是因为生产性固定资产可以产生永久性收入预期。随着收入分配差距进一步扩大，生产性固定资产的影响不再显著。生活消费性资产的回归系数均不显著，生活消费性资产主要用来满足农户家庭里日常的物质和文化生活需要，农户家庭积累的生活消费性资产仅仅起到了平滑消费支出的作用。

随着分位数提升，家庭劳动力数量的回归系数显著增大，收入水平越高的家庭，劳动力投入回报越高，加剧了农户收入分配差距扩大。

图6-9中直虚线分别代表各个解释变量的OLS估计值，两条直虚线之间的区域代表OLS回归估计值的置信区间，置信度为0.95；曲实线代

表各个解释变量分位数回归的估计值,灰色区域代表分位数回归估计值的置信区间,置信度为 0.95;横轴表示农户家庭户均可支配收入的不同分位点,纵轴表示各个解释变量的回归系数。图 6-9 进一步验证了上述结论。

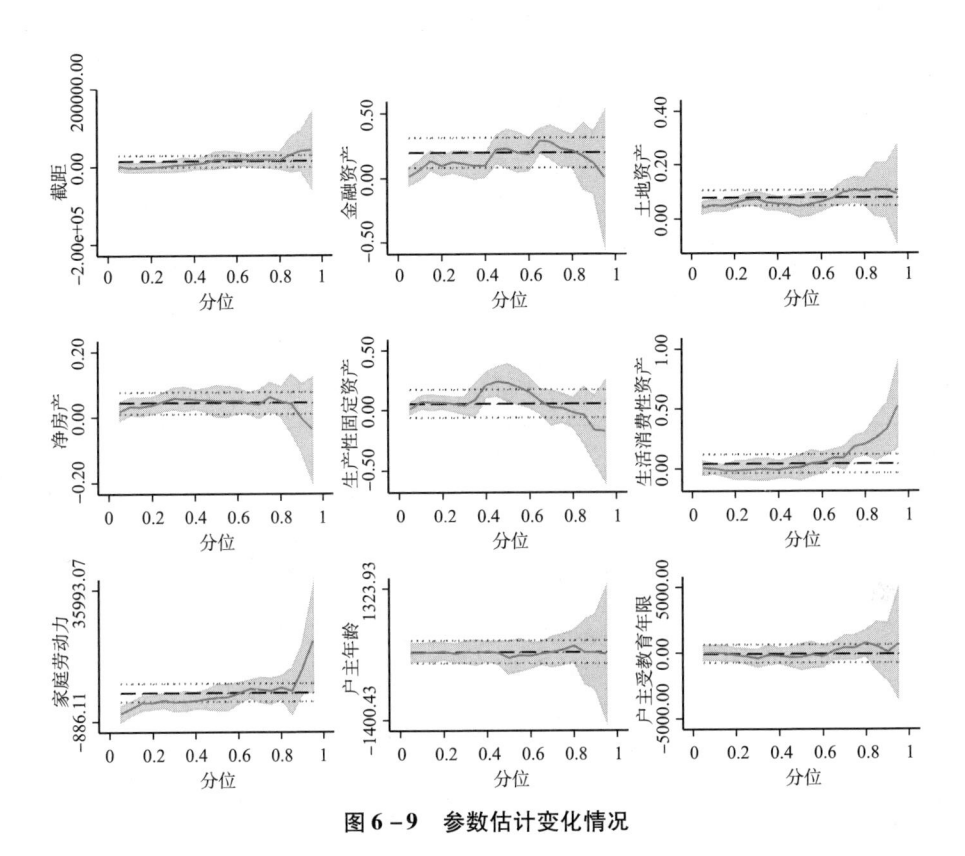

图 6-9　参数估计变化情况

6.2.2　多元有序 Probit 模型估计结果分析

从家庭资产分布对收入层次提升的影响角度,上述研究结论依旧成立。本节将样本家庭按照可支配收入由低到高进行排序,并把可支配收入最低的 20% 的家庭划分为低收入家庭,赋值为 1。以此类推,20% 中低收入水平的家庭,赋值为 2;20% 中等收入水平的家庭,赋值为 3;20% 中高收入水平的家庭,赋值为 4;20% 高收入水平的家庭,赋值为 5。赋值数值越高,家庭可支配收入越高。反之,家庭可支配收入越低。对不同家庭进行赋值,只是为了构造多元有序 Probit 计量模型所需定性被解释变量。

$$y_i = x_i \beta + \mu_i \tag{6.3}$$

农户的各类家庭资产仍然以资产值计算,其他处理主要包括将家庭劳动力数量、户主年龄及户主受教育程度三个指标中的连续变量赋值。劳动力数量 0~8 分别代表家中有 0~8 人是劳动力,户主年龄中 35 岁及以下赋值为 1,36~45 岁、46~55 岁、56~65 岁依次分别赋值为 2、3、4,65 岁以上的赋值为 5;对于户主的受教育程度,1~6 年赋值为 1,7~9 年赋值为 2,10~12 年的赋值为 3,13 年以上的赋值为 4。借助 Stata 软件对多元有序 Probit 模型进行估计,表 6-11 是估计结果,除了汇报回归系数,表 6-11 还汇报了自变量对各个收入层次家庭的边际效果,Ⅰ、Ⅱ、Ⅲ、Ⅳ、Ⅴ分别代表 20% 低收入层次、20% 中低收入层次、20% 中等收入层次、20% 中高收入层、20% 高收入层次。

表 6-11 多元有序 Probit 估计结果

变量	回归系数	边际效果 Ⅰ	Ⅱ	Ⅲ	Ⅳ	Ⅴ
Deposit	0.0083 *** (2.71)	-0.0022 *** (-2.70)	-0.0010 ** (-2.57)	-0.00002 (-0.24)	0.0010 ** (2.58)	0.0026 *** (3.12)
Loan	0.0085 (1.42)	-0.0022 (-1.42)	-0.0010 (-1.40)	-0.00002 (-0.23)	0.0010 (1.40)	0.0018 (1.15)
Insurance	-0.0185 (-0.43)	0.0049 (0.43)	0.0022 (0.43)	-0.00005 (0.21)	-0.0022 (-0.43)	0.0017 (0.15)
Productive fixed assets	0.0282 (1.32)	-0.0074 (-1.32)	-0.0034 (-1.30)	-0.0001 (-0.23)	0.0034 (1.30)	0.0088 (1.52)
Consumer goods	0.0063 (0.38)	-0.0017 (-0.38)	-0.0008 (-0.38)	-0.00002 (-0.20)	0.0008 (0.38)	0.0005 (0.11)
Housing	0.0168 *** (2.85)	-0.0044 *** (-2.84)	-0.0020 *** (-2.70)	-0.00004 (-0.24)	0.0020 *** (2.70)	0.0047 *** (2.90)
Land	0.0223 *** (4.10)	-0.0059 *** (-4.05)	-0.0027 *** (-3.69)	-0.00006 (-0.24)	0.0027 *** (3.69)	0.0059 *** (3.94)
Labor	0.2264 *** (4.82)	-0.0597 *** (-4.47)	-0.0271 *** (-4.17)	-0.00057 (-0.24)	0.0271 *** (4.17)	0.0602 *** (4.72)

续表

变量	回归系数	边际效果				
		I	II	III	IV	V
Age	0.0485 (1.16)	-0.0128 (-1.16)	-0.0058 (-1.15)	-0.00012 (-0.23)	0.0058 (1.15)	0.0161 (1.42)
Education	-0.0286 (-0.62)	0.0075 (0.62)	0.0034 (0.62)	0.00007 (0.22)	-0.0034 (-0.62)	-0.0072 (-0.58)
Log likelihood	-843.44377					
Prob > chi2	0.0000					
Pseudo R^2	0.0437					

注：*** 为1%检验水平处显著，** 为5%检验水平处显著，* 为10%检验水平处显著。

表6-11所示的回归结果显示，银行存款、房产、土地价值和家庭劳动力数量对家庭收入层次划分都有明显的正向作用，系数估计结果在1%的水平下都是显著的。由于各个收入层次家庭取所有值的概率之和为1，各解释变量对收入层次的边际影响之和为0，所以收入层次I、II边际概率效应与收入层次IV与V符号正好相反。因此，我们重点关注中高收入层次IV和高收入层次V，对正面的边际概率影响进行分析。

银行存款、房产和土地价值的边际概率效应均为正，在中高收入层次IV的边际概率影响分别为0.0010、0.0020和0.0027，在高收入层次V的边际概率影响分别为0.0026、0.0047和0.0059。这三类资产对高收入层次V的边际概率影响大于中高收入层次IV，这就说明较高收入与较低收入家庭之间的差距仍然会逐渐被这三类资产拉开。

在金融资产中，家庭拥有的银行存款越多，这个家庭越富裕。一方面，银行存款较多，说明家庭没有受到冲击的影响，比如疾病、自然灾害或盗窃，家庭成员失业或者患病导致的收入水平发生了结构性变化。另一方面，高收入更容易积累资产，高收入家庭本身拥有较多资产，银行存款仍然是农村家庭进行资产选择的首选，银行存款能够为这些高收入家庭带来存款利息收入，而低收入水平的家庭只有极少量银行存款，有的甚至没有银行存款，这就大大降低了获得利息收入或缓解冲击的可能性，也就进一步拉开了与富裕家庭之间的差距。借出款和保险两类金融资产对收入层次提升没有显著作用。农户的借出款多是基于"地缘""人缘"关系，且金额不大，预期不会带来收入的流入，而保险目前在农村仍然发挥一种保障的作用。

在非金融资产中，住房都是家庭自用，以自我消费为目的，而不是用来租售。有余力的家庭为了改善居住条件会对原有住房进行修葺、扩建，这种情况在迁出区和移民安置区是一样的。房产通过价格体系对收入分配产生影响，不同地域之间的房产价格差距促进了收入差距的拉大。生产性固定资产可以用于生产经营，有助于提高农业生产效率，生活消费性资产有助于改善农户家庭的生活质量，满足家庭在衣、食、住、行和文化娱乐等物质方面和精神方面的需要。

对农户而言，土地兼具"就业"和"养老"的双重功能。一些地方的土地经过确权后，通过租赁、合作经营等方式实现了增值，通过抵押、担保等方式进行融资，获取资本用以发展其他产业，进一步拉开了农户家庭间的收入分配差距。从收入来源角度看，土地面积多，土地单位面积的产量和产值高，加上获取市场信息的渠道畅通，熟悉市场价格动态，那么就更有可能获得较高的家庭经营收入。但实际情况是，一些农村地区的土地收益下降，同时，搬迁导致土地价值在农村居民资产总值中的相对份额降低，造成土地原有的缩小资产差距的作用减弱，对收入分配的调节作用也逐渐弱化。

6.2.3 简短讨论

从资产总量来看，农户家庭持有的户均资产总量较高，但家庭之间存在资产分布不均，只有少数家庭持有较多资产。从地域来看，搬迁对农户家庭资产总量产生了一定影响，迁出区和移民安置区家庭资产总量具有明显的差异性，移民安置区农户家庭资产总量高于迁出区。搬迁使农户的住房条件得到改善，移民安置区水电、道路等基础设施和公共服务设施配套完善，为农户提供了更好的生活条件，但搬迁的同时导致了移民安置区农户分到的土地大大减少，有的村镇分到的土地不适宜种植农作物，土地单位面积的产量和产值偏低，土地价值明显不如迁出区。

在资产构成方面，非金融资产的占比最高，其次是土地资源，居民家庭金融资产的占比最低。目前，住房资产仍然是家庭总资产构成中最重要的部分，除房产外，土地是农户的重要资产，而农户拥有的金融资产则非常有限。其中，以安全性最高的银行存款为主，说明农民偏好安全性资产，对持有资产的风险比较敏感。从各项资产的分布情况看，房产呈现出一定的双峰分布，分别集中在较低资产水平和中等资产水平附近，其他资产的峰值处于可支配收入的峰值左侧，峰值更大，在较低资产水平的集中度更高。

移民安置区农户家庭可支配收入要高于迁出区，搬迁使农户收入结构发生改变。在迁出区，农户以务农为主业，只有在农闲时或者收入不足时才考虑打零工，所以家庭经营净收入仍然是他们重要的收入来源。在移民安置区，农户分得的土地大大减少，一些农户流入城市打工，更多的农村剩余劳动力得到有效吸纳，工资性收入成为农户最主要的收入来源。

实证研究结果表明：银行存款、房产和土地加剧了农户收入分配差距扩大；生产性固定资产有助于减缓收入分配差距扩大；借出款、保险和生活消费性资产对农户收入分配差距扩大没有显著影响；各类资产的影响差异，可能与农户家庭资产选择的偏好有关。

第 7 章

移民区农户资产贫困研究

7.1 移民区农户资产贫困分析

7.1.1 移民区农户单维度资产贫困分析

7.1.1.1 农户金融资产贫困状况

本节中农户金融资产贫困是指农户家中所持有的净金融资产为零或为负（即家庭金融资产－家庭负债≤0）。

如表 7-1 的数据所示：移民迁出区农户的金融资产贫困状况较严峻，51.62% 的农户处于该维度的资产贫困状态，其中 1.95% 的农户家庭净金融资产在 -10 万元以下，近一半农户的净金融资产在 -10 万元到 0 万元之间。移民迁出区农户的净金融资产持有量差距较大，既有净金融资产持有量为 -10 万元以下的，也存在持有量在 20 万元以上的。

表 7-1　　　　　　　　农户金融资产贫困状况

净金融资产	移民迁出区 农户个数	比重（%）	移民安置区 农户个数	比重（%）	资产贫困界定
X≤-10 万元	6	1.95	4	1.67	金融资产贫困
-10 万元≤X≤0	153	49.67	81	33.75	

续表

净金融资产	移民迁出区		移民安置区		资产贫困界定
	农户个数	比重（%）	农户个数	比重（%）	
0＜X≤1 万元	114	37.01	136	56.66	非金融资产贫困
1 万元＜X≤10 万元	29	9.42	18	7.5	
10 万元＜X≤20 万元	5	1.62	1	0.42	
20 万元＜X≤30 万元	1	0.33	0	0.00	

移民安置区农户的净金融资产分布很不均匀，35.42%的农户处于净金融资产贫困状态，其中1.47%的农户家庭净金融资产在-10万元以下。该类农户家庭背负着债务压力，家庭存款无法完全偿还负债，金融资产贫困形势较严峻，通过对农村家庭状况的入户调查，可以发现这部分农户之所以负债数额较大，主要是因为家中有患病的成员。尽管农村基本医保已全面覆盖，还是难以解决农民因重大疾病所带来的经济上的压力，治疗疾病的费用使这些农户家庭陷入贫困。在参与调研的农户中，有64.58%的农户脱离了金融资产贫困。净金融资产在1万元以下的农户136户，占总农户数量的56.66%；净金融资产在1万元以上，10万元以下的农户有18户，占总农户数量的7.5%；净金融资产在10万元以上，20万元以下的农户1户，占总农户数量的0.42%。

总体来说，移民区农户的金融资产持有量还是较有限，一方面是因为农民的金融理财知识缺乏，对于金融理财产品的鉴别能力差；另一方面是由于在金融理财产品中，适合农民进行购买投资的产品较少，起点较高，农户手中资金有限，使其对于金融产品的购买力不足。

金融资产是衡量农户家庭资产增值能力的重要指标，是农户拥有并且可以为其所利用和支配的资金储备。在调研的过程中发现，移民区农户的家庭金融资产组合中，银行存款等较安全的金融资产所占比重较多，而债券、基金、股票等渠道的投资几乎为0。当农户家庭的金融资本变得逐渐丰裕时，农户还是更倾向于将钱存进银行来实现家庭的资本储蓄和积累。

7.1.1.2 农户非金融资产贫困状况

农户生产性固定资产贫困状况。若农户家中没有牛、羊、铡草机、三轮车、拖拉机、生产用房、烘干房、其他任意一种，则我们将其定义为生产性固定资产贫困。移民迁出区与移民安置区农户各项资产的拥有率如图 7-1 所示。

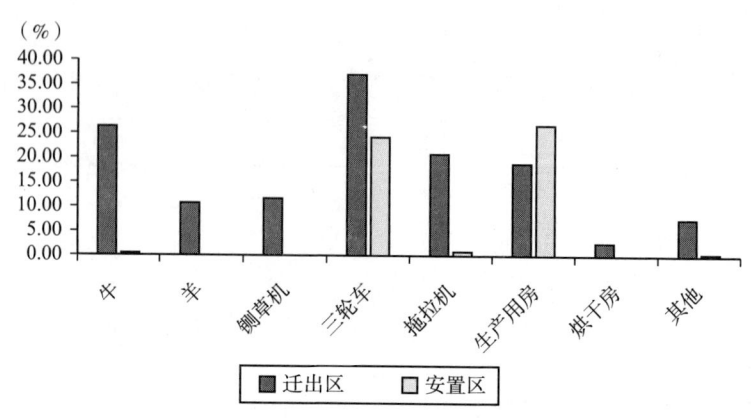

图 7-1 移民区农户生产性固定资产拥有状况

调研结果显示，移民迁出区农户生产性固定资产贫困率为 22.72%。其中，家中养殖牛或羊的农民有 114 户，占移民迁出区农户的 37.01%；家中拥有铡草机的农民有 36 户，占移民迁出区农户的 11.69%。另外，有 114 个农户家中拥有三轮车，有 64 个农户家中拥有拖拉机，有 58 个农户家中有牛棚、羊棚等生产用房，有 8 个农户家中有烘干房，还有 23 个农户家中拥有猪、翻土机、旋耕机等生产性固定资产。

移民安置区中有 57.92% 的农户处于生产性固定资产贫困中，也就是说，有 139 个农户家中不具有任何生产性固定资产。其中，家中养殖牛或羊的农民仅有 1 户，占比仅为 0.42%，这主要是因为移民安置区的农户由于在搬迁之后所分到的土地面积较小，房屋面积有限且不适合进行牲畜的饲养，因此农户对牛羊的持有率非常小，农户主要依靠其他渠道取得收入。另外，农户中拥有三轮车的比例 24.17%，其中 1 户有 2 辆，其余农户均为 1 辆；铡草机的拥有率与牛、羊相对应，为 0.42%；拖拉机的拥有率为 0.83%；拥有生产用房（大棚、牛棚、羊棚）的农民有 64 户，占比 26.67%，在这 64 个农户家庭中，有 59 户农户仅拥有 1 个大棚，4 户农户拥有 2 个大棚，1 户农户拥有 3 个大棚；拥有烘干房的农民有 1 户，占比 0.42%。

以上数据分析表明：移民安置区农户的生产性固定资产短缺情况较严

重，难以进行扩大再生产活动，这是由于农户在移民后土地减少，因此对拖拉机、三轮车等生产工具和机械的需求锐减，导致很多农户在移民搬迁前，便将家中大部分的生产性固定资产进行变卖，因此移民安置区农户的生产性固定资产拥有率低，资产贫困状况严峻，同时脆弱性较大，在遇到各类突发状况时，其抵御风险的能力很弱。

农户生活消费性资产贫困状况。如果农户家中彩色电视机、洗衣机、冰箱、热水器、摩托车、电动车、小轿车中只有其中两种或两种以下的，则将其视为生活消费性资产贫困。移民区农户生活消费性资产拥有数量情况如图7-2所示。

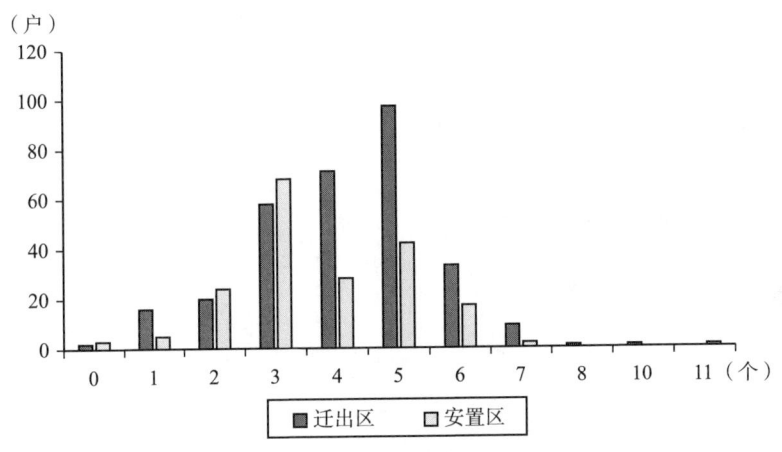

图7-2 农户生活消费性资产拥有状况

根据对调研数据的分析，移民迁出区农户的生活消费性资产贫困率为21.1%，移民安置区农户的生活消费性资产贫困率为13.33%，这说明农户在移民后，生活消费性资产贫困状况得到了一定程度的减缓。

如图7-2所示，在移民迁出区，农户拥有生活消费性资产数量最多的为10件，最少的为0件，拥有5件生活消费性资产的农户数量最多，为97户；拥有4件的次之，农户数量为71户；另外，拥有0件生活消费性资产的有2户，拥有10件资产的有1户，拥有1件、2件、3件、6件、7件、8件生活消费性资产的农户数量分别为16户、20户、58户、33户、9户、1户。

移民安置区的农户中，拥有3件生活消费性资产的农户数量最多，达68户；有3户没有任何生活消费性资产；另外，拥有1件、2件、4件、5

件、6件、7件、11件资产的农户分别有5户、24户、28户、42户、17户、2户和1户。在国际上,通常会用该类资产来衡量农民的生活水平。因为生活消费性资产能够更加客观地反映一个家庭的生活质量,对其的购买是通过对多年的收支情况进行综合考量后所做出的消费决策,因此通过数据分析后,我们初步发现,移民迁出区和移民安置区农户对于生活消费性资产的持有情况较可观。一方面是因为随着农民的生活水平不断提高,他们对于家用电器等耐用消费品的需求也在不断增长。另一方面,2009年的"家电下乡"政策也对拉动农户的消费起到了一定的积极作用。

为了进一步探析农户对生活消费性资产的持有情况,本书对农户生活消费性资产中具体资产的拥有情况进行了分析,具体结果如图7-3所示。

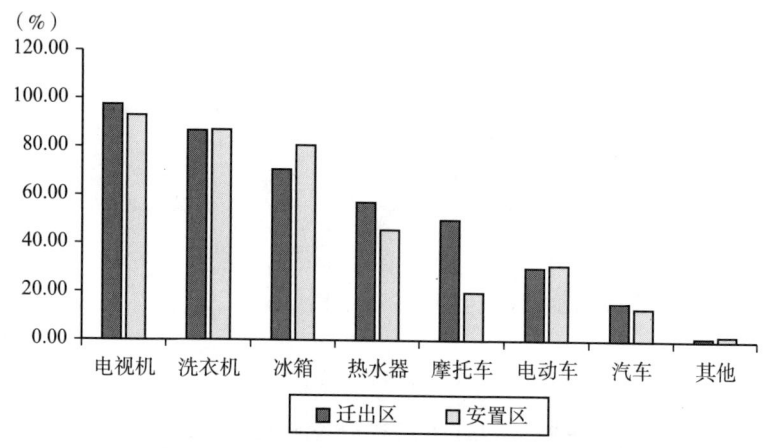

图7-3 农户生活消费性各类资产拥有状况

由图7-3可以看出,无论是迁出区还是安置区,农户家中对电视机的拥有率最高,分别为97.4%和92.92%。在移民迁出区中,有291户拥有1台电视机,9个农户家中拥有2台电视机。另外,该地区农户对于洗衣机与冰箱的拥有率也很高,分别为86.69%和70.78%,而热水器的拥有率为57.14%,摩托车为50%,电动车为30.19%,汽车的拥有率为15.58%,其他生活消费性资产的拥有率为1.3%。

在移民安置区中,有221个农户拥有1台电视机,2户农户拥有2台;而在其他生活消费性资产中,拥有率次高的是洗衣机和冰箱,分别为87.08%和80.83%,农户拥有率均为1台;摩托车的拥有率为20%,农户拥有率为1台;电动车的拥有率为31.25%,其中有3户农户拥有2辆,其余均为 1 辆；农户对于汽车的拥有率为 13.33%，在拥有汽车的农户中，有 1 户拥有 2 辆，其余农户均为 1 辆。这一系列数据都从侧面体现出不同的农户对生活消费性资产的需求不同。目前，彩色电视机在农村的普及，使农民可以在电视上及时了解各类国家及农业信息，引导他们实现脱贫致富，而摩托车、电动车和汽车无疑加快了通行速度，这将有益于贫困地区的人们与外界进行交流、维护社会关系。因此，在今后的脱贫攻坚工作中，要加大各类生活消费性资产在贫困地区的普及率。

农户住房资产贫困状况。农户住房资产贫困状况是指农户拥有自有住房或者人均住房面积小于 9 平方米。

如表 7 - 2 所示，在移民迁出区，农户的住房资产贫困发生率为 4.22%，即有 13 个农户的家庭人均住房面积小于 9 平方米，该地区农户的人均住房面积分布大多集中在 20 ~ 40 平方米之间，居住面积情况较乐观。

表 7 - 2　　　　　　　　农户住房资产贫困状况

住房资产	移民迁出区		移民安置区		资产贫困界定
	农户个数	比重（%）	农户个数	比重（%）	
0 ≤ X < 9	13	4.22	19	7.92	住房资产贫困
9 ≤ X < 20	117	37.99	164	68.33	非住房资产贫困
20 ≤ X < 40	154	50	54	22.5	
40 ≤ X < 60	17	5.52	2	0.83	
X ≥ 60	7	2.27	1	0.42	

移民安置区农户的住房资产贫困率为 7.92%；另外，有 164 个农户的家庭人均住房面积在 9 ~ 20 平方米之间，占移民安置区调研农户的 68.33%；家庭人均住房面积在 20 ~ 40 平方米之间的农户有 54 个，占比 22.5%；而人均住房面积超过 60 平方米的只有 1 户，占比 0.42%。

7.1.1.3　农户自然资源资产贫困状况

土地是关系到农户生存、生产的重要资源。农民在进行移民搬迁所分到的土地十分有限，因此研究移民安置区农户的自然资源资产贫困状况具有非常重要的意义。

界定自然资源资产贫困所用到的指标是人均耕地面积，由于移民迁出区和移民安置区农户所持有的土地数量及质量相差较大，本书工作组在充分查阅文献的基础上，结合调研当地的实际情况将移民迁出区与移民安置区的自然资源贫困参数分别进行定义，即在移民迁出区中，当人均耕地面积不超过2亩时，就将其定义为资产贫困；在移民安置区中，当人均耕地面积不超过0.3亩时，就将其定义为资产贫困。调研结果显示，六盘山片区移民迁出区农户自然资源资产贫困率为18.51%，移民安置区农户自然资源资产贫困率为31.67%，具体的调研数据统计结果如表7-3所示。

表7-3　　　　　　　　移民迁出区农户自然资源贫困状况

人均耕地面积（亩）	农户个数	比重（%）	资产贫困界定
X≤2	57	18.51	资产贫困
2＜X≤10	216	70.13	非资产贫困
10＜X≤20	31	10.06	非资产贫困
20＜X≤30	2	0.65	非资产贫困
30＜X	2	0.65	非资产贫困

通过对表7-3分析可以看出，在移民迁出区，农户自然资源资产贫困率为18.51%，即有57个农户的人均土地耕积不超过2亩。另外，人均耕地面积在2~10亩之间的农户有216个，占移民迁出区调研农户的70.13%；人均耕地面积在10~20亩之间的农户有31个，占比10.06%；20~30亩之间与30亩以上的农户分别各有2户。移民迁出区农户所拥有的土地面积普遍较大，人均耕地面积拥有数量最多的农户达到65亩，但通过调研，我们发现移民迁出区的土地多为山地，土地输出产量不高。

通过对六盘山片区移民安置区农户的自然资源拥有情况进行整理和分析后可以发现：在安置区，人均耕地面积在0.3~0.6亩之间的农户数量最多，共有114户，占总户数的47.5%；另外，人均耕地面积不超过0.3亩的有76户，这部分农户均处于自然资源资产贫困状态；人均耕地面积在0.6~0.9亩之间的农户有34户，占总户数的14.17%；人均耕地面积在0.9~1.5亩之间的农户较少，共占总调研户数的6.66%，如表7-4所示。

表7-4　　　　　　　移民安置区农户自然资源贫困状况

人均耕地面积（亩）	农户个数	比重（%）	资产贫困界定
X≤0.3	76	31.67	资产贫困
0.3＜X≤0.6	114	47.5	非资产贫困
0.6＜X≤0.9	34	14.17	
0.9＜X≤1.2	9	3.75	
1.2＜X≤1.5	7	2.91	

六盘山片区移民安置区农户的人均耕地面积普遍较小，且所拥有的面积差异不大。这主要是因为移民农户都被安置在城郊附近，所分得的土地较搬迁前大幅减少。尽管如此，土地对于农民来说，还是必不可少的。移民农户所拥有的有限的土地，大多是灌溉地或蔬菜大棚，土地输出质量较搬迁之前有所提升。另外，还有一些农户将土地进行流转，可以收取每亩土地600元的流转费，是农民获取财产性收入的主要来源。若土地和生产性固定资产这两个维度皆处于资产贫困状态，那么农户创造家庭财富的能力将有所削减，脆弱性加剧，资产积累将变得更加难以实现。一方面，移民农户可以充分利用土地或大棚，种植适宜的粮食或蔬菜，养殖家畜和家禽；村上的种养大户也可以将土地资源、技术和资金进行高效整合，发挥规模效益优势。另一方面，农户可以利用移民安置区便利的交通条件以及畅通的信息渠道外出务工，扩大创收的渠道，增加收入，助力脱贫。

7.1.1.4　单维度资产贫困总体情况

本节中将资产贫困的界定分为三个维度五个指标，分别是金融资产、非金融资产和自然资源，它们涉及农户生活生产的主要领域，农户处于以上任何一个维度的贫困都会对其长期发展和创收增收产生不利的影响。结合上文对各个指标资产贫困的分析结果，六盘山连片特困地区移民迁出区与移民安置区农户的贫困程度如图7-4所示。

可以发现，六盘山连片特困地区移民迁出区农户的金融资产贫困率和生活消费性资产贫困率高于移民安置区农户，而在住房资产贫困发生率、自然资源资产贫困率和生产性固定资产贫困率低于移民安置区农户。另外，在移民迁出区中，农户的金融资产贫困发生率最高，为51.62%；住房资产贫困发生率最低，为4.22%。在移民安置区中，农户的生产性固定资产贫困发生率最高，为57.92%；住房资产贫困的发生率最低，为7.92%。

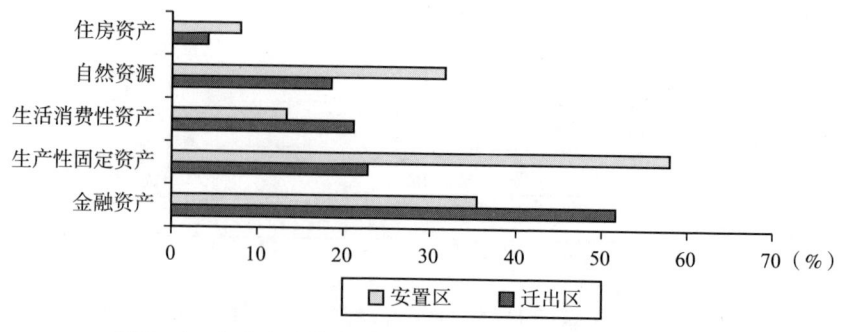

图7-4　六盘山连片特困地区移民安置区农户资产贫困情况

7.1.2　移民区多维资产贫困分析

7.1.2.1　多维资产贫困指数测算

通过对表7-5中的数据进行分析，我们不难发现，随着K值的逐渐增加，六盘山连片特困地区移民区农户多维资产贫困发生率呈现出逐渐递减，贫困发生率逐渐变小，贫困剥夺份额逐渐增加，而多维贫困指数逐渐下降的趋势。其实并不难理解，这是因为随着资产贫困程度的不断加深，进入多维贫困的指标就会随之进一步增加，促使能够达到多方面资产都受到剥夺的农户数量越来越少。需要注意的是，尽管六盘山片区同时存在3个或4个维度资产贫困的农户占比小，但这部分农户情况复杂，贫困脆弱性高，是扶贫工作中"最难啃的硬骨头"。结合我国如此大的人口基数，可以反映出我国农村家庭资产贫困严峻的现状，同时也显示出目前以收入为主的扶贫方式的局限性，以及关注贫困农户资产建设和积累的迫切性和必要性。因此，扶贫攻坚的任务越进行到最后，越应该将"发力点"放在解决深度资产贫困的问题上，以帮助其改善资产状况、提升收入水平。

表7-5　　　　　　　　移民区农户资产贫困维度

维度临界值	贫困发生率H（%）	贫困剥夺份额A（%）	多维资产贫困指数M
$K=1$	84.85	30.80	0.2613

续表

维度临界值	贫困发生率 H（%）	贫困剥夺份额 A（%）	多维资产贫困指数 M
$K=2$	37.41	44.49	0.1664
$K=3$	7.48	62.44	0.0467
$K=4$	0.91	80.00	0.0073

7.1.2.2 按区域分解

以迁出区和安置区为子群，将宁夏农户的多维资产贫困指数按各维度进行分解，以便分析区域对贫困的剥夺强度以及贡献大小。

表7-6给出了移民区分区域的多维资产贫困分解情况。如表7-6所示，当维度临界值为1、3时，移民安置区与移民迁出区多维资产贫困贡献度相差不多，但移民迁出区对多维资产贫困指数的贡献率略高于移民安置区的贡献率，即当维度临界值为1时，移民迁出区多维资产贫困指数贡献率为50.84%，而移民安置区贡献率为49.16%；当$K=3$时，移民迁出区多维资产贫困指数贡献率为52.34%，移民安置区贡献率为47.66%；而当维度临界值为2时，移民迁出区贡献率低于移民安置区，即移民迁出区多维资产贫困指数贡献率为48.46%，移民安置区为51.54%；值得注意的是，当维度临界值为4时，极端贫困农户大部分出现在移民迁出区，其对多维资产贫困指数贡献率达到80%。总体来说，移民安置区农户多维资产贫困状况优于移民迁出区农户。

表7-6　　　　移民区多维资产贫困指数区域分解

维度临界值	移民迁出区 贫困发生率 H（%）	贫困剥夺份额 A（%）	多维资产贫困指数 M	贡献度（%）	移民安置区 贫困发生率 H（%）	贫困剥夺份额 A（%）	多维资产贫困指数 M	贡献度（%）
$K=1$	78.25	30.21	0.2364	50.84	93.33	31.43	0.2933	49.16
$K=2$	31.82	45.10	0.1435	48.46	44.58	43.93	0.1958	51.54
$K=3$	6.82	63.81	0.0435	52.34	8.33	61.00	0.0508	47.66
$K=4$	1.30	80.00	0.0104	80.00	0.42	80.00	0.0033	20.00

7.1.2.3 按指标分解

为进一步分析各指标的贡献率，对各区域的所有指标进行分解，以探究多个指标对于多维资产贫困指数的变动作用及贡献程度。具体结果如表7-7所示。

表7-7　　　　　　　　移民区多维资产贫困指数指标分解

	总体（%）				移民迁出区（%）				移民安置区（%）			
K	$K=1$	$K=2$	$K=3$	$K=4$	$K=1$	$K=2$	$K=3$	$K=4$	$K=1$	$K=2$	$K=3$	$K=4$
M	0.261	0.166	0.046	0.07	0.236	0.143	0.043	0.010	0.293	0.196	0.051	0.003
生产资产贫困	29.19	27.63	26.56	20.00	19.23	20.36	22.39	18.75	39.49	34.47	31.15	25.00
生活资产贫困	13.55	18.64	24.22	20.00	17.86	24.43	25.00	18.75	9.09	13.19	22.95	25.00
住房资产贫困	4.61	6.36	8.59	15.00	3.57	4.52	7.04	12.50	5.68	8.09	9.84	25.00
金融资产贫困	34.08	29.61	25.78	25.00	43.68	30.77	24.64	25.00	24.15	28.51	26.23	25.00
自然资源贫困	18.58	17.76	14.84	20.00	15.66	19.91	18.57	25.00	21.59	15.74	9.84	0.00

表7-7分别显示了移民区总体、移民迁出区、移民安置区农户多维资产贫困指数的指标分解情况。如表7-7所示，在移民区总体样本中，当$K=1$、2、4时，金融资产贫困都是对多维资产贫困指数贡献最大的维度，住房资产维度最小。在移民迁出区中，对多维资产贫困指数贡献率最多的也是金融资产贫困维度，说明移民迁出区农户的金融资产贫困问题突出，亟待解决。在移民安置区中，生产性固定资产贫困维度对多维资产贫困的贡献率最高，因此政府在实施生态移民工程时，应注意解决农户生产性固定资产紧缺的问题。

通过对以往有关资产贫困研究的比较，加之调研区域的实际情况，本书重点考察维度临界值为2的农户资产贫困状况，图7-5展示了当$K=2$时，移民迁出区与移民安置区各指标的贡献率。通过图7-5可以直观地发现，当 $K=2$ 时，移民安置区的生产性固定资产贫困维度贡献率最高，另外，住房资产维度也略高于移民迁出区，其余维度均小于移民迁出区。

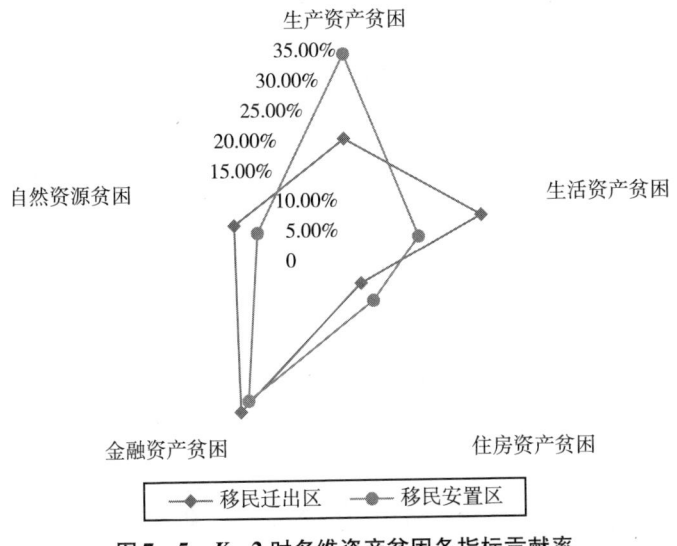

图 7-5 $K=2$ 时多维资产贫困各指标贡献率

7.1.3 简短讨论

经过初步统计研究发现，移民迁出区农户的金融资产贫困状况较严峻，有 51.62% 的农户处于该维度的资产贫困状态。而移民安置区农户的金融资产分布很不均匀，有 35.42% 的农户处于净金融资产贫困状态，其中有 1.47% 的农户家庭净金融资产在 -10 万元以下。

在非金融资产贫困中，移民迁出区农户生产性固定资产贫困率为 22.72%，移民安置区农户生产性固定资产贫困率为 57.92%。另外，移民迁出区农户的生活消费性资产贫困率为 21.1%，移民安置区农户的生活消费性资产贫困率为 13.33%，这说明农户在移民后，生活消费性资产贫困状况得到了一定程度的减缓；移民迁出区农户住房贫困率为 4.22%，而移民安置区为 7.92%。

调研结果显示，六盘山片区移民迁出区农户自然资源资产贫困率为 18.51%，移民安置区农户的自然资源资产贫困率为 31.67%，农户人均耕地面积普遍较小，且所拥有的面积差异不大。移民安置区农户所分得的土地较搬迁前大幅减少，但移民农户所拥有的有限的土地，大多是灌溉地或蔬菜大棚，土地输出质量较搬迁之前有所提升。

另外，多维资产贫困测算结果显示：六盘山连片特困地区移民区农户家庭的资产贫困随着指标的不断增加，多维贫困指数和贫困发生率两者都呈现出递减的趋势。从区域具体的贡献度来看，移民安置区与移民迁出区多维资产贫困贡献度相差不多，但移民迁出区对多维资产贫困指数的贡献率略高于移民安置区。从具体指标的贡献度来看，当 $K=2$ 时，总样本指标的贡献从大到小依次为：金融资产、生产性固定资产、生活消费性资产、自然资源、住房资产；移民迁出区的指标贡献从大到小依次为：金融资产、生活消费性资产、生产性固定资产、自然资源、住房资产；移民安置区的指标贡献从大到小依次为：生产性固定资产、金融资产、自然资源、生活消费性资产、住房资产。

7.2 移民区农户资产贫困影响因素分析

通过上节的分析，大致了解了六盘山连片特困地区宁夏片区移民迁出区与安置区农户的资产持有及多维度资产贫困状况。在此基础上，有待进一步探索影响移民区农户资产贫困的决定因素。

7.2.1 变量选择

为了更加深入探索六盘山片区移民区农户各维度资产贫困的决定因素，将被解释变量设为4个，即各个维度的资产贫困状态。将变量集中在农户的基本特征，即户主个人特征、家庭基本特征方面和区域特征方面。结合所调研地区的实际情况，最终将变量确定为10个，其中，户主个人特征方面的变量包括户主的健康程度、户主年龄、民族、是否为党员、户主受教育程度、户主职业；家庭基本特征方面的变量为家庭人口数、家庭劳动力数量、家庭人均可支配收入；区域特征包括农户是否为移民。具体变量的统计性分析结果如表7-8所示。

表 7-8 变量描述性统计分析

类别	变量名称	变量说明	总体 均值	总体 标准差	移民迁出区 均值	移民迁出区 标准差	移民安置区 均值	移民安置区 标准差
户主个人特征	年龄	29岁以下=0，30~39岁=1，40~49岁=2，50~59岁=3，60~69岁=4，70岁以上=5	2.6040	1.1717	2.4448	1.1214	2.8083	1.2053
	健康程度	健康=0，体弱多病=1，长期慢性病=3，残疾=4，患有大病=2	0.3266	0.6084	0.2792	0.5931	0.4292	1.0121
	党员	非党员=0，党员=1	0.0565	0.2312	0.0065	0.0805	0.0908	0.3266
	受教育程度	小学及以下=0，初中=1，高中=2，高中以上=3	0.6897	0.8260	0.5325	0.6321	0.8917	0.9878
	职业类型	打工=0，不干活=1，只在自家干农活=2，干农活、有时在当地打零工=3，自营活动=4，其他=5	1.5948	1.2288	1.9675	0.1091	1.1167	1.2114
家庭基本特征	劳动力数量	家庭实际劳动力数量	2.5091	0.9838	2.5	0.9943	2.5208	0.9721
	人口数量	家庭实际人口数量	4.6824	1.3239	4.6298	1.2291	4.75	1.4362
	人均可支配收入	一万元及以下=0，一万至两万元=1，两万至三万元=2，三万元及以上=3	0.5237	0.7463	0.5389	0.7668	0.5041	0.7202
区域特征	是否移民	非移民=0，移民=1	0.4379	0.4965	—	—	—	—

通过对移民区农户的基本特征进行统计,我们发现,在总体样本中,农户的年龄均值为 2.6,说明此次调研的农户户主的年龄多分布在 40~60 岁之间;民族均值为 0.812,健康程度均值为 0.3266,受教育程度及职业类型的均值分别为 0.68 和 1.59;从家庭基本特征来看,农户的劳动力数量平均为 2.5,家庭人口数量平均为 4.68,家庭人均可支配收入均值 0.52。另外,在总体样本中,移民农户样本共 240 户,占比 43.79%。

在移民迁出区中,户主年龄的均值为 2.4448;民族的均值为 0.7648,说明所调研对象中汉族居多;另外,从农户健康程度、是否为党员以及受教育程度的均值来看,本次所调研农户的户主的健康程度较好,党员占比小且受教育程度普遍偏低;而家庭基本特征方面,移民迁出区农户的人口数量平均为 4.63,劳动力数量平均为 2.5,人均可支配收入的均值为 0.5389。

移民安置区中,在户主个人特征方面,所收集到的户主的年龄均值为 2.8083,表明农村家庭的户主年龄以 40~60 岁的劳动力为主;党员的均值为 0.0908,表明党员在农民中的比例较低,这也与我们通过实地调研所掌握的情况相一致;另外,户主受教育程度的均值为 0.8917,表明户主的受教育程度多为初中及以下,受教育年限普遍较少。从家庭基本特征来看,移民安置区农户家庭中的人口数量与劳动力数量的均值分别为 4.75 和 2.5208,人均可支配收入均值为 0.5041,表明农户的可支配收入情况较可观,这主要是由于移民安置区农户所拥有的土地较少,因此外出务工成了农民主要的工作形式,也是农民收入的主要来源,打工收入对农户家庭可支配收入起到了一定的提升作用。

7.2.2 实证分析

通过二元逻辑回归模型来分析移民区农户的户主个人特征和家庭基本特征与各维度资产贫困之间的关系。

7.2.2.1 移民区总体样本分析

实证结果如表 7-9 所示。

表7-9　　　　　　　　　　　移民区总体样本实证结果

变量		金融资产贫困	生活消费性资产贫困	生产性固定资产贫困	住房资产贫困	自然资源贫困
户主年龄（参照：29岁以下）	30~39岁	0.378 (0.75)	-2.163*** (-2.78)	-2.192*** (-3.89)	—	0.081 (0.13)
	40~49岁	-0.110 (-0.24)	-0.403 (-0.74)	-1.001** (-2.00)	-1.598 (-1.60)	0.094 (0.16)
	50~59岁	0.122 (0.25)	-0.234 (-0.42)	-1.131** (-2.20)	-1.325 (-1.47)	0.030 (0.05)
	60~69岁	-0.295 (-0.55)	-0.096 (-0.16)	-0.583 (-1.01)	-1.479 (-1.61)	-0.388 (-0.57)
	70岁以上	-1.039 (-1.63)	-0.289 (-0.40)	-0.294 (-0.44)	—	0.236 (0.32)
户主健康程度（参照：健康）	体弱多病	0.550** (2.28)	0.885*** (2.99)	0.453* (1.79)	-0.794 (-1.14)	-0.070 (-0.26)
	长期慢性病	0.838 (1.63)	1.825*** (3.66)	0.024 (0.04)	0.136 (0.11)	-0.155 (-0.24)
	患有大病	0.731 (0.50)	1.883 (1.25)	—	—	—
党员（参照：非党员）		-2.256*** (-2.97)	-0.902 (-1.14)	-1.334*** (-2.89)	0.905 (0.99)	-2.882*** (-2.76)
户主受教育程度（参照：小学及以下）	初中	-0.010 (-0.04)	-0.069 (-0.22)	0.041 (0.15)	-2.437* (-1.95)	-0.453 (-1.51)
	高中	-0.385 (-1.20)	-0.603 (-1.26)	-0.036 (-0.11)	-0.171 (-0.22)	0.265 (0.77)
	高中以上	-1.648** (-2.05)	0.217 (0.25)	0.502 (0.80)	—	0.583 (0.94)

续表

	变量	金融资产贫困	生活消费性资产贫困	生产性固定资产贫困	住房资产贫困	自然资源贫困
户主职业类型（参照：打工）	不干活	0.731** (2.19)	0.378 (0.90)	-0.408 (-1.15)	-1.184 (-1.31)	-0.466 (-1.17)
	只在家做农活	0.521* (1.92)	-0.012 (-0.03)	-1.025*** (-3.35)	-0.430 (-0.55)	-0.143 (-0.45)
	干农活，打零工	0.662** (2.32)	0.096 (0.25)	-0.992** (-3.11)	0.385 (0.50)	-0.739** (-2.01)
	自营活动	0.204 (0.33)	—	1.289* (1.88)	0.221 (0.11)	0.192 (0.29)
	其他	0.320 (0.26)	1.410 (1.03)	0.866 (0.71)	—	1.811 (1.34)
家庭基本特征	劳动力数量	0.121 (1.11)	-0.244* (-1.69)	-0.185 (-1.50)	0.074 (0.29)	-0.383*** (-2.84)
家庭人口数量（参照：1人）	2人	-0.373 (-0.35)	1.547 (1.15)	-0.245 (-0.23)	—	-2.366 (-1.51)
	3人	0.626 (0.59)	1.212 (0.88)	-0.049 (-0.04)	-4.314*** (-2.58)	-2.576 (-1.58)
	4人	0.943 (0.96)	0.985 (0.77)	-0.699 (-0.70)	-5.284*** (-3.23)	-2.050 (-1.36)
	5人	0.380 (0.39)	0.515 (0.40)	-0.750 (-0.75)	-3.988*** (-3.01)	-1.181 (-0.78)
	6人	0.321 (0.33)	0.616 (0.48)	-0.625 (-0.63)	-3.480*** (-2.63)	-0.947 (-0.62)
	7人	0.862 (0.85)	-0.557 (-0.38)	-0.752 (-0.72)	-0.711 (-0.59)	-1.238 (-0.79)

续表

变量		金融资产贫困	生活消费性资产贫困	生产性固定资产贫困	住房资产贫困	自然资源贫困
家庭可支配收入分组（参照：一万元及以下）	一万至两万元	-0.506** (-2.27)	-0.346 (-1.17)	-0.190 (-0.78)	-0.206 (-0.33)	-0.017 (-0.06)
	两万至三万元	-0.833** (-2.29)	-1.209* (-1.84)	-0.485 (-1.19)	-0.0141 (-0.01)	-0.219 (-0.51)
	三万元以上	-0.839 (-1.29)	—	-2.603** (-2.21)	—	-0.288 (-0.34)
是否移民（参照：非移民）	移民	-0.405* (-1.76)	-0.672** (-2.04)	1.571*** (6.18)	0.043* (1.86)	0.892*** (3.27)
Pseudo R^2		0.121	0.163	0.217	0.410	0.146

注：表中系数后的***、**、*分别代表在1%、5%、10%水平上显著，括号内的数值为系数的 z 值。

金融资产贫困。在移民区总体样本中，户主健康程度、是否为党员、户主受教育程度、户主职业类型、家庭可支配收入及是否为移民将对农户金融资产贫困状态产生影响。具体来说，户主患病或户主职业类型为不干活、做农活及偶尔打零工时，其家庭更容易陷入金融资产贫困，而当户主为党员或受教育程度为高中及以上、家庭人均可支配收入为1万元以上时，该家庭更具有摆脱金融资产贫困的优势。另外，实证结果显示，农户家庭参与移民工程也可帮助其脱离金融资产贫困。

非金融资产贫困。非金融资产包括生活消费性资产、生产性固定资产和住房资产。从生活消费性资产贫困来看，能够对该维度资产贫困状态产生影响的因素有户主年龄、户主健康程度、家庭劳动力数量、家庭人均可支配收入以及是否为移民。结果表明：户主年龄在30~39岁区间的家庭相比于户主年龄为29岁以下的家庭更容易摆脱该维度的资产贫困，而户主患病的家庭容易陷入生活消费性资产贫困；家庭劳动力数量多或人均可支配收入为2万~3万元的家庭更易脱离该维度的贫困。另外，移民搬迁政策在生活消费性资产贫困维度也可起到减缓的作用。

在生产性固定资产贫困维度，结果显示：户主年龄、民族、健康程度、是否为党员、职业类型、家庭人均可支配收入、是否移民均可对生产性固定资产贫困产生一定的影响。具体来看，在户主个人特征方面，户主年龄在30~59岁且为党员的汉族家庭具有摆脱生产性固定资产贫困的优势；而当户主患病时，所在家庭陷入该维度贫困的可能性越大；当户主的职业类型为做农活时，家庭所拥有的生产性固定资产数量稳定，因此可摆脱生产性固定资产贫困。研究表明，当农户家庭人均可支配收入大于3万元时，农户可脱离该维度资产贫困。另外，参与生态移民工程的家庭将会加剧生产性固定资产贫困状况。

在住房资产维度，结果表明：户主的民族、受教育程度和家庭人口数量和是否移民对维度的贫困有影响。当户主的民族为汉族、受教育程度为初中或者家庭人口数量在2~6人之间的家庭更容易摆脱住房资产贫困。

自然资源贫困。如表7-9所示，在户主个人特征中，户主是否为党员、户主职业类型对自然资源贫困的影响显著；在家庭基本特征中，劳动力数量对该维度资产贫困也具有显著的作用。户主为党员、户主主要从事农业活动或家庭劳动力数量多的家庭可以显著降低陷入自然资源贫困的风险，但生态移民政策将会使农户的自然资源贫困发生率上升。

7.2.2.2 移民迁出区实证结果分析

金融资产贫困。表7-10中金融资产贫困一栏反映了移民迁出区中可以对农户金融资产贫困产生影响的关键因素。如表7-10所示，在移民迁出区中，户主健康程度、户主职业类型、家庭人口数量、家庭人均可支配收入都是农户金融资产贫困状态的影响因素。

表7-10 移民迁出区实证结果

变量		金融资产贫困	生活消费性资产贫困	生产性固定资产贫困	住房资产贫困	自然资源贫困
户主特征						
户主年龄（参照：29岁以下）	30~39岁	0.188 (0.24)	-3.314*** (-2.69)	-6.251*** (-4.64)	—	-1.004 (-0.81)
	40~49岁	-0.561 (-0.76)	-0.929 (-1.26)	-2.651*** (-3.13)	0.112 (0.07)	-0.046 (-0.04)
	50~59岁	-0.450 (-0.59)	-0.758 (-1.07)	-2.598*** (-3.22)	-0.269 (-0.18)	-0.095 (-0.08)

续表

变量		金融资产贫困	生活消费性资产贫困	生产性固定资产贫困	住房资产贫困	自然资源贫困
户主年龄（参照：29岁以下）	60~69岁	0.947 (1.08)	-0.513 (-0.66)	-1.667** (-2.03)	-0.944 (-0.57)	-0.304 (-0.23)
	70岁以上	-1.170 (-1.17)	—	—	—	0.207 (0.15)
户主健康程度（参照：健康）	体弱多病	0.764* (1.93)	1.032** (2.54)	1.447*** (3.12)	—	-0.708 (-1.17)
	长期慢性病	0.930 (1.39)	1.249** (2.05)	0.207 (0.26)	0.499 (0.38)	0.107 (0.14)
	患有大病	—	—	—	—	—
党员（参照：非党员）		1.641 (0.94)	—	—	—	—
户主受教育程度（参照：小学及以下）	初中	0.188 (0.61)	0.086 (0.23)	0.484 (1.14)	-2.497** (-2.05)	-0.631 (-1.38)
	高中	-0.354 (-0.60)	-0.592 (-0.65)	0.508 (0.65)	—	0.376 (0.54)
	高中以上	—	—	—	—	—
户主职业类型（参照：打工）	不干活	1.7412*** (2.89)	0.793 (1.16)	-2.059*** (-2.92)	—	-0.735 (-1.11)
	只在家做农活	0.890** (2.15)	0.273 (0.48)	-2.501*** (-4.47)	0.002 (0.00)	-1.187** (-2.34)
	干农活，打零工	0.882** (2.14)	0.523 (0.91)	-2.053*** (-3.96)	—	-1.949*** (-3.39)
	自营活动	0.417 (0.43)	—	1.002 (0.99)	—	-0.089 (-0.09)
	其他	—	2.593 (1.35)	—	—	—

续表

变量		金融资产贫困	生活消费性资产贫困	生产性固定资产贫困	住房资产贫困	自然资源贫困
家庭基本特征						
劳动力数量		-0.063 (-0.41)	-0.048 (0.26)	-0.598*** (-2.85)	0.265 (0.79)	-0.571** (-2.57)
家庭人口数量（参照：1人）	2人	-2.770** (-2.28)	1.092 (0.54)	-0.853 (-0.55)	—	—
	3人	-1.276 (-1.30)	1.260 (0.54)	0.623 (0.48)	-1.385 (-0.75)	-0.764 (-0.59)
	4人	-0.560 (-0.61)	0.694 (0.37)	0.899 (0.75)	-2.173 (-1.22)	-0.483 (-0.40)
	5人	-0.820 (-0.91)	0.098 (0.05)	0.670 (0.57)	-0.087 (-0.06)	-0.569 (-0.48)
	6人	-1.154 (-1.24)	0.025 (0.01)	0.929 (0.75)	-0.344 (-0.21)	0.566 (0.48)
	7人	—	-0.416 (-0.21)	—	—	—
	8人	—	—	—	—	—
人均可支配收入分组（参照：一万元及以下）	一万至两万元	-0.756** (-2.49)	-0.603 (-1.58)	-0.476 (-1.17)	0.651 (0.80)	-0.069 (-0.16)
	两万至三万元	-1.487*** (-2.64)	—	-1.563** (-2.04)	—	-0.410 (-0.56)
	三万元以上	-2.651** (-2.16)	—	—	—	0.034 (0.03)
Pseudo R^2		0.161	0.145	0.271	0.225	0.128

注：表中系数后的 ***、**、* 分别代表在1%、5%、10%水平上显著，括号内的数值为系数的 z 值。

具体来说，在户主个人特征方面，实证结果显示，户主的健康程度为体弱多病时，其相比身体健康的户主更容易陷入金融资产贫困状态里面。原因显而易见，户主是家庭收入的主要创造者，身体健康程度不好的户主将对家庭收入产生不利影响，且可能会由于支付医药费等原因而使家庭金融资产状况变得拮据甚至负债。户主职业类型为不干活、干农活或打零工时，其相对于户主在外打工的农户来说更具有陷入金融资产贫困的趋势，这是因为在外打工所获得的收入比在家做农活所获得的收入更多，且在家做农活的收入稳定性和持续性较弱。在家庭基本特征方面，家庭人口数量为2人相比人口数量为1人的家庭，其脱离金融资产贫困的可能性越大。另外，家庭人均可支配收入也会决定农户是否处于金融资产贫困状态，结果显示，人均可支配收入超过一万元的农户更具有脱离金融资产贫困的优势。

非金融资产贫困。在生活消费性资产贫困指标方面，结果表明，可以对生活消费性资产贫困状况产生影响的因素有户主年龄和户主健康程度。具体来说，当户主年龄为30~39岁时，其相对于户主年龄在29岁以下的家庭更能够摆脱生活消费性资产贫困状态。这是因为年龄在30~39的户主，其生活阅历更加丰富，家庭结构更加完整、收入来源更加稳定，故对于生活消费性资产的购买能力更强。户主健康程度为体弱多病或长期慢性病时，与户主身体健康的农户相比，其陷入生活消费性资产贫困的可能性越大，由于病痛的拖累，家庭收入盈余不足，对生活消费性资产的购买力小。

在生产性固定资产贫困指标方面，我们可以发现：户主年龄、户主健康程度、户主职业类型、家庭劳动力数量、家庭人均可支配收入将对生产性固定资产贫困产生重要的影响。如表7-10所示，从户主个人特质来看，户主年龄超过30岁的家庭比户主年龄小于29岁的家庭更容易跳出资产贫困陷阱。而户主健康程度为体弱多病时，与户主健康程度为良好的家庭，其生产性固定资产贫困发生的可能性更高。从家庭基本特征来看，随着家庭劳动力数量的增多，家庭脱离该维度资产贫困的趋势越强。同时，家庭人均可支配收入为两万至三万元对于家庭脱离生产性固定资产贫困起着积极且显著的作用。

在住房资产方面，结果表明：可以对该维度资产贫困产生影响的因素较少，只有农户受教育程度。当户主受教育程度为初中时，其相对于户主受教育程度为小学的家庭更倾向于对房屋进行扩建，摆脱住房资产贫困。

自然资源贫困。在所选取的指标中，户主个人特征与家庭基本特征里面各有一个因素可以对自然资源资产贫困维度产生影响，即户主职业类型和劳动力数量。结果显示：当户主的职业类型为在家做农活或打零工时，其相对于户主在外打工的农户更有可能脱离自然资源维度的贫困。这是因为在家做农活的农户对于唯一收入来源的土地更重视，更有可能通过承包在外打工人员的土地来扩大种植规模，增加收入。另外，家庭劳动力的数量也会影响自然资源贫困状态，即随着家庭劳动力数量的增多，家庭陷入自然资源资产贫困的风险会降低。

7.2.2.3 移民安置区实证结果分析

金融资产贫困。如表 7-11 所示，在户主个人特征方面，户主的年龄、户主民族、户主是否为党员、户主受教育程度及户主的职业类型都会对移民安置区农户的金融资产贫困状态产生一定的影响，而家庭基本特征中的家庭人口数量也会影响家庭陷入金融资产贫困的可能性。

表 7-11　　　　　　　　　　移民安置区实证结果

变量		金融资产贫困	生活消费性资产贫困	生产性固定资产贫困	住房资产贫困	自然资源贫困
户主特征						
户主年龄（参照：29岁以下）	30~39岁	2.141** (2.34)	-2.415 (-1.25)	-0.409 (-0.48)	—	0.103 (0.06)
	40~49岁	1.688** (1.96)	-1.291 (-0.67)	0.010 (0.01)	18.421 (0.00)	-0.584 (-0.35)
	50~59岁	2.357*** (2.89)	-1.302 (-0.66)	-0.388 (-0.51)	0.021 (0.01)	-0.283 (-0.17)
	60~69岁	0.224 (0.30)	-1.338 (-0.67)	0.820 (1.21)	34.913 (0.01)	-0.865 (-0.50)
	70岁以上	—	-1.544 (-0.73)	—	—	-0.601 (-0.33)
户主健康程度（参照：健康）	体弱多病	0.224 (0.62)	0.561 (1.10)	0.215 (0.60)	0.461 (0.16)	0.128 (0.34)
	长期慢性病	0.579 (0.54)	2.520** (2.31)	0.256 (0.23)	—	1.103 (0.86)
	患有大病	0.397 (0.26)	2.287 (1.38)	—	—	—

续表

变量		金融资产贫困	生活消费性资产贫困	生产性固定资产贫困	住房资产贫困	自然资源贫困
党员（参照：非党员）		-3.108*** (-2.90)	-1.357 (-1.47)	-1.542*** (-3.01)	1.586 (0.80)	-3.269*** (-3.02)
户主受教育程度（参照：小学及以下）	初中	0.058 (0.13)	-0.600 (-0.91)	-0.641 (-1.44)	—	0.011 (0.02)
	高中	-0.608 (-1.37)	-0.276 (-0.44)	-0.259 (-0.60)	1.173 (0.45)	0.569 (1.21)
	高中以上	-1.564* (-1.75)	-0.722 (-0.61)	-0.413 (-0.57)	—	0.243 (0.31)
户主职业类型（参照：打工）	不干活	1.275** (2.08)	0.305 (0.37)	-0.626 (-1.03)	2.140 (0.88)	0.415 (0.69)
	只在家做农活	0.199 (0.40)	-1.206 (-1.34)	-2.170*** (-4.02)	1.129 (0.43)	-1.739*** (-3.24)
	干农活,打零工	0.185 (0.34)	0.656 (0.80)	-1.226** (-2.33)	—	-1.277** (-2.22)
	自营活动	0.813 (0.83)	—	-0.534 (-0.46)	—	0.225 (0.17)
	其他	0.835 (0.55)	—	-0.629 (-0.41)	—	0.876 (0.54)
家庭基本特征						
劳动力数量		0.022 (0.09)	-0.370 (-0.95)	0.158 (0.67)	0.768 (0.72)	-0.793*** (-2.95)
家庭人口数量（参照：2人）	3人	2.077 (1.52)	-1.678* (-1.78)	-0.729 (-0.74)	—	0.487 (0.52)
	4人	2.826** (2.06)	-1.232 (-1.30)	-1.619* (-1.71)	—	1.134 (1.28)
	5人	1.805 (1.30)	-2.783** (-2.41)	-1.775* (-1.77)	—	2.219** (2.30)

续表

变量		金融资产贫困	生活消费性资产贫困	生产性固定资产贫困	住房资产贫困	自然资源贫困
家庭人口数量（参照：2人）	6人	1.821 (1.32)	-2.201** (-2.06)	-1.424 (-1.48)	-35.388 (-0.01)	1.203* (1.75)
	7人	2.720* (1.75)	—	-1.644 (-1.38)	2.362 (0.61)	2.887** (2.38)
	8人	2.389 (1.25)	—	-2.229 (-1.50)	—	3.669** (2.33)
家庭可支配收入分组（参照：一万元及以下）	一万至两万元	-0.167 (-0.42)	-0.128 (-0.22)	0.116 (0.30)	-35.898 (-0.01)	0.276 (0.67)
	两万至三万元	-0.381 (-0.58)	0.183 (0.20)	-0.054 (-0.08)	37.569 (0.01)	0.055 (0.07)
	三万元以上	0.937 (0.76)	—	-1.678 (-1.34)	—	0.015 (0.01)
Pseudo R^2		0.200	0.231	0.209	0.646	0.221

注：表中系数后的 ***、**、* 分别代表在1%、5%、10%水平上显著，括号内的数值为系数的z值。

具体来说，从户主个人特征看，年龄在30~59岁之间的户主与29岁以下的户主相比，更容易陷入金融资产贫困，这可能是因为：一方面，在户主年龄较大的家庭中，其结婚、购房、子女上学、医疗等支出更大；另一方面，年龄越大的户主思想更保守，在飞速发展的信息化社会中，厌恶风险、安于现状的态度使他们错失机会，收入难以得到提高。而身份为党员、受教育程度在高中以上的户主所在的家庭更具有摆脱金融资产贫困的优势。坎贝尔（Campbell，2006）曾指出教育是影响家庭资产参与决策的重要因素，更高的教育水平可以使居民更容易学习理解金融投资知识（Vissing-Jorgensen，2002），从而接纳新型金融资产，增强其处理资产收益相关信息的能力，帮助家庭摆脱贫困状态。

从家庭基本特征看，随着家庭人口数量的增多，家庭逐渐显现出陷入金融资产贫困的趋势，该结论由郭琳（2013）指出：当家庭规模越大，家庭所持有的金融风险资产的可能性越低的观点较一致，并且根据调研数据分析得出，当家庭人口规模为4人和7人时，其陷入金融资产贫困的可能性显著。

非金融资产贫困。非金融资产贫困维度由两个指标共同界定，即生产性固定资产贫困和生活消费性资产贫困。由表7-11可知，户主的健康程度和家庭人口数量会对生活消费性资产贫困产生影响，而生产性固定资产贫困的影响因素为户主的民族、是否为党员、户主的职业类型以及家庭人口数量。

针对生活消费性资产贫困进行分析，随着农村生活水平的提高以及"家电下乡"等政策的支持，农村生活消费性资产的普及率得到了很大的提升。调研数据的实证结果显示：户主的健康程度能够对农户的生活消费性资产贫困状态造成影响。当户主患有长期慢性病，基本不能干活时，其陷入生活消费性资产贫困的概率将增加。一方面，由于户主身体素质差，影响其劳动能力，进而减少了户主获得工作的机会；另一方面，由于户主的身体健康遭受剥夺，在支付医疗费用的同时，还有可能会影响到家庭中其他成员的生产活动，因此降低了家庭收入，削弱了家庭购置生活消费性资产的能力。除此之外，研究发现，随着人口数量的增多，家庭将更有望脱离该指标的资产贫困。

对于生产性固定资产贫困而言，能够对其产生影响的因素有户主的民族、是否为党员、户主的职业类型以及家庭人口数量。当户主为汉族或户主为党员时，其家庭越不可能处于生产性固定资产贫困状态。另外，如果户主从事农业活动，其拥有的农机具等资料将带领农户脱离生产性固定资产贫困。在家庭基本特征上，研究发现，家庭人口规模与生产性固定资产贫困呈负向关系，即家庭人口数量越多，其脱离生产性固定资产的优势越大，且当家庭人口数量为4人和5人时，模型显著。在住房资产方面，由于安置区住房由政府统一分配，因此户主个人特征和家庭基本特征均不能对其产生影响。

自然资源贫困。在户主个人特征中，户主是否为党员、户主职业类型对自然资源贫困状态影响显著。在家庭基本特征中，劳动力数量和家庭人口规模对该维度的资产贫困也具有显著影响。具体分析可知，户主为党员或者在家做农活的家庭则能够有效降低陷入自然资源贫困的风险。另外，表7-11中显示，在家庭基本特征方面，家庭劳动力数量与自然资源贫困成反比，当家庭劳动力数量增多时，为了消化家庭劳动力，家庭成员除外出打工，还会承包土地种植作物以增加收入，因此劳动力数量多的家庭更具有脱离自然资源贫困的优势;而家庭人口数量与自然资源贫困状况成正比,即家庭人口数量越多,人均资产占有量越低,家庭越有可能陷入自然资源贫困。

7.2.3 简短讨论

在总体样本中:(1)金融资产贫困受户主健康程度、是否为党员、户主受教育程度、职业类型、家庭可支配收入的影响。具体来说,户主患病或户主职业类型为不干活、做农活及偶尔打零工时,其家庭更容易陷入金融资产贫困,而当户主为党员或受教育程度为高中及以上、家庭人均可支配收入为1万元以上时,该家庭更具有摆脱金融资产贫困的优势。(2)非金融资产中,从生活消费性资产贫困来看,能够对该维度资产贫困状态产生影响的因素有户主年龄、户主健康程度、家庭劳动力数量、家庭人均可支配收入。在生产性固定资产贫困维度,结果显示:户主年龄、民族、健康程度、是否为党员、职业类型、家庭人均可支配收入、是否移民均可对生产性固定资产贫困产生一定的影响。在住房资产维度,结果表明:户主的民族、受教育程度和家庭人口数量对维度的贫困有影响。(3)自然资源贫困的影响因素有:户主是否为党员、户主职业类型、劳动力数量对该维度资产贫困也具有显著的作用。(4)移民搬迁政策对所有指标的资产贫困均有影响。

在移民迁出区:(1)户主健康程度、职业类型、家庭人口数量、家庭人均可支配收入都是农户金融资产贫困状态的影响因素。其中,户主的健康程度为体弱多病或职业类型为不干活、干农活或打零工,家庭人口数量为2人或人均可支配收入超过1万元的农户更具有脱离金融资产贫困的优势。(2)非金融资产贫困维度由生产性固定资产贫困、生活消费性资产贫困和住房资产共同界定。在生活消费性资产方面,户主健康程度、劳动力数量和人口数量会对该维度资产贫困产生影响。具体来看,户主年龄为30~39岁的家庭更能够摆脱生活消费性资产贫困状态,而户主健康程度为体弱多病或长期慢性病的家庭陷入生活消费性资产贫困的可能性越大。在生产性固定资产方面,户主年龄、健康程度、职业类型、家庭劳动力数量、人均可支配收入将对生产性固定资产贫困产生影响。即户主年龄超过30岁、家庭劳动力数量较多或人均可支配收入为两万至三万元的家庭更容易跳出资产贫困陷阱;而户主健康程度为体弱多病的家庭,该维度资产贫困发生的可能性更高。在住房资产方面，户主受教育程度可以对其产生影响。(3) 户主职业类型和劳动力数量可以对自然资源资产贫困维度产生影响。结果显示：当户主的职业类型为在家做农活或打零工或家庭劳动力数量较多的家庭更有可能脱离自然资源维度贫困。

在移民安置区：(1) 金融资产贫困受户主年龄、民族、是否为党员、受教育程度及职业类型和家庭人口数量的影响。其中户主年龄较大、民族为汉族、职业类型为因身体原因不能劳动、人口数量较多的家庭更容易陷入金融资产贫困状态，而户主为党员、受教育程度在高中以上的家庭更具有摆脱净金融资产贫困的优势。(2) 非金融资产贫困中生活消费性资产贫困方面，户主的健康程度和家庭人口数量会对其产生影响。具体来说，当户主患有长期慢性病时，其陷入生活消费性资产贫困的概率将增加。而随着家庭人口数量的增多，家庭将更有望脱离生活消费性资产贫困状态。生产性固定资产贫困的影响因素为户主的民族、是否为党员、职业类型以及家庭人口数量。具体来看，当户主为汉族、党员、在家做农活、家庭人口数量为4人或5人时，其家庭越不可能处于生产性固定资产贫困状态。另外，研究发现，所有因素都不会对移民安置区农户的住房资产贫困产生显著影响。(3) 户主民族、是否为党员、户主职业类型、家庭劳动力数量、家庭人口数量对自然资源贫困状态影响显著。具体来说，户主为汉族、家庭人口规模多于4人时，家庭陷入自然资源贫困的风险将加大，而户主为党员、劳动力数量多、在家做农活的家庭则降低了农户陷入自然资源贫困的可能性。

7.3 移民政策对农户资产贫困影响分析

研究发现，生态移民政策会对农户金融资产贫困、生活消费性资产贫困、生产性固定资产贫困及自然资源贫困产生影响。下面，本书将进一步探讨对于每个参与生态移民的农户而言，在其他因素保持不变的情况下，该农户总资产、金融资产、非金融资产和自然资源及各维度资产贫困率的变化在多大程度上可以归因于生态移民工程的实施。由于国家对生态移民地区的选择并非随机分配，而是考虑一系列因素后决定的结果，因此，实验组和对照组成员的初始条件并不完全相同，如若不加区分地将非移民地区农户的情况作为移民区农户的反事实结果会产生明显选择偏误，所以不能通过简单的统计对比来确定生态移民工程对农户资产的影响。

为解决上述问题，使用倾向得分匹配方法（PSM）来尽可能地分离出实验本身对实验对象的净效应。该方法估计的基本思路是：将参与生态移民工程的处理组与未参与生态移民工程的控制组的样本进行逐一匹配，使处理组与控制组的主要特征尽可能相似，然后用控制组模拟处理组未参与生态移民工程（反事实）的状态，进而比较农户在参与生态移民工程后的资产差异。在此过程中，是否参与生态移民工程作为处理变量，属于0~1变量，根据拟合效果，本书选择二元选择模型Logit模型估计倾向得分，进而进行匹配。

7.3.1 变量选择

本书工作组主要研究生态移民工程对农户资产及资产贫困状况的影响，考虑到农户生活的各方面因素，借鉴相关文献研究成果（达古拉等，2010；王瑞娟等，2015），分别以农户家庭总资产（对数值）、农户家庭金融资产（对数值）、农户家庭非金融资产（对数值）和农户家庭自然资源（对数值）及各维度资产贫困率作为被解释变量，主要解释变量为是否为移民。另外，还控制了其他对农户移民产生影响的因素，包括户主年龄、户主职业类型、户主受教育年限、家庭人口数、劳动力数量、男性劳动力数量、户均受教育年限、家庭人均土地面积、家庭人均可支配收入9个变量。所采用的变量定义及描述性统计如表7-12所示。

表7-12　　　　　　　　变量描述性统计结果

变量名称	变量说明	均值	标准差	最小值	最大值
户主年龄	周岁	49.389	11.999	24	84
户主工作类型	1=不干活，2=只在家干农活，3=干农活，有时在当地打工，4=当地打工，5=外地打工，6=自营活动，7=乡村干部，8=教师，9=医生，10=当兵，11=其他	2.932	1.425	1	16
户主受教育年限	户主实际上学年数	6.312	4.206	1	16
家庭人口数	样本家庭人口数	4.659	1.386	1	10
劳动力数量	整半劳动力之和	2.511	1.015	0.5	8

续表

变量名称	变量说明	均值	标准差	最小值	最大值
男性劳动力数量	男性整劳动力：18~50 岁；男性半劳动力：16~17 岁，51~60 岁	1.349	0.668	0	4.5
户均受教育年限	单位：年	6.361	2.922	0	14.5
家庭人均土地面积	家庭人均土地面积 =（耕地面积 + 果树/林地面积）/家庭人口数	2.430	3.865	0	40
家庭人均可支配收入	家庭人均可支配收入 =（家庭经营净收入 + 工资性收入 + 财产净收入 + 转移净收入）/家庭人口数	10158.07	7762.456	360	61530

7.3.2 实证分析

7.3.2.1 倾向得分的估计结果

用 Logit 模型进行参数估计，使用倾向得分来度量个体之间距离的好处在于，它可以使匹配变量由多维转换为单维，且取值介于 [0, 1] 之间，Logit 模型的回归结果如表 7-13 所示。从表 7-13 中可以看出，Logit 模型回归的系数与边际效应的符号一致，且大多在 10% 的水平下显著。

表 7-13　　　　　　　　Logit 模型回归结果

变量	含义	系数	P 值	dy/dx	P 值
hostage	户主年龄	0.0514	0.000	0.0067	0.000
hostedu	户主受教育程度	0.0550	0.142	0.0072	0.139
hostocc	户主职业	0.1828	0.073	0.0239	0.070
pop	家庭人口	-0.1489	0.146	-0.0195	0.144
labor	劳动力数量	1.1654	0.033	0.1523	0.030
avereduy	户均受教育年限	-0.1546	0.004	-0.0202	0.003
malaber	男性劳动力数量	-1.2107	0.032	-0.1582	0.028
femlab	女性劳动力数量	-0.6107	0.241	-0.0798	0.239
preland	家庭人均土地面积	-1.7687	0.000	-0.2312	0.000
PCDI	家庭人均可支配收入	-7.54e-06	0.664	-9.85e-07	0.664

在以上变量中，户主年龄、户主职业、劳动力数量、户均受教育程度、男性劳动力数量、家庭人均土地面积对识别该农户是否为移民的作用是显著的，而户主受教育程度、家庭人口、女性劳动力数量和家庭人均可支配收入在移民与非移民之间并无显著差异。

7.3.2.2 平衡性检验

倾向得分估计的另一重要假设是平衡性假设，即平衡处理组与控制组农户之间解释变量的分布。为了检验该假定，本书在样本匹配完成后，进行了平衡性检验，具体结果如表7-14所示。

表7-14　　　　　　倾向得分匹配结果的平衡性检验

变量名	样本	均值 处理组	均值 控制组	标准偏误	T检验（p值）
户主年龄	匹配前	52.317	47.075	44.7	5.21（0.000）
户主年龄	匹配后	52.317	50.475	15.7	1.61（0.107）
户主职业	匹配前	2.975	2.8994	5.3	0.62（0.538）
户主职业	匹配后	2.975	2.9167	4.1	0.45（0.651）
劳动力数量	匹配前	2.5208	2.5032	1.7	0.20（0.841）
劳动力数量	匹配后	2.5208	2.4063	11.3	1.21（0.227）
家庭平均受教育年限	匹配前	6.0021	6.6398	-22.0	-2.55（0.011）
家庭平均受教育年限	匹配后	6.0021	5.6196	13.2	1.45（0.147）

续表

变量名	样本	均值 处理组	均值 控制组	标准偏误	T检验（p值）
男性劳动力数量	匹配前	1.3021	1.3847	-12.5	-1.44（0.151）
	匹配后	1.3021	1.2979	0.6	0.07（0.943）
平均土地面积	匹配前	0.4719	3.955	-106.7	-11.69（0.000）
	匹配后	0.4719	0.4190	1.6	1.43（0.153）

从表 7-14 可以看出，匹配较好地平衡了数据，匹配后所有变量的标准化偏差均小于 20%，相对匹配前的结果，多数变量的标准化偏差大幅减少，说明匹配效果较好。另外，匹配后所有变量 p 值均大于 10%，不能拒绝原假设，说明经过匹配后，PSM 消除了处理组与控制组样本的个体差异，因此，平衡性假定得以通过。

7.3.2.3 生态移民对农户资产的影响分析

本书使用最近邻匹配法测算了生态移民工程对农户资产（包括总资产、金融资产、非金融资产和自然资源）的影响作用，结果如表 7-15 所示。

表 7-15　　　　　生态移民工程的平均处理效应

匹配方法	资产指标	样本	处理组	控制组	ATT	标准误	T值	移民效应
最近邻匹配	ln_总资产	匹配前	12.4147	11.8847	0.5301	0.0596	8.90***	101356.5687
		匹配后	12.4147	11.5221	0.8926	0.1024	8.72***	145478.0731
	ln_金融资产	匹配前	6.9215	7.2395	-0.3180	0.1353	-2.35**	-379.5575
		匹配后	6.9215	7.3106	-0.3891	0.2887	-1.35	-482.1810
	ln_非金融资产	匹配前	12.3471	11.3216	1.0255	0.0528	19.43***	147704.8535
		匹配后	12.3471	11.3011	1.0460	0.1089	9.61***	149384.5785

续表

匹配方法	资产指标	样本	处理组	控制组	ATT	标准误	T值	移民效应
最近邻匹配	ln_生产性固定资产	匹配前	8.6648	9.4285	-0.7637	0.1118	-6.83**	-6642.5706
		匹配后	8.6648	9.1957	-0.5309	0.2446	-2.17**	-4059.7128
	ln_生活消费性资产	匹配前	8.9229	9.1575	-0.2346	0.0993	-2.36**	-1983.5012
		匹配后	8.9229	9.0896	-0.1667	0.1920	-0.87	-1360.4765
	ln_住房资产	匹配前	12.2650	10.7932	1.4718	0.0682	21.57***	163451.0461
		匹配后	12.2650	10.9271	1.3379	0.1320	10.14***	156476.0498
	ln_自然资源	匹配前	7.4203	10.8496	-3.4293	0.2160	-15.88***	-49844.0075
		匹配后	7.4203	9.1677	-1.7474	0.3461	-5.05***	-7912.7489

农户总资产。由表7-15可知，生态移民政策对农户总资产的影响显著，并且匹配后总资产的处理效应值增加，说明传统的回归方法会低估生态移民政策对于农户总资产的净效应。生态移民政策使农户总资产平均增加145478元，其中，非金融资产占有较大比重。

农户金融资产。生态移民政策对农户金融资产的影响并不显著。主要因为：农村地区由于教育水平落后，金融市场发展失衡等原因，导致农户的金融知识水平、金融市场的参与度普遍较低，移民前后农户金融资产的积累较少。

农户自然资源。生态移民政策对农户自然资源的影响显著为负，而用一般的回归方法会严重高估该政策对于农户自然资源的负面作用。六盘山地区特有的地形地貌使资源变得稀缺，以及在搬迁调整过程中的制度瓶颈都会使得搬迁农户在安置地无法得到较之前同等的土地面积。自然资源的减少，反映出移民搬迁后移民农户对原有耕地林地相应权利的放弃以及在经济发展的过程中，对耕地林地的征用所造成的农户原有相应权利的减损。综合PSM估计结果来看，移民后农户的自然资源持有量平均减少了7912.75元。

农户非金融资产。生态移民政策对农户的非金融资产具有显著的正向影响，为进一步探究非金融资产增加的原因及结构，我们对非金融资产所包含的生产性固定资产、生活消费性资产和房屋三部分分别测算了ATT值，结果发现，在非金融资产的增加中，房屋价值的增加占据了很大比重，并且通过了显著性检验，而生态移民的实施对于生产性固定资产具有显著的负向影响，农户的生产性固定资产在移民后平均减少了 4059 元，对于生活消费性资产的影响不显著。其原因在于：移民之前农户房屋结构大部分为土木结构，而移民后，所有房屋都是砖混结构，且大多安置在城市附近，水电暖齐全，使用面积普遍大于移民前，因此其房屋价值相比于山区的非移民户来讲有了很大的提升。另外，很多移民农户选择在原有住房的基础上进行扩建，进一步加大了与非移民户房产价值的差距。

7.3.2.4 生态移民对农户资产贫困状况的影响分析

通过对表 7-16 的结果分析后可知：对于金融资产贫困而言，移民政策对于农户金融资产贫困的影响不显著。对于非金融资产贫困而言，在生产性固定资产维度方面，生态移民政策使该维度的资产贫困发生率显著提高。如表 7-16 所示，未参与生态移民工程农户的生产性固定资产贫困发生率为 32.08%，移民安置区农户在该维度的资产贫困发生率为 57.92%，平均上升了 25.83%。而在生活消费性资产维度，生态移民政策的实施使生活消费性资产贫困发生率显著下降，具体来说，控制组即未参与生态移民工程农户的生活消费性资产贫困发生率为 24.17%，移民安置区农户的生活消费性资产贫困发生率降为 13.33%。也就是说，生态移民工程使得农户的生活消费性资产贫困发生率显著下降了 10.83 个百分点。另外，结果显示：在住房资产方面，生态移民工程使农户的住房资产贫困发生率上升了 6.25%。

表 7-16　　　　　　生态移民工程的平均处理效应

匹配方法	资产指标	样本	处理组	控制组	ATT	标准误	T 值
最近邻匹配法	金融资产贫困	匹配前	0.3542	0.5162	-0.1621	0.0423	-3.83***
		匹配后	0.3542	0.3917	-0.0375	0.0774	-0.48
	非金融资产贫困							
	生产性固定资产	匹配前	0.5792	0.2272	0.3518	0.0391	9.00***
		匹配后	0.5792	0.3208	0.2583	0.0764	3.38***
	生活消费性资产	匹配前	0.1333	0.2110	-0.0777	0.0327	-2.37**
		匹配后	0.1333	0.2417	-0.1083	0.0640	-1.69*

续表

匹配方法	资产指标	样本	处理组	控制组	ATT	标准误	T值
最近邻匹配法	住房资产	匹配前	0.0791	0.0422	0.0369	0.0201	1.83*
		匹配后	0.0791	0.0167	0.0625	0.0294	2.12**
	自然资源贫困	匹配前	0.3167	0.1851	0.1316	0.0365	3.6***
		匹配后	0.3167	0.4583	-0.1416	0.0783	-1.81*

对于自然资源资产贫困而言，无论是匹配之前还是匹配之后，生态移民政策对于农户自然资源贫困发生率的影响均是显著的。但需要注意的是，若不加区分地将参与生态移民工程与未参与生态移民工程农户的自然资源贫困直接进行对比，那么所得出的结论是生态移民政策的实施提高了自然资源资产贫困的发生率。但若将参与生态移民工程的处理组与未参与生态移民工程的控制组的样本进行逐一匹配，使处理组与控制组的主要特征尽可能相似后，再将自然资源资产贫困差异进行比较，那么所呈现出来的结果则与匹配前的结果截然相反，即生态移民政策可以显著降低农户自然资源资产贫困发生率。如表7-16所示，移民迁出区农户的自然资源资产贫困发生率为45.83%，移民农户自然资源资产贫困发生率为31.67%，平均下降了14.16个百分点。以上结果表明，传统的分析方法会误判生态移民政策对于农户自然资源资产贫困的作用方向。另外，生态移民政策更有益于极端贫困人群和拥有人均耕地面积较少的农户，同时缩短农户在自然资源方面的差距。

7.3.3 简短讨论

生态移民政策使农户的总资产得到显著的提高，并改变了农户资产持有结构，对资产贫困状况起到了一定了减缓作用。较迁出区来说，安置区农户非金融资产持有量显著增加，金融资产变化不显著而自然资源持有量减少。其中，对于非金融资产持有量的提高主要由于移民户房屋价值的增加。具体来看，参与生态移民工程会使农户总资产平均提高145478.07元，非金融资产平均提高149384.58元，同时使农户的自然资源平均减少7912.75元。另外，我们还发现，运用传统的回归方法评估生态移民政策对农户资产的影响会明显低估该政策真正的正面作用，同时放大其负面影响。

对于农户资产贫困状况的影响,我们发现,生态移民政策对农户金融资产贫困发生率的影响不显著,但对非金融资产贫困中的生产性固定资产贫困发生率和住房资产贫困发生率具有正向作用,同时显著降低农户生活消费性资产贫困和自然资源资产贫困的发生率。具体来看,生态移民政策使生活消费性资产贫困发生率下降10.83%,自然资源资产贫困发生率下降14.16%,同时使生产性固定资产贫困发生率上升24.17%,住房资产贫困发生率上升6.25%。结合前面的结果来看,尽管生态移民工程使农户住房资产贫困率上升,但也使农户的住房质量和居住环境得到了普遍的提升。

第 8 章

资产扶贫案例分析

8.1 "政融保"金融扶贫

在金融扶贫工作面临资金缺口和资金风险等问题的情况下,保险在扶贫工作中应发挥更重要的作用。2015年7月,中国人民保险普惠金融事业部推出"政融保"产品,该产品由中国人保财险与地方政府合作,其目的是支持农融资、支持地方农业产业化发展,解决农户面临的融资问题,为三农发展提供金融服务。经过项目试点,"政融保"金融扶贫模式已逐步面向全国推行。本书研究不同地区"政融保"金融扶贫模式的共性与差异,找出"政融保"模式运行中存在的问题,据此提出相关建议,对提高扶贫资金的使用效率,加快贫困地区、贫困农户脱贫致富有着重要的现实意义。

8.1.1 "政融保"金融扶贫参与主体与运行模式

8.1.1.1 "政融保"金融扶贫参与主体

"政融保"模式参与主体有政府、银行、人保财险及被帮扶对象。图8-1显示了参与主体之间的关系。政府负责引导项目的运行,提供政策支持与财政补贴;银行提供资金支持,及时监测扶贫过程中的风险并采取相应措施；人保财险通过发挥保险保障功能，有效防范扶贫过程中的信用风险和市场风险，分散贷款风险，吸引更多金融资源参与；被帮扶对象包括建档立卡贫困户与新型农业经营主体，是项目的受益者，反映着项目实际效益。"政融保"项目运行合理有效，就会促进农户增收，助力脱贫攻坚。

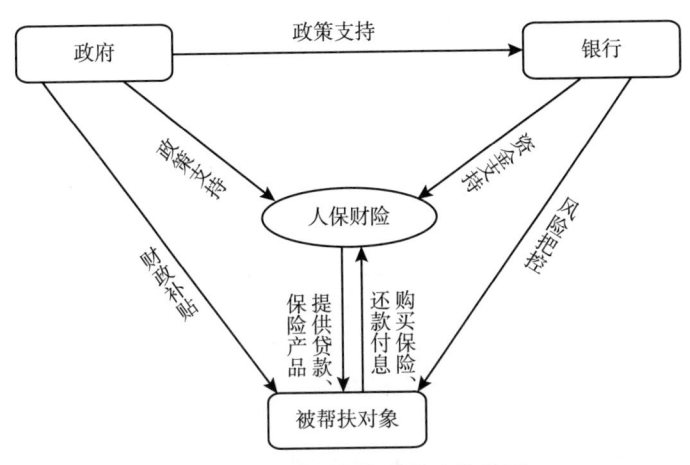

图 8-1 "政融保"参与主体关系

8.1.1.2 "政融保"金融扶贫运行模式

"政融保"由中国人保财险与地方政府合作，为融资主体提供风险保障与资金支持。图 8-2 是"政融保"金融扶贫运行模式。在风险保障方面，人保财险提供特色涉农保险及保证金保险，保障农户农业生产收益安全及贷款资金回收安全。政府提供相关政策扶持与担保增信，政府发挥信用优势，有效增加金融机构参与融资积极性。在资金支持方面，人保财险募集专项保险资金，通过带动金融机构与社会公益性组织等主体参与融资，并发放扶贫贷款为新型农业经营主体提供金融支持，政府对参与融资主体提供财政补贴。

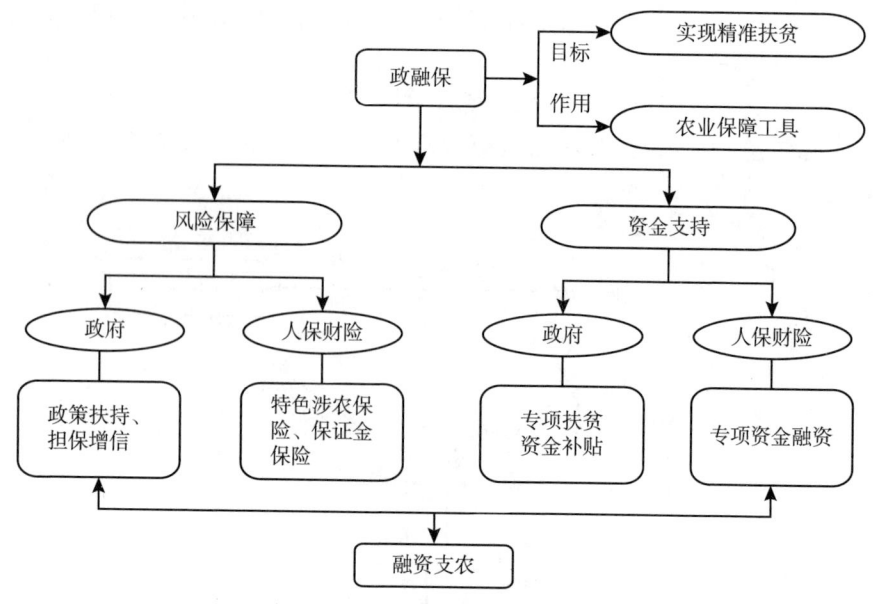

图 8-2 "政融保"的运行模式

8.1.2 代表性试点"政融保"模式分析

8.1.2.1 河北"政府支持+保险融资+保险保障+担保保证"模式

2016年6月,"政融保"模式率先在河北阜平县展开试点,以农业保险为突破口,由政府提供政策扶持,出资设立担保公司,金融机构参与融资支持,人保财险提供贷款资金及农业保险保障,通过保险兜底,稳定金融机构风险预期,有效解决贫困地区农户面临的融资困难。

项目合作机制。人保财险与阜平县政府指定的"惠农担保"公司对申请融资的农户进行评审,担保公司为符合标准且双方一致同意的客户方提供贷款资金全额担保服务,各方签订合同后,担保公司建立贷后监督管理、风险评估机制,政府为"惠农担保"公司提供资金支持。贫困户及新型农业经营主体可根据需求获得融资支持。

"联办共保"经营模式。中国人民保险与阜平县政府共同探索建立"联办共保"农业保险经营模式,双方共同管理,风险共担。保费收入双方各分成50%,保险赔款也由双方各自承担50%。阜平县政府注资设立保险保障基金，若当年理赔金额小于保费收入，保费结余自动转存在保险基金内。

创新保险产品。人保财险公司针对阜平县当地农业种养特色，因地制宜开发食用菌、蜂业、杂粮等 31 款农业保险产品，将农户因自然灾害与市场价格波动遭受的损失纳入保障范围，使农户的收益得到保障。另外，政府对购买农业保险扶贫产品农户财政补贴保费的 80%，农户自缴 20%；商业保险产品由新型农业经营主体自愿购买，政府补贴保费的 60%，农户自缴 40%。

"政融保"项目在河北省推行成效。截至 2018 年 6 月，河北阜平县"政融保"项目累计向 1.12 万户农户发放贷款金额 10.78 亿元，涉农企业 149 家，涉及金额 5.86 亿元。阜平县模式已在沧州市、保定市等地推广，项目撬动扶贫支农贷款资金 12.5 亿元，受益农户累计 7.93 万户。

8.1.2.2 河南"党建引领+干部推荐+融资支农+保险保障+财政贴息"模式

2016 年 7 月，中国人保财险在河南沈丘县、卢氏县等地试点开办"政融保"项目。2017 年 5 月，河南省政府相关部门与人保财险河南省分公司共同实施面向全省的"政融保"产业扶贫项目。

项目合作机制。该模式由党组织干部成立项目领导小组，驻村第一书记协调贫困户及新型农业主体做好项目对接。人保财险与银行业金融机构加强合作增加融资资金，由人保财险为融资对象提供保险服务，政府为融资对象提供财政补贴，尽可能减少农业经营过程中不确定因素造成的损失。龙头企业与农户形成利益联结，带动农业产业化发展，增加农民收入。

财政补贴支持。财政部门对参与"政融保"项目的农业经营主体予以财政贴息支持，建档立卡贫困户按照银行基准利率融资，融资期限为 12 个月，涉农企业融资利率不超过 6%，由财政按融资利率的 50% 提供贴息，融资主体在 6 个月至 3 年内可循环使用。

强化组织机构。为强化项目落地实行，河南省政府相关部门成立项目推进领导小组和办公室，建立工作推进机制、定期考核机制，完善扶贫服务体系。中国人保财险河南省分公司健全支农融资服务团队，选拔业务骨干，加大人保财险与驻村第一书记对接，为项目推广落实奠定了坚实的组织保障。

"政融保"项目在河南省推行成效。"政融保"产业扶贫项目已在河南多地落地实施，截至2018年5月，"政融保"项目在河南省内已完成授信25亿元，审理项目451个，落实融资额8.04亿元，支持9619个贫困户有效脱贫。

8.1.2.3 四川"政府支持+保险融资+保险保障+担保保证+再担保"模式

2017年11月，四川省首个农业产业扶贫"政融保"项目在叙永县落地。2018年8月，人保财险四川分公司与巴中市秦巴农业担保公司、四川再担保公司在全国率先推出"险资直投、再担保风险"新思路，实现信贷风险由政府、保险机构、担保公司、再担保公司各方共担。

项目合作机制。政府根据人保财险四川省分公司授信额度和各县（区）人民政府融资额度申请，征求人保财险公司意见确定"政融保"合作县（区）。由县（区）人民政府与人保财险四川省分公司签订"政融保"互动合作协议，指定经人保财险公司确认的融资担保公司为支农融资提供全额连带责任担保。政府将"政融保"支农融资纳入银行投放的同类资金给予政策扶持，带动金融机构参与积极性。

建立代偿基金。人保财险四川省分公司与市级农业担保公司建立共管账户、共同管理风险保障代偿金，降低了融资主体的贷款成本。四川再担保支持融资担保机构为符合条件的新型农业经营主体提供贷款担保，有效分散政府、人保财险、担保公司、金融机构的信贷风险，拓宽担保融资渠道，引导更多金融活水流向"三农"等薄弱领域。

财政补贴及保险保障。市级财政每年补助担保额3%担保费，风险每年补助担保额2%，差额部分由市县级财政按5:5分担。新型农业经营主体，农户及专业合作社融资金额不超过200万元，涉农企业不超过1000万元，年利率5%，担保费率2%。人保财险四川省分公司为融资主体提供最优融资利率，并配套特色惠农保险。

"政融保"项目在四川省推行成效。2018年，巴中、达州两地累计放款57笔，落地资金5070万元。直接受益于农业企业发展的农村人口达6万人，农业企业发展带动农村就业率增加，间接受益农村人口达10余万人，受益建档立卡贫困户1万多人。

8.1.3 代表性试点"政融保"扶贫模式对比分析

8.1.3.1 "政融保"金融扶贫模式共性分析

目标方向一致。"政融保"金融扶贫模式,为建档立卡贫困户及新型农业主体在农业种养殖、农产品加工销售环节与国家重点支持扶贫项目、精准扶贫项目等方面提供资金支持,目的是解决贫困户及新型农业主体融资难题,带动农业产业化发展。

政府发挥导向作用。在"政融保"项目推行过程中,政府及相关部门充分发挥财政资金的杠杆效应和导向作用,引导保险公司、金融机构、担保公司参与扶贫小额信贷融资及担保并给予相关政策扶持,财政补助,对参与"政融保"项目的农户及新型农业主体提供政策扶持、财政补贴、保费补助等支持。

切实有效达到扶贫目的。"政融保"金融扶贫模式的实施,为"三农"发展注入了活力,促进当地农业产业化发展,增加农民就业岗位,带动大量贫困户及新型农业经营主体增加收入,实现贫困地区精准脱贫,稳定脱贫。

8.1.3.2 "政融保"金融扶贫模式差异分析

参与主体行为方式不同。河北省扶贫项目主体有政府及其相关部门、金融机构、人保财险、担保公司、贫困户等,采用人保支农融资、政府增信担保和联办共保等方式。河南省参与主体有基层党组织、金融机构、人保财险、涉农企业与农户等,采用党组织引导协调、驻村干部咨询推荐和财政提供利息补贴等方式。四川省参与主体有政府、金融机构、人保财险、担保公司、再担保公司、贫困户等,采用再担保风险、风险保障代偿和特色惠农险等方式。

政府补贴方式不同。河北省政府与人保财险按5:5的比例共同管理保费、共担理赔风险;河南省政府按一定比例对贫困户及新型农业经营主体提供差异化财政补贴;四川省政府对参与项目的人保财险、担保公司及再担保公司提供一定的费用补助。

担保机构参与度不同。河北省政府出资设立"惠农担保"公司为新型农业经营主体融资贷款提供全额担保,有效降低参与各方承担的风险。河南省由党组织引领，驻村第一干部筛选推荐符合标准的融资主体，开展"政融保"项目的市级政府发挥信用优势，为融资主体提供统一担保。四川省在担保公司保障融资资金安全的基础上，再担保公司进行反担保，并建立代偿基金，极大分散了融资各方所承担的不确定性风险。

8.1.4 "政融保"金融扶贫模式推广存在的问题

政府推广成本高。"政融保"的推广需要大量财政资金的补贴。由于各省区之间财力状况和贫困程度有一定的差异，政府政策及资金支持力度会有所不同。但贫困地区的政府财政力量普遍薄弱，对项目推广提供资金支持能力有限，难以形成小额贷款贴息帮扶的长效机制，导致项目推广进展缓慢。

农村地区保险服务不健全。人保财险的服务范围覆盖广大的贫困地区，但在农村地区尤其是贫困地区保险机构网点覆盖率不够高，部分县域设立中国人保财险的三农服务站，存在专业化服务人员配备不足、助农便携取款点等配套设备和服务机制不健全等问题，导致许多工作落实仍然不到位，保险机构难以迅速有效地为所有农业经营主体提供专业化的保险保障服务，影响项目的推广落实。

金融机构承担风险较大。金融机构为农业经营主体发放贷款面临一系列风险，较为普遍的有自然风险、市场风险和信用风险。若借款方还款能力出现问题，就会影响金融机构的本金及利润收回，与金融机构的商业利益目标相悖，因此部分金融机构参与融资扶贫积极性不高，不愿为贫困人口提供贷款资金。

担保公司参与积极性不高。贫困地区普遍存在信贷担保机制不健全的问题，在"政融保"产业扶贫项目中，担保公司需要承保的客户为新型农业经营主体，有业务规模小、管理能力差、技术能力低、抗风险能力弱等问题，担保公司承担着较大的风险。因此，商业性担保公司参与度较低，部分地区有政策性担保公司为农业经营主体提供贷款担保，但会面临财政资金拨付不及时或额度减少的情况。

参与各方工作合力不强。"政融保"各参与主体在实行过程中仍存在一些问题。一是驻村第一书记对项目理解不够透彻，推荐项目不符合标准，贫困户对政策及项目不了解；二是人保财险业务和"政融保"项目有机融合度不足，存在保险机构相关业务人员对项目操作流程不熟练、办事效率低等问题；三是金融机构参与项目积极性不高。

8.1.5 "政融保"模式推广建议

完善保险基层服务体系。推进三农保险基层服务体系的建设，由县乡一级政府发挥主导作用，推动政策以及人力、物力、财力等资源的落实。保险机构建立专业的保险服务队伍，利用专业的知识和技术优势对三农保险基层服务建设提供相应的技术支持。加强三农服务站建设，提升农业保险服务能力，实现金融保险扶贫、产业扶贫和科技扶贫有机结合，提高农村保险扶贫服务效率。

完善金融扶贫激励机制。政府主导构建多层次的金融扶贫保障机制，通过税收优惠、贷款贴息、风险补偿等优惠政策，调动金融机构、担保机构、保险机构、社会公益性组织等参与农村扶贫的积极性，带动多部门合力参与农村金融扶贫。对于金融机构、社会公益性组织提供支农资金支持，担保机构、保险机构提供贷款担保履行社会责任扶持农业产业化发展的，政府应加大政策倾斜力度。

完善农村信用体系。新型农业经营主体作为融资需求方，其信用系统较不健全，要求融资银行、保险公司与担保公司等小额信贷提供方通过信息实时公开和共享，对融资主体的信贷情况、还款能力有较为全面的掌握，为他们的经营决策提供参考。人民银行发挥主要作用，构建完整的融资主体信用评价体系，通过建立信息共享平台，将新型农业经营主体信息系统化，为小额信贷提供方获得融资主体信用信息提供有效途径。

参与主体各方协同合作。一是相关参与机构应加强培训平台和人才队伍建设，提高相关参与机构的业务水平，调动农业经营主体参与积极性。二是加强政府、银行和担保机构三方合作对话，政府应赋予银行根据实际情况调整贷款利率的自主权；改变担保机构承担全额风险的弱势地位，引导多方积极参与，分散风险。三是引导保险公司、金融机构、担保机构等积极开展"政融保"业务，各方各司其职、协调配合、互相联动，才能实现共赢，促进扶贫项目更好的落实推广，带动贫困地区脱贫致富，助力全面建成小康社会。

8.2 "农机合作社"精准扶贫

8.2.1 农机合作社的参与主体与运行模式

8.2.1.1 农机合作社的参与主体

农机合作社的参与主体有政府、市场、市场主体、社会主体等,共同组成农机合作社的外部环境;还有贫困户、农户、种植大户、资金组织者、合作经济组织专业经营者等,共同组成农机合作社的内部环境。通过内外部环境的相互作用,推动农机合作社的稳定运行和发展。

其中,核心发起层为掌握资金、土地、技术、行业经验丰富的带头人,包括村委会、村干部和有觉悟的村民,他们具备创新意识及市场参与意识,可以组织指导农机合作社的建立;核心参与层由加入农机合作社的大户、农户和贫困户组成,此层级往往受核心发起层的示范影响和利好预期而附着、尾随核心发起层,属利益共同体;干预与反干预层为政府,当前政府在资源方面仍有巨大优势,贫困地区的农机合作社对政府资源的依赖性强,合作社与当地政府的互动状况决定着合作社的生存状态;博弈层为农机合作社参与经济活动的市场,在市场活动中市场主体的博弈直接体现在与收购加工产品企业的博弈、与原材料收购的定价博弈以及与同类型的农机合作社的竞争博弈。具体情况如图8-3所示。

8.2.1.2 农机合作社的运行模式

根据所在地区资源环境的差异,农机合作社参与贫困治理的模式也不一样,大致可分为特种养殖产业合作模式、股份分红合作模式和"产业+股份分红"模式三种类型,这三种类型相互联系又相互区别:第一种模式强调贫困户以土地、劳动力加入合作社,按照合作社内的统一标准组织生产,通过合格产出品的销售量来获得利润;第二种模式强调股权与经营权分离,贫困户以农户资产、土地、资金、技术等方式入股,委托合作社统一经营管理,按照股份获得一定比例的收益分配;第三种模式侧重考虑政策兜底贫困户,以入干股分红或者按照贫困系数参与净利润的捐赠。

图 8-3 农机合作社参与主体关系

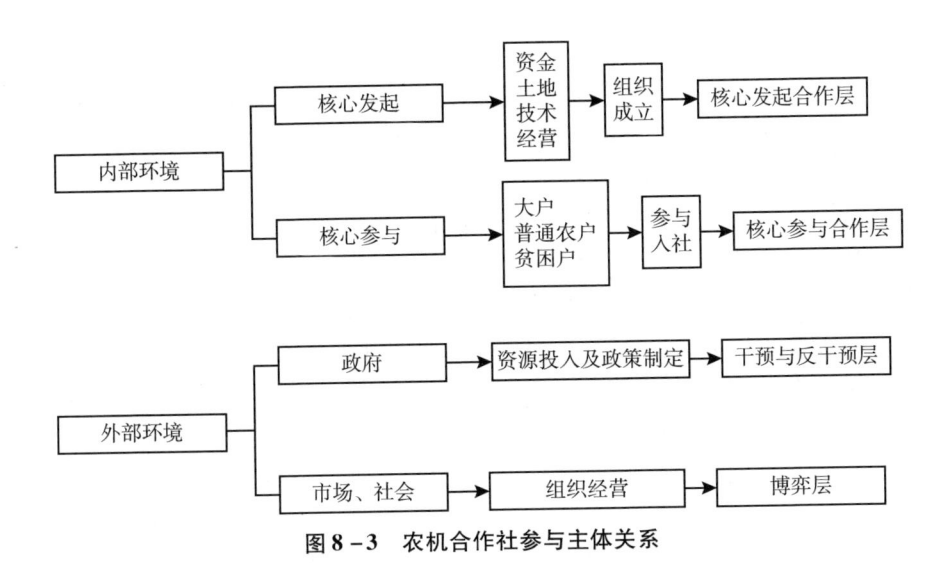

8.2.2 代表性地区农机合作社发展模式分析

8.2.2.1 黑龙江省克山县农机合作社发展模式

2009年，黑龙江省出台了一系列政策支持农机合作社的发展，规定注册资金达到1000万元的农机合作社，政府将补贴60%的农机购置费用。在政策的鼓励下，李凤玉带领其他6户村民共出资850万元注册成立"克山仁发农机合作社"，合作社获得了1234万元的农机具购置国家配套补贴，总投资额达2084万元。仁发合作社在实现盈利后不断吸纳本县其他农机合作社进行合作，后成立仁发农业发展有限公司，带领克山县农民群体脱贫致富。仁发合作社在实践中以土地、资本、劳动等要素聚合为核心，以经营机制创新为主线，扭亏为盈，具体表现为：

要素利益联结机制的转型。仁发合作社发展模式不断完善农机资本与土地、劳动等要素的利益联结方式，经历了"代耕服务+租地自营""带底入社+保底分红"和"取消土地保底+按股分红"三个阶段，最终实施以"带地入社+按股分红"为核心的利益联结机制，有效破解了经营土地规模不足、农机资本与土地要素比例失调的问题，发挥了大农机的技术优势，提高了土地产出和农民带地入社的积极性，激发了农机资本、技术的活力，合作社经营取得了巨大成效。

内部生产管理机制的转型。生产承包责任制回归，在联合与合作的基础上，建立多种形式的"包干责任制"，是仁发合作社内部经营管理机制转型的重点。2013年合作社将承包责任制引入土地的经营管理，5万亩入社土地被分为22个集中连片区域，每个区域指定一名承包者，实行土地经营目标化管理责任制，调动了员工的积极性，降低了监管成本，提高了管理效率。在农机管理方面，仁发合作社采用农机"单车核算"管理办法，推行"五定一奖惩"承包责任制，提高了农机手的积极性。

农业产业结构的升级转型。仁发合作社发展转型主要表现为适应需求变化，调整种植结构，推进产业升级，增加土地收益，获取产业升级利润。2015年后玉米价格下跌、售卖困难，仁发合作社主动调整农业结构，向有机上调，向绿色高效作物上调，走品牌化经营道路。通过打造"仁发绿色庄园"品牌，组建"仁发特卖"网络营销平台，推进有机产品电商销售。

农业经营组织形式上的转型。将合作社与公司企业治理机制融合，延伸产业链，提高产品附加值，是仁发合作社组织化转型的方向。2015年仁发合作社联合当地大型农机合作社共出资4000万元建立仁发农业发展有限公司，围绕加工马铃薯、甜玉米等延伸产业链，以产能模块为基础开展产业化经营，帮助仁发合作社经营范围由种植向加工延伸。

2017年末，仁发农业发展有限公司（原仁发合作社）固定资产5789万元，机械装备132台套，覆盖面积50万亩。入社成员已由2010年的7户发展到1014户，入社土地由1100亩扩大到5.6万亩，合作社盈余由亏损到2016年的每亩分红604元。仁发合作社发展模式转变了农业生产方式，提高了土地产出率，增加了农民收入。以社员带地入社为核心，以现代农机为载体，以生产合作为纽带的仁发合作社发展模式受到中央的高度重视，也是全国农机合作社发展创新的典范。

8.2.2.2 宁夏回族自治区同心县农机合作社发展模式

2012年为助力精准扶贫，宁夏回族自治区财政扶持同心县935万元，鼓励农户自筹资金创办农机合作社，省财政扶持资金与农户自筹资金占比各为50%。这一举措充分调动了农民的积极性，推动了当地农业经济的发展，实现了粮食产量的增收，农民收入增加。此后同心县政府采取多项措施，积极推动农机合作社的发展，具体包括：

政策扶持引导。为促进全县农机合作社不断发展壮大，同心县农机中心对已发展成功或符合培育发展条件的农机合作社给予多方面扶持，促进其发展。首先是农机购置补贴政策向农机合作社、农机大户倾斜，2012年同心县发放农机购置补贴300余万元；其次是利用农机的项目投入对农机合作社优先支持，2012年同心县被农牧厅定为玉米全程机械化示范县，确定玉米机械化示范园区9个、旱作区马铃薯机械化示范园区1个、保护性机械化耕作项目1个，在这些实施的项目中，优先扶持农机合作社的发展。

农机技术培训。农机技术培训能够有效提升农机操作人员对新的农机设备的认知程度，提高农机从业人员的专业素质和业务水平，可以降低农机事故发生的概率，提高消除事故隐患的概率，保障农民生命财产安全。同心县农机部门通过举办专题讲座、技术研讨会和培训班的方式，利用报纸、广播电视和网络等媒体，开展多种丰富多样的宣传培训活动。采取理论与实践相结合、农机与农艺相结合的方式，主要对相关农机的操作方面的知识进行讲解，使相关工作人员能够熟练掌握农机的使用方法、安全常识以及相关收获机械的使用方法，国产和进口大型农机具的维护、保养、常见故障的诊断与检修等。

扩展农机社会化服务主体。基于市场需求和农机管理部门的引导和大力扶持，同心县不同层次、不同经济成分、不同经济组织形式的新型农机合作组织以及农机大户、农机专业合作组、作业公司等适应当今市场需求的新型农机服务组织蓬勃发展，加快了农机服务的社会化、专业化和市场化的进程。

2014年末，同心县共有农机专业合作社14家，其中农机作业公司1个，农机手人数达412人，拥有大中型农机具、联合收割机、配套农具等各类农业机械613台套，资产总值达1017万元，常年聘用专业技术人员20人，实现经营性收入370余万元，同心县的主要农作物耕种收综合机械化水平已达到53.9%。

8.2.2.3　安徽省寿县农机合作社发展模式

2017年，为推动当地农机合作社发展，安徽寿县政府农机补贴资金投入7802.77万元，年度使用资金2247.15万元，补贴各类农机具1511台套，补贴受益农户1126户。同时，县政府财政部门设立农机技术推广经费，大力推广秸秆还田技术、粮食烘干技术、农作物植保技术、农机农艺融合技术等机械化生产技术。自2017年起寿县政府出于农业实际考虑，采取多项措施，积极推动农机专业合作社的发展，力促农机服务的规模化和市场化，推动农机化进程助力精准扶贫。具体包括以下几点：

第一，法律层面扶助。2017年起，寿县政府先后制定了《农机安全生产工作制度》《寿县农机化信息公开技术》《寿县农机购置补贴投诉处理制度》《寿县农机购置补贴信息公开制度》《寿县农机购置补贴产品产销企业违规行为处理制度》《寿县拖拉机和联合收割机登记业务工作规范》等各项工作制度和规范，加强农机化管理的制度化和规范化，对全县农业机械化管理进行明确和规范。

第二，项目资金补助。2017年7月，寿县政府设立促进现代农业发展专项资金，用于支持现代农业生产发展，专项列入政府年度财政预算。对新认定为国家级、省级、市级示范社或家庭农场一次性给予6万元、4万元、1万元的奖励；对日处理能力10吨、20吨、30吨以上的新建烘干机械设施一次性补助2万元、3万元、5万元；县政府设立专项经费推广农机技术，实行农机购买补贴。

第三，开展技术培训。寿县政府对规模大、生产服务水平高、社会化服务水平强的农机社进行重点扶持，鼓励其承担农机化推进建设任务；提供技术支持，组织农机社成员进行专业技术学习，提高实用技能水平和服务质量；引导有条件的农机社按照"五有""五化"标准加快建设改造步伐，鼓励其扩大服务范围、延长产业链、实现规模化"一条龙"服务。

2018年末，寿县新增各类农业机械设备2642台，农作物耕种收综合机械化水平达到87.05%，机耕、机播、机收作业面积分别为285.21千公顷、199.06千公顷、281.3千公顷，主要农作物水稻、小麦、大豆机械化作业水平都达到85%以上，粮食总产量154.48万吨。寿县农机专业合作社具备全程机械化生产能力的有20家，有部级、省级、市级示范社分别为1家、5家、6家，实现农林牧渔业总产值89.52亿元，充分响应习近平总书记"精准扶贫"的号召，带领寿县农民脱贫致富。

8.2.3 代表性地区农机合作社发展模式对比分析

8.2.3.1 农机合作社发展模式共性分析

目的方向一致。农机合作社是农民专业合作社的重要组成部分，是当前农业经营体制机制创新的重要推进力量，是传统农业向现代农业转型的必然产物，其发展有效地改善了家庭联产承包制的弊端，提高了农业生产效率。农机合作社不断向专业化、市场化、服务化的方向发展,持续完善监管体系,增加社会化服务方式,与国家精准扶贫政策相契合,帮助农民脱贫致富。

政府引导扶助。在农机合作社发展过程中,各地政府给予了充分的财政支持和政策扶持。通过逐年加大农机购置补贴力度鼓励农户集资开办农机合作社,不断引进先进人才对农机相关从业人员进行技术培训,完善法律法规保障农机的安全与维护,鼓励农机合作社进行经营组织上的转型,为农机合作社的发展保驾护航。

实现扶贫目标。近年来农机合作社的发展,推动了各地农业机械化的进程,创新了农业经营方式,带动了当地农业经济的发展,提高了农民的农机技术水平,增加了贫困户的收入,提升了扶贫的效率,将财政资金更精准地用在了贫困居民身上,响应了国家精准扶贫的号召,实现了贫困地区的脱贫增收。

8.2.3.2 农机合作社发展模式差异分析

参与主体侧重点不同。克山县仁发农机合作社发展较早,由核心发起层带领社员成功完成了要素利益联结机制、内部生产管理机制、农业产业结构和农业经营组织形式上的转型,是受到全国关注农业经营方式创新实践的典型,其发展侧重于参与主体的内部环境;精准扶贫方略提出时,农机合作社的运行模式趋于成熟,此时更加需要政府的财政和政策支持,同心县和寿县的农机合作社发展过程中,政府这一"引导者"扮演了更为重要的角色,其发展侧重于参与主体的外部环境。

财政补贴方式不同。克山县和同心县政府通过补贴农机购置费用鼓励农民集资创办农机合作社,补贴额度分别为60%和50%,资金主要投入对农机新机具新技术的引进、试验和推广;寿县政府则在众多农业项目上设置了市级补贴,设立农业专项资金,采用以奖代补的方式,鼓励农机合作社开展各种农机财政专项和基础设施营建。

发展方向不同。克山县仁发合作社在2015年后与本县大型农机合作社共同成立仁发农业发展有限责任公司,打造"仁发绿色庄园",将经营范围由种植向加工延伸,延伸农产品产业链,提高产品附加值,成功地在农业经营组织形式上完成了由合作社向企业的转型;同心县和寿县政府通过对农机工作人员进行技术培训,提升农机服务的质量,扩展农机社会化服务项目,鼓励新农机合作社的成立和大型农机合作社业务往来,推动整个农机行业持续健康发展。

8.2.4 农机合作社发展模式中存在的问题

农机推广成本高。农机合作社的发展离不开对农业机械的投入，需要大量的资金支持。尽管国家在促进农业发展方面投入大量财力，但是农机化推进方面占比较少，农机购机补贴低、补贴资金结算周期长。大部分农民群体要通过金融信贷购买农机，但是银行的高借贷利率和高门槛超出了农民群体的负担水平，无法负担购置大型农机具的费用。

专业人才匮乏。农机合作社对年轻人和专业人员吸引力有限，当前产业相关人员多为农户或大龄社员，学历低、专业性差、培训效果不佳，对于现代化农业和新型农机了解较少，不能适应现代农机发展，导致农机化宣传和推广效果差。大多数农机社和农民尽管购买了先进的农机设备，但不了解其特点、性能、维护方式，大大降低了农机的使用效率。

社会化服务水平低。虽然新型农机服务主题培育加快，但农机社会服务组织化程度低，无法满足农户对农机作业服务多样化需求。当前组织规模和服务能力兼具的农机合作社数量较少；农机作业服务领域窄，主要集中于农作物的耕种及收割，几乎不涉及农产品的处理与加工；农机作业服务空间小，大部分农机服务业务仅限于各自县（镇）行政区域内，农机跨区作业服务规模小、项目少。

基础设施和公共服务建设薄弱。近几年购机补贴政策的实施使得全国各地农机具保有量快速增长，但农机基础设施和公共服务建设滞后于农机装备数量增长的矛盾越来越突出。一方面与农机配套的机耕道、机库棚、维修站等基础设施落后影响了农机作业的通行、存放和保养维修；另一方面农机监理机构的监管、农机部门技术信息和作业市场信息的收集发布等公共服务无法满足现代化农业发展的需求，已经成为制约农机化发展的因素。

8.2.5 农机合作社发展模式的政策建议

加大财政扶持力度。增加资金投入是推进农机合作社发展的关键，目前各地政府资金投入数量与实际发展需求仍存在较大差距。政府应加大农机购置补贴的投入力度以及相关涉农配套资金的投入，同时政府和农机社应积极争取金融信贷资金投入，加强与各地农村信用社、银行等金融机构合作，吸引工商资本和其他社会资本投入，拓宽农业机械化发展资金融资渠道。逐步建立起以政府投入为主导，农机社和农民群体投入为主体，银行信贷支持，工商资本及其他社会资本为补充的多渠道投入机制。

完善农机购置补贴实施机制。各地政府应根据自然资源、地理位置等实际情况完善现行农机购置补贴政策实施中的机具补贴种类、补贴范围、补贴标准，以适应农业发展的需要。做好购机补贴政策的宣传，及时向社会公开购机补贴的政策变动、程序步骤、申请条件等信息，提高群众对政策的知晓度。简化农机购置补贴的申请办理程序，加快补贴资金结算效率，农机合作社得以尽快投入生产工作。

提高农机工作人员的综合素质。制定中长期培训计划，定期邀请基层工作人员参与业务培训，开展工作交流。加强政策培训，组织农机管理人员系统学习国家相关法律法规。引进专业性人才进行技术指导，提高农机推广和服务人员的专业水平，提升农机社社员和农户使用和维护先进农机设备的能力，提高农机管理人员的组织管理能力。全面提高农机工作人员的工作能力和技术水平，为农机合作社的发展提供人才保障。

完善农机化社会服务体系。加强农机示范推广体系建设，以各地区域优势和特色产业为切入点，依托农机合作社和现代化农业示范园区，加快新机具新技术的普及应用。加强农机安全生产和监督管理，健全农机安全生产、产品质量、作业质量和维修质量标准体系，加强监理机构队伍建设，减少农机事故的发生。扩大农机作业服务市场，创新农机服务品牌，做大农机跨区作业服务。逐步形成以市场为导向，服务为手段，融示范、推广、服务为一体的多元化新型农机服务体系。

8.3 自然资源扶贫

8.3.1 "土地托管"的参与主体与托管模式

8.3.1.1 "土地托管"的参与主体

"土地托管"的参与主体主要有农户、村两委、专业合作社和供销合作社。目前我国农村地区存在着两种形式的农户，包括职业农户和兼业农户。职业农户对耕作的土地有着特殊的感情，是专门从事农业种养殖的农户；兼业农户就是指为了增加自己的工资性收入，长期从事第二、第三产业的农户。兼业农户"粗放种粮，土地撂荒"的现象相比职业农户更为严重。

村两委是"土地托管"模式的中介方，村两委的作用有三个方面：一是动员农民让农民接受托管；二是负责把托管的土地连成片，连成片的土地能够实现机械化作业，实现服务规模化经营；三是负责监管土地托管的过程，让广大农户可以放心的参与土地托管。专业合作社结合地方特色产业，积极培育发展专业性农民合作社联合社，农民和农民之间还可以自由商定投资成立相关的土地托管专业合作社，打造以农民为主体的实体性合作经济组织。供销合作社的土地托管则主要为政府所引导，既有组织上的优势、又有工业上的大力支持。

8.3.1.2 "土地托管"的托管模式

"土地托管"的模式分为土地全托管模式、"菜单式"的半托管模式和参股式托管模式。

"土地全托管"模式即托管组织替农户进行农业生产经营的全程管理。那些长期在外打工，家中无青壮年劳动力而放弃农业生产的农户，就会把农作物生产的全部过程委托给托管组织，签订全程托管协议，获取一定的保底收益，收益形式为现金或者实物。若是托管组织在农作物生产结束后没能获得协议保底产量，则差量部分由托管组织自行补足。托管组织负责农作物生产的一切事务。因此托管组织会根据不同地块的工作时间和土地生产投入成本状况分两次收取一定的服务、管理费用（协议价格），如图8-4所示。

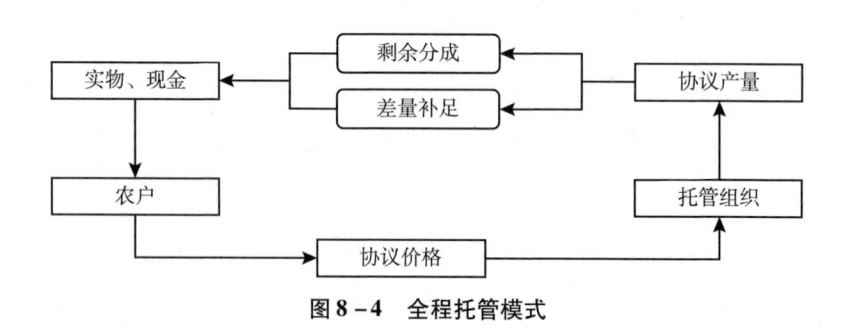

图8-4 全程托管模式

"菜单式"托管又称为半托管,家中缺乏劳动力但是又不愿放弃土地的农户把农业生产过程中的部分消耗体力的环节(耕地、植保、收割)委托给托管组织生产管理。托管组织在规定时间内完成生产环节中某项具体任务后、农户验收完成质量并照协议价格交纳相应的服务费,其余收益全部归农户所有。"菜单式"托管模式如图8-5所示。

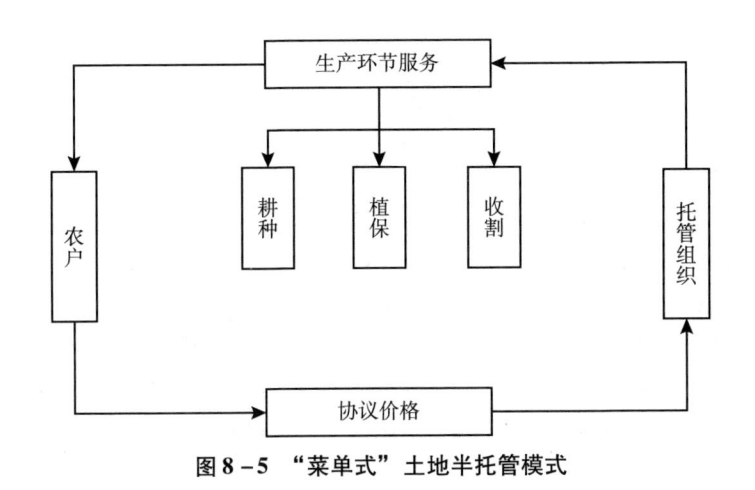

图8-5 "菜单式"土地半托管模式

"参股式"托管是指农户将所拥有的土地以股份的形式委托给托管组织,由托管组织对土地统一经营管理,每年向农户支付较低的保底定额收益。"参股式"托管模式如图8-6所示。

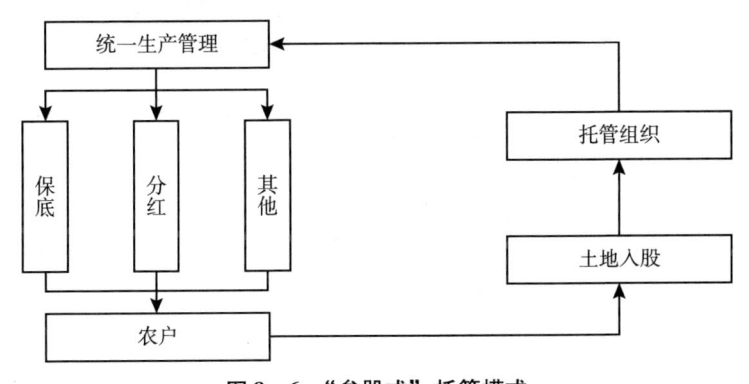

图8-6 "参股式"托管模式

"参股式"托管模式是土地托管的一种高级模式,也是"土地全托管"的一种高级阶段。年终托管组织核算所获利润，在进行必要提留后按照托管双方的协议股份给农户一定的分红。股份经营型托管实质是把土地的承包经营权转化为股权而建立起来的托管双方共享利益、共担风险的土地托管经营模式。

8.3.2 代表性地区"土地托管"模式实践

8.3.2.1 内蒙古自治区包头市三岔口村"党支部组织+合作社主办+参与补贴"的全托管模式

2018年7月，内蒙古自治区包头市石拐区三岔口村开展实施了"土地全托管"模式。针对三岔口村存在的劳动力流失、土地撂荒等问题，由村党支部组织成立了"蒙薯帮农"专业合作社。村民党员带头，将1500亩土地纳入托管范围，共惠及233户359人，其中贫困户24户53人。"蒙薯帮农"合作社，负责对托管土地进行规模化经营、科学化种植、机械化作业、专业化服务和市场化销售，参与的贫困户还会获得一定的补贴。

合作机制。三岔口村党支部需要派出专业人员对土地托管的过程进行全程的监督，有效降低土地托管的风险，"蒙薯帮农"合作社负责对托管的土地进行生产经营，引进专业化团队发展马铃薯规模化生产；积极争取贴息贷款，开展滴灌种植等项目；建设马铃薯储窖，搭建农畜产品电商平台；解决资金、旱地灌溉、存储、销售等难题。多种措施配套实施保障了土地托管有效运行，最后由包头市政府对参与土地托管的贫困户进行间接补贴。

"全托管"运作模式。包头市石拐区三岔口村由于农村青壮年劳动力的大量外流，土地撂荒、粗放经营的情况严重。当地合作社早期选择了土地流转的经营方式，但是随着流转费用和生产成本的节节攀升和自身规模和融资能力的限制，越来越多的合作社感到力不从心。三岔口村探索出的土地全托管模式，不仅解决了土地撂荒问题，还增加了农户的总收入。参与土地托管的农户，大部分选择与合作社签订土地全托管的协议，由"蒙薯帮农"合作社进行"五统一、两分散"的管理，即统一施肥、统一机耕和机种、统一农地管理（除草、治病和杀虫），统一机收并按标准回收良种，分散晾晒、分散储存。

贫困户补贴。对参与"蒙薯帮农"合作社的贫困户，包头市政府还会进行一定的间接性补贴。只要贫困户将土地托管给合作社，就会获得优惠政策，采取全程托管的贫困户，免除生产成本费用的缴纳，意味着贫困户每年能够无偿获得定额的粮食，一定程度上打消了贫困户参与土地托管的疑虑。

"土地托管"成效。"蒙薯帮农"专业合作社实施土地全托管的经营方式以来，成效非常显著，实现了农户和合作社的双赢。首先表现在土地经营成本的下降和农户收入的增加。根据合作社的测算，实行土地托管后，每亩土地可以节约总成本168.1元。随着托管后的农地实现机械化生产，三岔口村红薯每亩增收110斤左右、玉米每亩增收105斤左右。并且土地托管培育的良种一般可以高出市场价0.1元/斤。两项合计，土地托管后的农户每亩土地年实际收益增加468元左右。同时，参与土地托管的24户贫困家庭，2019年不仅在土地生产方面获得了比以往更高的收益，其中17户家庭的劳动力还获得了1万元以上的工资性收入，脱贫的目标预计2020年下半年就可以实现。

8.3.2.2 新疆维吾尔自治区昌吉州奇台县"政府推动＋合作社组织＋贫困户受益"的半托管模式

自2018年以来，新疆维吾尔自治区昌吉州奇台县在政府的推动下成立天汇农业专业合作社，大力推广土地托管服务。从2019年9月开始，新疆昌吉州奇台县逐步探索土地托管模式，对农民土地进行"土地半托管"服务，有效避免了土地的撂荒，增加了农户的收入。

合作机制。奇台县天汇合作社在2018年由自治区政府主导建立，目的是帮助奇台县完成2020年全面脱贫的目标，并且派出了专业人员对已参与土地托管的农户进行技能培训。天汇农业专业合作社从耕地档案、测土配方、农情监测到农机作业、粮食收储、粮食加工，采用数字化管理，使农业生产实现了品种统一、管理统一和质量统一的"三统一"式生产经营。2019年，奇台县天汇合作社与18户建档立卡贫困户进行合作，托管土地达到600亩，其中大部分农户选择了"菜单式"半托管的模式，每年有8000多元的土地收益收入。合作社还鼓励贫困户参与管理滴灌带，支付给贫困户每月3000多元的工资。

"菜单式"半托管运作模式。奇台县的土地托管方式采取的是土地半托管为主、土地全托管为辅的土地托管方式。半托管是根据农户、涉农企业、家庭农场等经营主体的需求，以低于市场平均价格的价位为托管主体提供其所需的服务项目。土地的全部收益归农民所有，农户根据所需服务项目支付相应的托管费用。

贫困户收益。奇台县开展的"菜单式"土地半托管，不仅提高了贫困户土地的生产效率，还为贫困户直接提供了就业岗位。针对贫困户能力不足的问题，政府还会派专业人员进行技术培训，成功实现"造血式扶贫"。

"土地托管"成效。奇台县采取土地托管后，合理地增加了耕种的面积，在进行土地托管之后，整个区域内的土地统一集中经营，增加了10%~15%的耕地面积，并且平均每亩耕地可增产150斤农作物产量；降低了农业生产成本，通过合作社的托管服务，以较低的价格统一购置化肥、农药等农业生产资料，大大降低农业生产成本；增加了贫困户的收益，农民通过对土地进行土地托管后增加了总体收入，首先是通过合作社的规模化生产，提高了农作物的产量，其次解放了劳动力，农民获得了时间和精力去从事第二、第三产业的工作，增加了除农业收入以外的额外收入。

8.3.2.3 陕西省宝鸡市陈仓区"政府引导+企业支持+产业扶贫"的参股式托管模式实践

2010年，陕西省宝鸡市陈仓区建立了宝鸡市博仁中药材种植专业合作社。2019年，在政府的积极引导以及博仁中药材公司支持下，博仁专业合作社充分挖掘区域内特色产业，鼓励农户以资金入股的方式参与土地托管。

合作机制。宝鸡市政府整合职能部门各类资源，将产业项目、资金向陈仓区的贫困村、贫困户大幅度倾斜。博仁中药材公司给农户统一发放柴胡种子、有机肥，提供全程技术指导并为周围贫困户提供了大量就业岗位。贫困群众通过资金入股的方式将土地托管给合作社，构建"新型农业经营主体+特色产业+贫困户"的利益链接机制。

"参股式托管"运作模式。陈仓区农户将土地以股份的形式托管到合作社，合作社保障50公斤柴胡的保底产量。这种把农地承包经营权转化为股权而建立起来利益共享、风险共担的股份经营型土地托管模式是土地托管的高级模式。博仁合作社为了提高收益，全力推广以黑柴胡、黑木耳、土猪、花椒等为主的中药材、食用菌和干杂果的种植养殖，深化种养殖业与第二、第三产业融合联动，实现种植养殖、生产加工、流通销售等一体化发展。

利益分配。年底的时候以土地股份获得分红（一亩地一股），合作社将盈余部分的20%用作合作社开展专业化服务成本,然后将剩余的70%分配给股份托管的农户,最后剩余的10%用于合作社员工的工资发放。

"土地托管"在河南省取得成效。到2019年末,博仁中药材公司已为陈仓区免费发放柴胡种子5.5万多公斤,有机肥180多吨,带动全区种植户达1万余户,发展柴胡种植11.5万亩,其中贫困户5000多户,贫困户种植柴胡8万多亩。陈仓区全区平均年产优质柴胡、猪苓、苍术、黄芪等2000余吨,产值达到1.2亿元,群众人均年收益2500元,创造利税1000余万元,通过种植柴胡脱贫785户。柴胡种植已经成为陈仓区贫困户发展特色产业、脱贫致富的主要方式。

8.3.3 代表性地区"土地托管"模式对比分析

8.3.3.1 "土地托管"模式共性分析

目标方向一致。无论是"全托管"模式,"菜单式半托管"模式还是"参股式托管"模式,土地托管均以土地的规模化经营为目标,借助日益完善的农业社会化服务体系,降低农业的生产成本,增加农户的收入,充分发挥各地的资源禀赋优势,实现资本、土地、劳动、技术和非正式制度安排等要素的局部均衡和资源的有效配置。

专业合作社的引领。在"土地托管"模式的运行中,需要当地专业合作社发挥引领作用。合作社不仅需要做好前期的宣传动员工作,还需要对土地托管的过程进行监督、管理和服务。

切实有效达到扶贫目的。"土地托管"模式不仅可以解决"土地撂荒、粗放种粮"的现象,还可以解放农村生产力,让农村青壮年劳动力有了更加充裕的时间外出务工或者经商。既增加了工资性收入,又使粮食的产量增加,总收益提升,切实达到资产收益扶贫的目标。

8.3.3.2 "土地托管"模式差异分析

不同托管模式的规范程度不同。菜单式托管的土地分布相对来说比较分散,经过协调不能成块经营的话就导致托管组织不能更好地实现规模化经营,而且菜单式托管大多都是口头协议,造成了托管组织管理的松散性,奇台县大部分农户选择了菜单式托管,并未与供销社签订相关协议,一定程度会减弱农户参与土地托管的积极性。在全托模式下托管组织可以把全托的土地按户连片耕种，这样有利于托管土地的规模化经营，股份经营型托管和全程托管在托管方式和收益分配上不同，但是托管组织在经营土地的过程中具有粘连效应，一户搞土地托管，周边农户受到激励，也会把土地全托，从而使托管土地地块集中、规模逐渐扩大。在上述案例中，"蒙薯帮农"专业合作社和博仁专业合作社都会与参加土地托管的农户签订《土地托管协议书》，保证了土地托管的规范性。

不同托管模式的合作关系不同。选择菜单式半托管的农户会根据自己需求、种植农作物的生长阶段自主选择托管组织提供的服务项目，奇台县的农户在托管的过程中根据农作物需要会与供销社签订包括耕种、浇水、收货等生产环节，联系十分密切；三岔口村的农户由于与"蒙薯帮农"专业合作社签订了长期的合同，农民与合作社联系的就少了很多；陈仓区的农户大多在外地务工不经常回家，托管农户只是在进行规定收益和土地分红时候会与托管服务组织有联系，因此二者联系也不密切。

不同托管模式下利益分配的不同。全托管的服务协议中说明土地在保底产量范围内的农作物产出全部归农户所有。三岔口村在全托管模式下，每年农户会获得基础产量保证，低于约定的产量，合作社按市场价赔偿不足的部分。股份经营型托管模式中农户以土地入股产生收益后，首先获得保底收益，然后双方按股份比例分红，陈仓区股份托管农户人均年收益2500元，创造利税1000余万元。在奇台县天汇专业合作社的带领下，当地大部分农户都参与了"菜单式托管"，农业生产的全部收益都归农户所有，农户只需根据自己所托管的生产环节支付一定的托管费用。三种托管模式中，土地全托管和参股式托管由于可以形成规模化的经营，获得收益也是最好的，"菜单式"半托管相比较而言获得的收益要差一点。

8.3.4 "土地托管"模式存在的问题

专业人才匮乏。土地托管作为一个经营性的服务组织，在土地托管的过程中离不开财力、物力、人力的全面支持。目前，专业人才的短缺给土地托管服务的开展带来了困难。在我国偏远的农村地区，农民普遍受教育程度较低、文化素质不高，思想观念也较为落后。从农业发展水平和技术使用上看，受过专业技术培训的程度不高。在这种背景下，大多数农民对新技术的认识不足，没有充分动力接受最新的农业生产技术，也没有较高的吸收、消化新技术的能力与水平，造成从事土地托管专业服务人员数量的缺失，大多数农业合作社、农机公司的农业技术人员、农业机械师以及高级农艺师均十分缺乏。

农业基础设施条件差。陈仓区田间基础设施条件薄弱，较低的农田基础设施水平，阻碍了陈仓区土地托管的发展，合作社经过多年的努力，把陈仓区附近的土地集中到一起，近乎实现了所有托管土地的连片经营。但是一些土地周边仍是土路、小路，农业生产的大型机械无法入地，只能使小型机械，造成了博仁合作社的服务效率低。在干旱季节需要灌溉土地时，博仁及周边地区的灌溉设施也不够完善，村里苦于财政压力难以修建灌溉设施，农业基础设施条件差降低了博仁合作社的服务水平。

各涉农部门联系不够紧密。我国的众多政府管理部门均与农业有联系，部门分工不同导致每个部门仅关注自己部门应负责的相关工作，而不是从土地托管的全局角度出发，去从宏观上把握具体实施作物托管的相关工作。

8.3.5 "土地托管"模式的政策建议

培养专业农民，吸引管理人才。各地农业合作社及专业服务组织应合理地制订培训计划，在调研的基础上多听取干部、专家和农民的建议，根据农民自身需求开展培训，要有针对性的课程，提高培训的"精准度"与质量。村两委成员要起到带头作用，引导农民自觉学习相关农业知识，提升农民的综合文化素质。对农业合作社、供销社的管理成员，提高相应的工资待遇，使土地托管工作岗位上有更多综合素质较高的人才进入。

加强对土地托管服务模式的政策支持。在土地托管服务模式发展过程中，政府应为促进其健康持续发展提供相应的政策支撑。政府部门应不断完善农田基础设施条件，加强标准化基地单元的建设，为土地托管服务模式的发展提供保障。较低的农田基本设施水平，使得实施农业托管服务成本高昂，在一定程度上阻碍其顺利发展。土地托管的实施必须是在一定的农田基础设施条件下，结合标准化基地建设来实现的，只有这样才更有利于实现统一服务、降低服务成本、提高服务效率。这需要政府及有关部门加强统一规划布局，在资金分配方面做好整合，加大对土地托管服务的支持力度，通过整合项目、集中连片开展土地整理切实改善农田基础设施，建设标准化农田，这样才能为土地托管模式的实施创造良好的条件，为大面积推广土地全程托管模式奠定基础。

明确职责分工，加强各涉农部门联系。土地托管模式已经得到了我国政府的高度重视，国家对土地托管的发展也十分关注。但当前土地托管目前还处在探索阶段，各方面的政策法规尚不成熟，政府各部门之间的分工也不够明确，导致了土地托管在发展过程中会遇到协调的不及时所带来的低效问题。因此国家相关部门应建立健全土地托管的法律法规，明确各涉农部门的职责，强化各部门之间的联系，加速土地托管的发展进程。

第 9 章

主要结论和政策建议

9.1 主要结论

9.1.1 影响农户资产分布差距的因素

从资产构成的分析来看,农户整体持有资产总值并不高,其中经过量化计算后的房屋价值与土地价值占比较高,而生产性固定资产持有量较低。农户资产分布差距不大,资产分配相对合理。从基尼系数分解结果来看,金融资产与自然资源对资产分布差距具有扩大作用,非金融资产对资产分布差距具有缩小效应。非金融资产差距贡献率最高,是造成农户总资产分布差距的主要原因。而非金融资产构成中,生产性固定资产对非金融资产分布差距有缩小效应,生活消费性资产与房产均对非金融资产的差距具有扩大效应。房产是导致非金融资产分布差距的首要原因。

迁出区户均资产占有量略低于安置区。说明易地搬迁后增加了农户资产持有量,迁出区农户金融资产及自然资源持有量相对较高,安置区农户非金融资产持有量相对较高,易地搬迁导致农户资产结构发生改变。安置区农户房产和土地价值分布较迁出区更为集中,说明易地扶贫搬迁也改变了农户资产分布特征。从泰尔指数分解结果来看,总资产分布差距很大程度源于两个区内部资产差距,其中,迁出区内部差距对总体差距的贡献远高于安置区。这种贡献一方面可能由于迁出区农户房屋价值差距大,另一方面可能是土地面积及作物种类不同带来的。因此易地搬迁政策有助于缩小贫富差距，降低农户资产分布差距水平。

六盘山农户家庭资产按户主年龄分布是基本符合生命周期理论的，整体呈现"倒U型"，但峰值出现的时间却提前到了40~50岁之间；农户家庭资产分布与受教育水平并未呈现明显的正相关关系，从事自营活动或担任乡村干部的户主群体更有利于资产积累，身体越健康的户主群体越有利于资产的积累，户主的党员身份有利于家庭资产的积累，易地扶贫搬迁有利于资产积累，政府应鼓励农户自主创业，积极从事自营活动。

农户非金融资产与自然资源持有量增长。同时差距水平基本呈下降趋势，侧面说明了农户生活水平的提高。从各分项资产的差距贡献率来看，非金融资产差距贡献率达到了90%左右，自然资源的差距贡献率呈现增长趋势。非金融资产中，房产所占份额降低，导致其差距贡献率在逐年变小，生产性固定资产和生活消费性资产均对农户家庭非金融资产分布差距具有扩大作用，差距贡献率也在增加。

9.1.2 农户资产增值开发能力与农户资产分布关系

本书选取六盘山片区作为贫困地区的典型区域，构建了农户资产增值开发能力指标体系，利用结构方程模型分析了农户资产增值开发能力、影响因素的路径及相互作用机制。主要的研究结论如下：

第一，农户资产增值开发能力提升的路径之一来自自我发展能力，其作用机制是自我发展能力正向作用于农户资产增值开发能力，借款难易度、贷款难易度、借贷难易度和家庭特征等因素正向作用于自我发展能力。这表明，提升农户的自我发展能力，农户资产增值开发能力会显著提升，农户借款难易度、贷款难易度、借贷难易度、农户特征等则是提升农户自我发展能力的关键因素。

第二，农户资产增值开发能力提升的路径之二来自社会公共空间，其作用机制是社会公共空间正向作用于农户资产增值开发能力，公共服务和社会风气等因素相互作用于社会公共空间。这表明，改善公共空间，可能促进农户资产增值开发能力的提升，公交站距离、干群关系以及村民关系等则是改善公共空间的关键因素。

第三，自我发展意识不能直接作用于农户资产增值开发能力，但显著地作用于公共参与、教育重视程度和信息获取，公共参与和教育重视又显著作用于自我发展意识。

9.1.3 农户资产分布对收入分配的影响评估

本书利用六盘山片区的农户调查数据研究了农户家庭资产分布和收入分配的关系。研究发现：农户家庭非金融资产占比高，净房产和土地资产是非金融资产中最主要的组成部分；农户拥有的金融资产有限，以银行存款为主。六盘山片区的农户资产结构表明：农户对资产风险敏感，偏好持有安全性资产。从各项资产的分布情况看，各项资产的集中率都低于可支配收入的基尼系数，表明各项资产分布相对均衡；资产的峰值多处于可支配收入的峰值左侧，峰值大，在较低资产水平的集中度更高，表明各项资产分布呈现低水平的均等，分布向高收入家庭倾斜的程度不高；而净房产呈双峰分布，集中在较低和中等资产水平处。从各项资产对收入分配的影响看，各类资产对收入分配的影响存在显著差异；金融资产、净房产、土地资产和生产性固定资产有助于减缓收入分配差距；生活消费性资产则会扩大收入分配差距；各类资产对收入分配的影响在不同收入分位上的差异可能与农户家庭资产选择的偏好有关。

农民财产性收入低的直接原因是农村集体资产及经营性资产缺乏，要增加欠发达地区农村居民财产性收入，最主要的是解决经营性资产从无到有、从小到大，即财产性收入的来源及其保值、增值问题。六盘山片区是西部区域性贫困最集中、最突出的地区之一，积极探索增加农民财产性收入是六盘山片区区域发展与扶贫攻坚计划的一项重要工作。农村家庭往往收入水平较低，应对困难的能力较弱，如果他们拥有了可以保障自身生产、生活的资产作为物质基础，具备了创造财富的能力、机会和渠道，就有机会获得资产增值收益，增加财产性收入，缩小与富有家庭之间的收入分配差距。已有研究表明，农户从贫困状态转变为非贫困状态主要是由于他们拥有了更多的生产性资产，积累了更多的金融资本和社会资本等结构性原因（万广华等，2014）。住房和汽车等实物资产是经济福利的关键指标，对低收入家庭尤其有价值（Valentina et al.，2018）。当家庭主要住宅的价值被计入时，贫困率的下降要比仅考虑非住房财富时更高（Kuypers and Marx，2018）。这些研究结果与本书研究结论基本一致。为了使农户尽快脱贫，提高各项资产的总量，优化资产配置结构。一方面，要提高生产性固定资产和金融资产在总资产中的比重，这些资产能尽快促进资本形成，直接提高农户的收入水平；另一方面，适当控制生活消费性资产比重。

9.1.4 移民区农户资产分布

本书借鉴资产贫困相关文献的测量方法,结合调研区域实际情况,选取六盘山连片特困地区宁夏片区移民迁出区与安置区部分村庄作为典型区域,研究农户各维度的资产贫困状况及其决定因素,并进一步探讨了移民户与非移民户的家庭资产变化情况。

研究发现:移民迁出区有 51.62% 的农户处于金融资产贫困状态,移民安置区有 35.42% 的农户处于金融资产贫困状态。在非金融资产贫困中,移民迁出区农户生产性固定资产贫困率为 22.72%,移民安置区农户生产性固定资产贫困率为 57.92%。移民迁出区农户的生活消费性资产贫困率为 21.1%,移民安置区农户的生活消费性资产贫困率为 13.33%;移民迁出区农户的住房资产贫困率为 4.22%,安置区农户的住房资产贫困率为 7.91%。在自然资源方面,移民迁出区贫困率为 18.51%,安置区农户的贫困率为 31.67%。

多维资产贫困测算结果显示:六盘山连片特困地区移民区农户家庭的资产贫困随着指标的不断增加,多维贫困指数和贫困发生率两者都呈现出递减的趋势。从区域具体的贡献度来看,移民安置区与移民迁出区多维资产贫困贡献度相差不多,但移民迁出区对多维资产贫困指数的贡献率略高于移民安置区。从具体指标的贡献度来看,当 $K=2$ 时,总样本指标的贡献从大到小依次为:金融资产、生产性固定资产、生活消费性资产、自然资源、住房资产;移民迁出区的指标贡献从大到小依次为:金融资产、生活消费性资产、生产性固定资产、自然资源、住房资产;移民安置区的指标贡献从大到小依次为:生产性固定资产、金融资产、自然资源、生活消费性资产、住房资产。

在样本中,金融资产贫困受户主健康程度、是否为党员、户主受教育程度、职业类型、家庭可支配收入的影响。非金融资产中,生活消费性资产贫困受到户主年龄、户主健康程度、家庭劳动力数量、家庭人均可支配收入等指标的影响。在生产性固定资产贫困维度,户主年龄、民族、健康程度、是否为党员、职业类型、家庭人均可支配收入、是否移民均可对生产性固定资产贫困产生一定的影响。在住房资产方面,户主民族、受教育程度和家庭人口数量是其影响因素。户主是否为党员、户主职业类型、劳

第9章 主要结论和政策建议

动力数量对自然资源的资产贫困也具有显著的影响。移民搬迁政策对所有指标的资产贫困均有影响。

在移民迁出区，户主健康程度、职业类型、家庭人口数量、家庭人均可支配收入都是农户金融资产贫困状态的影响因素。在生活消费性资产方面，户主健康程度、劳动力数量和人口数量会对该维度资产贫困产生影响。在生产性固定资产方面，户主年龄、健康程度、职业类型、家庭劳动力数量、人均可支配收入将对生产性固定资产贫困产生影响。在住房资产方面，能够对其产生影响的因素只有户主受教育程度。户主职业类型和劳动力数量可以对自然资源资产贫困维度产生影响。

在移民安置区，金融资产贫困受户主年龄、民族、是否为党员、受教育程度及职业类型和家庭人口数量的影响。非金融资产贫困中，生活消费性资产贫困方面，户主的健康程度和家庭人口数量会对其产生影响。生产性固定资产贫困的影响因素为户主的民族、是否为党员、职业类型以及家庭人口数量。另外，户主个人特征和家庭基本特征中的因素不会对移民安置区农户的住房资产贫困状态产生影响。户主民族、是否为党员、户主职业类型、家庭劳动力数量、家庭人口数量对自然资源贫困状态影响显著。

生态移民政策使农户的总资产得到显著的提高，并改变了农户资产持有结构，对资产贫困状况起到了一定的减缓作用。较迁出区来说，安置区农户非金融资产持有量显著增加，金融资产变化不显著而自然资源持有量减少。其中，对于非金融资产持有量的提高主要由于移民户房屋价值的增加。具体来看，参与生态移民工程会使农户总资产平均提高145478.07元，非金融资产平均提高149384.58元，同时使农户的自然资源平均减少7912.75元。另外，我们还发现，运用传统的回归方法评估生态移民政策对农户资产的影响会明显低估该政策真正的正面作用，同时放大其负面影响。

对于农户资产贫困状况的影响，生态移民政策对农户金融资产贫困发生率的影响不显著，但对非金融资产贫困中的生产性固定资产贫困发生率和住房资产贫困发生率具有正向作用，同时显著降低农户生活消费性资产贫困和自然资源资产贫困的发生率。具体来看，生态移民政策使生活消费性资产贫困发生率下降10.83%，自然资源资产贫困发生率下降14.16%，同时使生产性固定资产贫困发生率上升24.17%，住房资产贫困发生率上升6.25%。结合前面的结果来看，尽管生态移民工程使农户住房资产贫困率上升，但也使农户的住房质量和居住环境得到了普遍的提升。

9.2 政策建议

9.2.1 减缓农户资产分布差距

扩大中等收入群体规模,提高低收入群体收入水平。在全面建设小康社会的过程中,在人均收入水平普遍上升的同时,要扩大中等收入者的比重、提高低收入者的收入水平,这是保证我国社会稳定和经济转入良性循环的重要措施。我国有近4亿人的中等收入群体数量,庞大的中等收入规模给我国国内经济大循环注入了强劲动力,也为国际国内双循环相互促进的新发展格局奠定了坚实的基础。中等收入群体规模的扩大,有助于改善农户收入差距和资产分布差距的状况。

以资产为标准建档立卡,实现精准扶贫。建档立卡应重在登记农户家庭资产情况,用资产衡量贫困。目前建档立卡主要登记农户家庭收入情况,主要衡量指标为贫困户年人均可支配收入是否稳定超过国家贫困标准,而将农户家庭资产纳入建档立卡中,用资产则更能准确识别农户家庭贫困程度。收入可能在某种程度上具有隐瞒性,但资产却不会,从实地调研中也能看出,只要能够进入农户家里,各类资产情况一目了然,不仅方便登记,而且能准确看出农户是否有返贫的可能,是否有持续的财产性收入增长,以便政府精准识别致贫原因,从而确定扶贫方法,制订扶贫计划,采取扶贫措施,实现精准扶贫。

加强生态建设,发展旅游业,提倡居民入股,增加金融资产。六盘山片区虽然地理位置偏远,但是这些地段大部分是山脊线与分水岭、河流分布的区域,拥有最原始的大自然风貌,生态环境得天独厚,加以开发,就可以通过推进旅游资源收益模式,发展旅游业来实现脱贫致富。因此需要政府根据贫困地区的不同特点,实施差别化政策,在这些地区的生态建设和交通路网的建设上给予政策倾斜。推进旅游资源收益模式需要多管齐下,一方面,政府通过招商引资等手段,吸引企业,与企业合作,将扶贫资金作为资本入股,量化到户,形成旅游产品开发、打造、市场运作的旅游体系,大力发展旅游业,实现从"资金到户"到"效益到户"的转变,使贫困人口享受发展旅游业带来的直接收益,而发展旅游业带给农户的间接收益就是工作机会的增加，例如在旅游景点附近开商铺、做生意或者做清洁工作、安保工作等。另一方面，在开展旅游扶贫的同时，还需遵循旅游业自身的发展规律，旅游景点附近的基础设施建设、住宿和餐饮等都需按照行业标准来一一实现，从而保证服务质量。

携手龙头企业，做强集体经济。无论是从实地调研还是研究分析结果来看，六盘山片区农户资产水平不高，尤其是对安置区农户来说，由于土地有限，集体经济发展受到限制。为增加农户资产，拓展农户收入来源，缓解贫困，应将财政资金集中投入到集体经济发展中，进而实现效益规模化、产业高效化。政府应集中财政资金投入方向，积极引导村集体与龙头企业对接，或者因地制宜成立股份有限公司。鼓励农户土地入股龙头企业、农民合作社，整合分散的土地资源和生产性固定资产，并与当地的产业扶贫相结合，建立优质的粮食生产基地，以此来进一步壮大龙头企业，发展农民合作社、种植大户等新型农业主体，所得收益按股份给农户和村集体分红。这种资产扶贫方式既有益于企业，又可以增加农户的收入。对于龙头企业来说，可以实现标准化、品牌化和市场化，降低成本，实现规模收益；而农户由之前单一依靠种植农作物来获取收益，转变为可以获取土地承包费＋分红＋在龙头企业打工收入。这种以股权为纽带、吸引金融资本和社会资本共同带动当地集体经济发展的模式，将财政资金作为杠杆撬动社会资源，各方资金一起发力，将实现产业发展和收益共享，最终实现减贫目的。政府需在资产收益扶贫的过程中起主导作用，制定具体的资金流入、流出方案，将财政资金变为股金，量化到每家每户，制定股份分配方案、红利分配方案等规章制度，并且保证最低收益率，签订协议保证司法公正，确保农户收益。同时也要建立风险防控、股权管理等机制，建立健全稳定的长效脱贫机制。

开展妇女技能培训，促进安置区妇女产业发展。在实地调研过程中我们发现，安置区中有部分家庭夫妻双方均能外出打工来获得收入，进而积累资产。但仍有一部分妇女留守在家中，其原因多数为照顾小孩或年迈的老人，家庭劳动及部分农业生产负担不仅限制了妇女的发展，而且限制了家庭资产的进一步增加。因此精确瞄准安置区妇女劳动力，注重扶贫手段及策略的不同，开展妇女技能培训，实现资产增加。一方面，政府应集中财政资金完善社区基本设施，例如提供社区看护服务。社区中可以设立托儿所来照看年龄为1～3岁未上幼儿园的儿童，全天托管，午餐由托儿所提供。这样可以帮助妇女照看孩子，解决她们的后顾之忧，把妇女劳动力从家庭中暂时解放出来,使她们有时间和精力去获得就业机会。对于行动不便、需要他人照看的老人,社区可以建立养老驿站,即老人们的日间照料中心,由专业的护工看护,也可为其提供娱乐、养生、康复服务等项目,从源头上解决养老问题,解放家庭中的部分劳动力,减轻家庭负担。另一方面,政府应在制定扶贫政策时注重妇女在家庭中的特殊地位,投入资金,精确瞄准,提高妇女获得扶贫资金及技术引进方面的机会,通过技能培训等提升妇女脱贫能力,促进妇女自身发展。比如,政府可以扶贫资金为注册资本,牵头成立家政服务公司,引导留守妇女以小额贷款资金作为股份注资到该公司,成为股东。同时,聘请专业家政服务师对留守妇女进行专业技能培训以及理论培训,培训期间实行技能考核制,考核通过的妇女可以成为该公司的职员,助推留守妇女就业。因此,这样就既可以实现入股分红+工资收入收益模式,又可以将多个安置区留守妇女团结起来,共同打造安置区特色家政服务产业,助力妇女脱贫,实现家庭资产的增加。

指导制定创新创业蓝图,引导贫困户开展自营活动。基于第 4 章实证分析结果发现,户主职业为自营活动的虚拟变量显著为正,且这部分群体资产均值较高,说明从事自营活动对农户家庭资本的积累有正面影响。政府应投入资金,广泛吸纳农林等方面的技术人才,创建创业指导服务专家团队,为贫困户提供政策咨询、创业规划和风险评估等"一对一"创新创业服务。积极鼓励农户自主创业,利用专家量身定制的脱贫项目,开展自营活动。一方面政府应建立健全的劳动力市场,增加农户的非农就业机会,增设平台扩展创业渠道,如安排农户接受电商培训等专业技能培训,支持他们开网店等自营活动;另一方面,应增加财政资金投入,建立创业风险基金,对从事创业活动的农户给予全额贴息补助、创业稳岗补贴、创业奖励、网店创业担保贷款等创新创业优惠政策。聚集专业人才智力资源,识别农户自身特点,免费提供创业指导、跟踪扶持等一系列服务,实现精准脱贫的目的。

9.2.2 提升农户资产增值开发能力

第一,激发贫困户内生动力,提高农户资产增值开发能力。贫困农户的内生动力来自自我发展能力和自我发展意识的提升。在自我发展能力方面,指导帮扶农户掌握实用技术,有计划地组织培训,提高农户使用现代化生产要素的业务能力，帮扶指导劳动力转移和就地就业，贫困户以就地就业为主。值得强调的是，教育扶贫是精准扶贫的重要措施之一，教育水平是自我发展能力的重要体现，提高农户的教育水平，提升自我发展能力，从而提高农户资产增值开发能力。自我发展意识虽然不能直接作用于资产增值开发能力，但能增强贫困户脱贫致富的自信心和内生动力。只有通过各种有效措施，摆脱农户意识贫困、思想贫困、精神贫困，才能激发出贫困户的内生动力。

第二，改善社会公共空间，提高农户资产增值开发能力。改善道路等公共设施，提高教育医疗等公共服务水平，推动农户参与公共事务和有益集体活动，增强他们之间的联系，不仅赋予他们在社区文化、政治和社会生活中更多的参与权和选择权，而且更重要的是提高他们的参与意识。同时，在社区内建立劳务互助、生产工具互助、信息互助以及资金互助等多种形式的互助中心。良好的社会公共空间可以提高农户资产增值开发能力，这是促进家庭资产积累的外部动力。

第三，增强农户资产意识，提高农户资产增值开发能力。受传统消费和投资习惯的影响，农户对家庭资产配置多注重于农业生产，忽视其他方式的投资和资产积累。针对这种现象，要帮助农户增强多种途径积累资产的意识，比如积极参与发展壮大农村经济，积极参与集体经济入股，包括劳动力入股等，获得更多的财产性收入。帮助农户树立金融投资理财意识，普及和宣传理财知识，通过农户金融理财的优惠政策，增强农户参与金融市场的积极性。

9.2.3 增加农户资产提高农户收入

多措并举鼓励贫困户积累资产，提高农户资产总量。一是设立专项资金，优先扶持贫困户，建造生产经营用房、购置农机具发展生产；二是逐步完善农业设备的贷款补贴制度，加大财政对农机购置补贴的投入力度，支持废旧农业生产设备以旧换新，激发农户的生产性投资，提高农户生产性固定资产存量，提高农业生产的半机械化、机械化水平，降低生产成本；三是扩大家电下乡政策的覆盖面，提高农民生活质量，减轻农户经济负担，闲置资金用于发展生产。

引导农户进行合理的资产配置，优化资产结构。一是推进农村金融市场发展，引导农民投资理财。金融机构根据农民资金额度小、金融知识有限、风险承受能力弱等特点,开发存取灵活、投资小、风险小、易操作的金融产品;二是鼓励农民涉足投资理财的诸多领域,如国债、基金等,提高他们的股息、红利等财产性收入,为不同收入阶层的农户提供差别化服务;三是政府须落实优惠政策,引导社会资金在农村设立新型金融组织,加强农村金融设施投入,畅通理财信息,完善农村理财环境,引导互联网金融、移动金融规范发展;四是通过网络、电视、广播等渠道普及理财知识,增强农民投资理财意识和能力,深入农村基层开展理财讲座,提供投资信息,激发农民投资理财积极性,并依据农民实际拥有的资金状况和风险承受能力,引导他们理性投资。

为农户创造机会,获取更多的资产性收入。农户拥有的资产量与这些资产能够带来的收入量是不对称的。农户拥有大量资源性资产,包括农业用地、非农业用地、林地等土地,光伏和水电资源等自然资源,但真正的问题是这些资产不能充分发挥增加收入的功能。可通过自然资源量化折股,农户分享股权收益。因此,在征收土地和进行水电、矿产资源开发时,可以将土地征收补偿金作为资产入股,在制定收益分配方案时,将收益优先分配给建档立卡户,让贫困人口获得更高而且更持久的资产回报,结合对建档立卡户的管理,使收入增长、稳定脱贫的农户逐步退出,重新分配资产收益。

9.2.4 减少移民区农户资产贫困

建立资产贫困数据库,完善贫困识别机制。在识别贫困的标准中可将对农户家庭资产的脆弱性及风险评估纳入其中,建立资产贫困数据库,全面详细地了解农户的多维度贫困状况及发展性需求,帮助贫困人口实现资产建设。从国际上来看,目前欧盟已将对居民家庭资产的风险评估纳入贫富标准的考核之内,在 2017 年 12 月 25 日,欧盟公布了界定贫富的 13 项考核指标,其中,有 3 项指标与家庭金融资产建设有关,有 2 项是关于家庭住房与土地资产,有 4 项涉及家庭生活消费性资产,其余指标则与文化娱乐活动相关。根据规定,在这 13 项指标中,若欧盟居民有 5 项不达标者,则将其视为生活在贫困线下的人。从国内来看,2012 年,国务院发布了《国务院关于进一步加强和改进最低生活保障工作的意见》,该意见明确指出要实行家庭综合财产审查制度,并已在浙江杭州等地得以实施。以家庭资产作为衡量贫困的标准能够有效提高扶贫工作的长期绩效。资产贫困数据库的建设不仅可以辅助动态贫困检测体系的高效运行,优化配置移民安置区各方面资源,还可以充分调动贫困农户的创造性与积极性,鼓励其广泛参与经济社会活动。资产贫困识别机制的完善,使资产扶贫中供给与需求层面的成本效益水平得以有效度量,同时为传统扶贫政策的动态调整提供了参考。

积极培育要素市场,增加农户财产性收入,充分发挥资产对农户增收的促进作用。生态移民工程使农户自然资源价值减损,因此在移民搬迁安置过程中,应保障好移民原有土地承包经营权、宅基地使用权及林权的出租、转让或入股收益。具体来说,通过培育和壮大土地流转市场,合理处置集中连片特困区移民户的农业机械、耕牛(驴)等生产性资产,将搬迁农户的自然资产和农业生产资产有效转化为财产性收入。同时改善经济作物销售环境,例如扩宽经济作物销售渠道、提供优良农业销售基础设施来缓解农户因移民所造成的在自然资源方面的损失。通过培育和壮大房屋租赁市场,将搬迁农户的非金融资产转化为经营性收入。另外,还可以通过组建合作社,动员搬迁户参与安置城镇与园区的建设,整合相关资源成立股份合作社,形成一定的生产规模,使农民成为合作社股民,使扶贫建设资金变为股金,充分发挥资产对农户增收的促进作用。

优先发展教育,加大劳务培训力度。加大在教育方面的投入可以帮助家庭摆脱资产贫困状态,并有效阻断贫困的代际传递与恶性循环。对于农业发展基础薄弱的移民安置区来说,教育是提高农村居民自我发展能力、切实增加农户收入的重要渠道。虽然国家目前实施的"两免一补"政策让农村儿童上学难的问题得以解决,但农村高中、大学的教育仍然存在困难。因此,在实施义务教育的过程中政府应对移民安置区农户给予更多的资金支持,同时警惕贫困家庭让子女过早退学,追逐低技能劳动收益的行为。在移民前,政府应做好关于移民安置区的教育规划,深入落实移民安置区的各项教育惠民政策,整合移民安置区的教育资源,改善移民安置区校舍的各种硬件条件,注重移民安置区学校师资队伍的建设,确保农户在完成搬迁后就有学校上。加大对移民安置区农户子女职业教育的力度。因地制宜建立移民安置区职业教育的培养体制,通过政府与职业院校的合作有效填补农户子女初高中程度教育的空缺,使其掌握一技之长,提高移民农户的文化素质,为农户居民个人发展赋权增能。不断加大劳务培训与输转力度。六盘山连片特困地区移民安置区农户收入来源较为单一,盲目外出打工并不能有效解决家庭贫困问题。因此，政府可以通过集中培训或个别引导等方式，使搬迁户掌握一技之长，增强自身就业本领，提升他们的择业竞争能力和就业适应能力，并且可形成以政府为主导、企业为主体、移民安置区农户积极参与和响应的劳动力输出体系。同时，相关部门要搭建工作信息平台，与农户实现用工信息共享，在增加搬迁户收入的同时促进移民安置区的经济发展，推动连片特困地区扶贫事业的进步。

完善社会保障，防止移民安置区贫困人口返贫。无论是在移民迁出区还是安置区，农户金融资产贫困状况严峻，对于多维资产贫困指数的贡献率较大。多元化发展的农户家庭资产不仅可以持续性增加农户的财产性收入，还可以促进农村消费，拉动农村经济增长。但通过本书的研究及对移民安置区的实地调研，我们发现，移民安置区在金融资产的投资方面，由于农户观念落后，金融知识水平较低，因而对金融理财产品存在一些误解和抵触情绪，对金融市场参与的广度和深度严重不足，限制农户财富的有效积累。目前，农村金融市场尚处于初级开发阶段，潜力巨大，政府及金融产业界在推动农村金融发展，促进农户财富增长方面大有可为。

第一，加强金融监管，完善移民安置区金融机构发展。随着互联网金融的发展，各项理财工具、投资渠道不断涌现，一些非正规金融也进入到金融市场中。为了保障农户的金融资产安全，政府应加强移民安置区金融监管，逐步将金融监管纳入法治轨道内，完善与金融相关的法律法规，降低农户的金融风险。另外，政府应鼓励商业银行等金融机构主动向移民安置区转移，增加移民安置区金融网点，为移民安置区农户的金融咨询及金融市场参与行为提供便利。

第二，创新金融产品，满足农户多样需求。农户对于金融资产的选择及理念存在很大差异，对于金融产品的挑选也是基于自身的独特需求。因此，金融机构要与时俱进，同时依据农村地区的收入水平、消费习惯等实际情况，设计开发出操作简单、门槛低的创新性金融产品，弥补农村金融理财产品单一的缺陷，满足移民安置区农户金融资产多元化需求，推动移民安置区农户的资产建设及财富积累。

第三，加强金融知识宣传力度，提高农户理财能力。农村地区与外界交流匮乏，对金融知识接触不足，这就需要当地的政府与相关金融机构相配合，加强对金融知识的宣传力度，着重培养移民安置区农户的金融消费意识，引导农户将金融方面的消费需求延伸到助学贷款、农用机械消费贷款、住房贷款等新的领域。具体的，可通过举办讲座、发放金融知识宣传册等形式帮助移民安置区农户了解金融知识，增强防范金融风险的意识与能力，打破农户对于金融产品固有的抵触心理，实现农户资产的保值增值，释放移民安置区农户金融市场的巨大潜力。

参 考 文 献

[1] 万广华．不平等的度量与分解．经济学（季刊），2009（1）．

[2] 杨小凯．社会经济发展的重要指标——基尼系数．武汉大学学报（社会科学版），1982（6）．

[3] 胡祖光．基尼系数理论最佳值及其简易计算公式研究．经济研究，2004（9）．

[4] 段景辉，陈建宝．基于家庭收入分布的地区基尼系数的测算及其城乡分解．世界经济，2010，33（1）．

[5] 陈家鼎，陈奇志．关于洛伦兹曲线和基尼系数的统计推断．应用数学学报，2011，34（3）．

[6] 杨耀武，杨澄宇．中国基尼系数是否真地下降了？——基于微观数据的基尼系数区间估计．经济研究，2015，50（3）．

[7] 梁运文，霍震，刘凯．中国城乡居民财产分布的实证研究．经济研究，2010，45（10）．

[8] 赵晓锋，霍学喜．中国农村内部区域之间收入差距分析——基于泰尔指数的测度．现代经济（现代物业下半月刊），2007，6（6）．

[9] 李实，魏众，丁赛．中国居民财产分布不均等及其原因的经验分析．经济研究，2005（6）．

[10] 陈传波，丁士军．基尼系数的测算与分解——Excel 算法与 Stata 程序．上海统计，2001（7）．

[11] 甘犁，尹志超，贾男，徐舒，马双．中国家庭资产状况及住房需求分析．金融研究，2013（4）．

[12] 邢鹂，樊胜根，罗小朋，张晓波．中国西部地区农村内部不平等状况研究——基于贵州住户调查数据的分析．经济学（季刊），2009，8（1）．

[13] 李娜，李利，郭艳平．我国行业工资差距：基于泰尔指数的分解分析．统计与决策，2013（7）．

［14］肖争艳，刘凯．中国城镇家庭财产水平研究：基于行为的视角．经济研究，2012，47（4）．

［15］李晶莹．中国人力资本受教育程度城乡差异的成因分析．经济研究导刊，2012（10）．

［16］汪三贵，梁晓敏．我国资产收益扶贫的实践与机制创新．农业经济问题，2017，38（9）．

［17］焦怀恩，王旭燕，胡凤婵，张晓红．量化股份建架构 精心运作见成效——昔阳县润田农机合作社资产收益扶贫纪实．当代农机，2017（11）．

［18］林俐．构建产业扶贫长效机制的思考．现代商业，2017（32）．

［19］柳建平，刘卫兵．西部农村教育与减贫研究——基于甘肃14个贫困村调查数据的实证分析．教育与经济，2017（1）．

［20］祝建华．贫困代际传递过程中的教育因素分析．教育发展研究，2016，36（3）．

［21］李晓嘉．教育能促进脱贫吗——基于CFPS农户数据的实证研究．北京大学教育评论，2015，13（4）．

［22］邓锁．城镇困难家庭的资产贫困与政策支持探析——基于2013年全国城镇困难家庭调查数据．社会科学，2016（7）．

［23］李佳路．农户资产贫困分析——以S省30个国家扶贫开发重点县为例．农业技术经济，2011（4）．

［24］李实，魏众，B.古斯塔夫森．中国城镇居民的财产分布．经济研究，2000（3）．

［25］王修华，邱兆祥．农村金融发展对城乡收入差距的影响机理与实证研究．经济学动态，2011（2）．

［26］王征，鲁钊阳．农村金融发展与城乡收入差距——基于我国省级动态面板数据模型的实证研究．财贸经济，2011（7）．

［27］罗楚亮，李实，赵人伟．我国居民的财产分布及其国际比较．经济学家，2009（9）．

［28］赵人伟．我国居民收入分配和财产分布问题分析．当代财经，2007（7）．

［29］肖争艳，程冬，戴轶群．通货膨胀冲击的财产再分配效应——基于中美两国的比较研究．经济理论与经济管理，2011（6）．

［30］陈彦斌，陈伟泽，陈军，邱哲圣．中国通货膨胀对财产不平等

的影响．经济研究，2013，48（8）．

［31］李凤，罗建东，路晓蒙，邓博夫，甘犁．中国家庭资产状况、变动趋势及其影响因素．管理世界，2016（2）．

［32］史代敏，宋艳．居民家庭金融资产选择的实证研究．统计研究，2005（10）．

［33］周力，孙杰．气候变化与中国连片特困地区资产贫困陷阱．社会科学文摘，2016（11）．

［34］王文涛，谢家智．预期社会化、资产选择行为与家庭财产性收入．财经研究，2017（3）．

［35］吴卫星，邱艳春，张琳琬．中国居民家庭投资组合有效性：基于夏普率的研究．世界经济，2015（1）．

［36］雷晓燕，周月刚．中国家庭的资产组合选择：健康状况与风险偏好．金融研究，2010（1）．

［37］汪三贵，殷浩栋．资产与长期贫困——基于面板数据的2SLS估计．贵州社会科学，2013（9）．

［38］邓锁．城镇困难家庭的资产贫困与政策支持探析——基于2013年全国城镇困难家庭调查数据．社会科学，2016（7）．

［39］游士兵，张颖莉．资产贫困测量问题研究进展．经济学动态，2017（10）．

［40］解垩．农村家庭的资产与贫困陷阱．中国人口科学，2014（6）．

［41］杨军，张琴，高帅．基于能力剥夺视角的农村动态多维贫困研究——以山西省为例．生态经济，2017（11）．

［42］刘璞，姚顺波．退耕还林前后农户能力贫困的比较研究．统计与决策，2015（16）．

［43］乔家君．改进的熵值法在河南省可持续发展能力评估中的应用．资源科学，2004（1）．

［44］罗楚亮．农村贫困的动态变化．经济研究，2010（5）．

［45］钱忠好，徐美银．我国失地农民可行能力缺失及其重构研究．学术研究，2008（2）．

［46］段世江，石春林．"能力贫困"与农村反贫困视角．中国人口科学，2005（1）．

［47］张喜杰，董阳．国家治理能力视域中贫困县退出机制研究．经济问题，2016（6）．

[48] 尹向飞, 尹碧波. 家庭户主对城镇家庭消费影响研究. 消费经济, 2017 (1).

[49] 李实, 魏众, 丁塞. 中国居民财产分布不均等及其原因的经验分析. 经济研究, 2005 (6).

[50] 汪三贵, 殷浩栋. 资产与长期贫困——基于面板数据的2SLS估计. 贵州社会科学, 2013 (9).

[51] 万广华, 刘飞, 章元. 资产视角下的贫困脆弱性分解: 基于中国农户面板数据的经验分析. 中国农村经济, 2014 (4).

[52] 李涛, 陈斌开. 家庭固定资产、财富效应与居民消费: 来自中国城镇家庭的经验证据. 经济研究, 2014 (3).

[53] 甘犁, 尹志超, 贾男, 徐舒, 马双. 中国家庭资产状况及住房需求分析. 金融研究, 2013 (4).

[54] 梁运文, 霍震, 刘凯. 中国城乡居民财产分布的实证研究. 经济研究, 2010 (10).

[55] 巫锡炜. 中国城镇家庭户收入和财产不平等: 1995~2002. 人口研究, 2011, 35 (6).

[56] 刘湘勤, 闫恺媛. 资产价格波动对居民财产性收入分配影响的实证研究. 金融发展, 2012 (2).

[57] 易小明. 财富差异略论. 社会科学, 2014 (6).

[58] 王柏杰, 何炼成, 郭立宏. 房地产价格、财富与居民消费效应——来自中国省际面板数据的证据. 经济学家, 2011 (5).

[59] 梁爽, 张海洋, 平新乔, 郝朝艳. 财富、社会资本与农户的融资能力. 金融研究, 2014 (4).

[60] 张琳琬, 吴卫星. 风险态度与居民财富——来自中国微观调查的新探究. 金融研究, 2016 (4).

[61] 潘林伟, 吴娅玲, 张瑞. 城乡收入差距、经济水平与金融发展——基于政府参与的视角. 金融与经济, 2018 (4).

[62] 张晶, 王淼晗, 方匡南. 我国城乡居民收入影响因素研究——基于省际面板分位数回归分析. 数理统计与管理, 2015 (4).

[63] 李实, 魏众, 古斯塔夫森. 中国城镇居民的财产分配. 《经济研究》, 2000 (3).

[64] 王小鲁, 樊纲: 中国收入差距的走势和影响因素分析. 经济研究, 2005 (10).

[65] 程丽香. 东南沿海县域居民财产分布差距比较分析——基于福建省福清市和龙海市的调查. 中国农村经济, 2009 (12).

[66] 邹薇, 屈广玉. "资产贫困"与"资产扶贫"——基于精准扶贫的新视角. 宏观经济研究, 2017 (5).

[67] 刘学敏. 西北地区生态移民的效果与问题探讨. 中国农村经济, 2002 (4).

[68] 李培林, 王晓毅. 生态移民与发展转型. 北京: 社科文献出版社, 2013.

[69] 李聪, 柳玮, 黄谦. 陕南移民搬迁背景下农户生计资本的现状与影响因素分析. 当代经济科学, 2014, 36 (6).

[70] 葛根高娃, 乌云巴图. 内蒙古牧区生态移民的概念、问题与对策. 内蒙古社会科学 (汉文版), 2003 (2).

[71] 李佳路. 农户资产贫困分析——以 S 省 30 个国家扶贫开发重点县为例. 农业技术经济, 2011 (4).

[72] 王素霞, 王小林. 中国多维贫困测量. 中国农业大学学报 (社会科学版), 2013, 30 (2).

[73] 朱夫静, 李芬. 黄河源头不同安置方式生态移民的生计适应性研究——以玉树藏族自治州曲麻莱县为例. 农村经济与科技, 2016, 27 (9).

[74] 万广华, 刘飞, 章元. 资产视角下的贫困脆弱性分解: 基于中国农户面板数据的经验分析. 中国农村经济, 2014 (4).

[75] 汪三贵, 殷浩栋. 资产与长期贫困——基于面板数据的2SLS估计. 贵州社会科学, 2013 (9).

[76] 甘犁, 尹志超, 贾男, 徐舒, 马双. 中国家庭资产状况及住房需求分析. 金融研究, 2013 (4).

[77] 李凤, 罗建东, 路晓蒙, 邓博夫, 甘犁. 中国家庭资产状况、变动趋势及其影响因素. 管理世界, 2016 (2).

[78] 邓锁. 城镇困难家庭的资产贫困与政策支持探析——基于2013年全国城镇困难家庭调查数据. 社会科学, 2016 (7).

[79] 严登才. 搬迁前后水库移民生计资本的实证对比分析. 现代经济探讨, 2011 (6).

[80] 高翔, 王三秀. 农村居民家庭资产贫困的多维测度与致因. 当代经济管理, 2018, 40 (10).

[81] 李实, 魏众, 丁赛. 中国居民财产分布不均等及其原因的经验

分析. 经济研究, 2005 (6).

[82] Pareto, V. "La legge della domanda", Giornale degli Economist, 1895, 12, 59 - 68.

[83] Lorenz, M., "Methods of Measuring Concentration of Wealth", Journal of the American Statistical Association, 1905, 9, 209 - 219.

[84] Gini, C., "Sulla misura della concentrazione e della variabilita dei caratteri", Atti del R. Instituto Veneto di SS. LL. AA., 1914, 73, 1203 - 1248.

[85] Theil, H., Economics and In formation Theory. Amsterdam: North - Holland Publishing Co., 1967.

[86] Atkinson, A., "On the Measurement of Inequality", Journal of Economic Theory, 1970, 2 (4), 224 - 263.

[87] Bourguignon F. Decomposable income inequality measures. Econometrica, 1979, 47 (4): 901 - 920.

[88] Shorrocks A F. The class of additively decomposable inequality measures. Econometrica, 1980, 48 (3): 613 - 626.

[89] Dagum C. Measuring the economic affluence between populations of income receivers. Journal of Business & Economic Statislatics, 1987, 5 (1): 5 - 12.

[90] Dagum C. A new approach to the decomposition of the Gini income inequality ratio. Empirical Economics, 1997, 22 (4): 515 - 531.

[91] Shujie Yao, Economic Growth, Income Distribution And Poverty Reduction In Contemporary China, Routledge Curzon, Taylor & Francis Group, 2005.

[92] Appleton, S., L. Song and Q. Xia, "Has China crossed the River? The Evolution of Wage Structure in Urban China During Reform and Retrenchment", Journal of Comparative Economics, 2005, 4, 644 - 663.

[93] Meng, X., "Wealth Accumulation and Distribution in Urban China", Economic Development and Cultural Change, 2007, 4, 761 - 791.

[94] A. Atkinson, "International Comparisons of Wealth Inequality", Review of Income and Wealth, 1997, 42 (4): 66 - 79.

[95] Green G, Haines A. Asset Building & Community Development. Thousand Oaks, 2007, Sage Alone Publication, Inc.

[96] Mathie A, Cunningham G. From Clients to Citizens: Asset-Based Community Development as a Strategy for Community-Driven Development. Development in Practice, 2003, 13 (5): 474-486.

[97] Alessandro. Bucciol, Paffaele. Minaci. Household Portfolio Risk. Review of Finance, March 2015, 19: 739-783.

[98] Alessandro Bucciol, Raffaele Miniaci. Household Portfolio and Implicit Risk Perference. Review of Economics & Statistics, November 2011: 1235-1250.

[99] Hans-Martin Von Gaudecker. How Does Household Portfolio Diversification Vary With Finance Literacy and Financial Advice? . The journal of The American Finance Association, April 2015, 2: 489-507.

[100] Antzoulatos. Angelos A, Tsoumas. Chris. Financial development and household portfolios-Evidence from Spain, the U. K. and the U. S. Journal of International Money and Finance, 2010, 29 (2): 300-314.

[101] Cho. Sang-Wook (Stanley). Household wealth accumulation and portfolio choices in Korea. Journal of Housing Economics, 2010, 19 (1): 13-25.

[102] Broer. Tobias. The home bias of the poor: Foreign asset portfolios across the wealth distribution. European Economic Review February, 2017, 92: 74-91.

[103] Jessica A. Wachter, Motohiro Yogo. Why Do Household Portfolio Shares Rise in Wealth? . Review of Financial Studies, 2009, 23: 3929-3965.

[104] Oliver, M. , Shapiro, T. M. Black wealth/white wealth: A new perspective on racial inequality. New York: Routledge.

[105] Carter. M. R, May J. One Kind of Freedom: Poverty Dynamics in Post-apartheid South Africa . World Development, 2001, 29 (12): 1987-2006.

[106] Jalan, Ravallion. Household Income Dynamics in Rural China. Policy Research Working Paper, 2001 (11).

[107] Deininger, Okidi. Pathways out of and into poverty in 36 villages of Andhra Pradesh. World Development, 2003, 271-288.

[108] Dercon. Growth and shocks: evidence from rural Ethiopia. Journal

of Development Economics, 2004, 9 (74): 309 – 329.

[109] Carter. M. R, Barrett. C. The economics of poverty traps and persistent poverty: an asset-based approach. Journal of Development Studies, 2006, 42 (2): 178 – 199.

[110] Felix Naschold. Poor Stays Poor: Household Asset Poverty Traps in Rural Semi – Arid India. Working Paper, 2009, 4. http://www.docin.com/p – 408548408.html.

[111] Quisumbing, A. R., B. Baulch. Assets and poverty traps in rural Bangladesh [J]. Journal of Development Studies, 2013, 49 (7): 898 – 916.

[112] Jing You. Poverty dynamics in rural China revisited: do assets matter? [J]. Journal of Economic Policy Reform, 2014, 17 (4): 322 – 340.

[113] Agens R. Quisumbing, Bob Baulch. Assets and Poverty Traps in Rural Bangladesh. The Journal of Development Studies, 2013, 49 (7): 898 – 916.

[114] Carter、Little、Mogues, T. , Negatu, W. Poverty traps and natural disasters in Ethiopia and Honduras. World Development, 2007, 35: 835 – 856.

[115] Swati Dutta. Identifying Single or Multiple Poverty Trap: An Application to Indian Household Panel Data. Soc Indic Res, 2015, 120: 157 – 179.

[116] Magnus Hatlebakk. Poverty Dynamics in Rural Orissa: Transitions in Assets and Occupations over Generations. The Journal of Development Studies, 2014, 50 (6): 877 – 893.

[117] Mathie A, Cunningham G. From Clients to Citizens: Asset – Based Community Development as a Strategy for Community – Driven Development. Development in Practice, 2003, 13 (5): 474 – 486.

[118] Kretzmann J, Mcknight J. Building Communities from the Inside – Out. Chicago, ACTA Publication, 1993.

[119] Sherraden M, Asset and the Poor: A New American Welfare Policy. Armonk, NY, M. E. Sharpe, Inc, 1991.

后　　记

  我长期关注中国农村贫困问题。2009年由中国财政经济出版社出版了我的专著《中国西部农村贫困演进与分布研究》，2014年和2015年由经济科学出版社出版了《中国农村收入不平等问题研究》和《贫困地区农户发展能力评估》，在上述三本著作的基础上，本书专门研究了资产分布对减缓农村贫困的作用。

  本书第4章"农户资产分布及差距研究"是由2015级政治经济学专业研究生董雯完成，是董雯硕士学位论文的组成部分；第6章"农户资产分布及对收入分配的影响"由2015级政治经济学专业研究生朱梦琪完成，是朱梦琪硕士学位论文的组成部分；第8章"资产扶贫案例分析"是由2019级世界经济专业研究生范弘扬和马骏千等执笔。2019级、2020级中国少数民族经济专业博士研究生张特、杨丽参与了本书后期的修改和校正工作。葛志军、石荣、陈清华、刘璐、马赫然等作为课题组成员参与了相关工作。在这里，一并感谢。

  本书疏漏错误之处，恳请读者批评指正。

杨国涛
于银川市西夏区
2020年12月20日